这个历史挺好看

国学三千年

创新与挑战

尹正平 著

江西教育出版社
JIANGXI EDUCATION PUBLISHING HOUSE

·南昌·

图书在版编目(CIP)数据

国学三千年:这个历史挺好看.创新与挑战/尹正平著.--南昌:江西教育出版社,2023.1
ISBN 978-7-5705-3089-2

Ⅰ.①国… Ⅱ.①尹… Ⅲ.①国学-通俗读物 Ⅳ.①Z126-49

中国版本图书馆CIP数据核字(2022)第094074号

国学三千年：这个历史挺好看
创新与挑战
GUOXUE SANQIANNIAN: ZHEGE LISHI TINGHAOKAN
CHUANGXIN YU TIAOZHAN

尹正平 著
出 品 人：熊　炽
组　　稿：黄升扬　张　延
责任编辑：杨心远
责任印制：朱贤民
封面设计：仙　境

江西教育出版社出版

(南昌市学府大道299号　　邮编：330036)
各地新华书店经销
安徽联众印刷有限公司印刷
开本 720毫米×1000毫米　　1/16　　印张 20.5　　字数 234千字
2023年1月第1版　　2023年1月第1次印刷
ISBN 978-7-5705-3089-2
定价：56.00元

赣教版图书如有印装质量问题，请向我社调换 电话：0791-86710427
投稿邮箱：JXJYCBS@163.com　　电话：0791-86705643
网址：http://www.jxeph.com

赣版权登字-02-2022-238
版权所有 侵权必究

目 录

第六十一回	提心性陆子静穷追不舍　担道义朱元晦再战永嘉	1
第六十二回	陈老师谈事功暗中放箭　叶徒弟讲佛学明里受伤	14
第六十三回	陆知军谈心任上突逝世　陈状元说事一夕竟不归	25
第六十四回	不讲礼宋光宗光杆退位　唠叨理朱老头伛偻出朝	35
第六十五回	遭党禁朱道学熹日末路　遇北伐叶书生适才展功	45
第六十六回	陆弟子放任一心自独大　朱后学祭出二将长护法	54
第六十七回	灭金国蒙古军跃马中原　负幼帝陆秀夫跳海崖山	65
第六十八回	金遗民搜金史殒命旅店　宋儒生讲宋学泪洒书院	76
第六十九回	建大明朱元璋南尊理学　落进士陈献章北上求师	89
第七十回	陈举人甘载迷茫圣贤路　吴征士一朝扬名北京城	99

第七十一回	闭关十年江门心学破壁	昙花一现成化皇帝求贤	109
第七十二回	传心法陈献章上善若水	学圣人王阳明穷物格竹	120
第七十三回	死去活来阳明龙场悟道	同心同德若水订立同盟	128
第七十四回	运心机书生立不世之功	梦日月灶丁求千秋大业	139
第七十五回	大礼议嘉靖帝为父争名	再出征阳明子病逝他乡	150
第七十六回	谈天理湛若水理中掺水	说心事罗钦顺心内不顺	161
第七十七回	王廷相椎心痛驳阳明学	杨维桢孤诣锤炼铁崖体	170
第七十八回	李梦阳正直被逮上饶狱	马中锡义愤刻画中山狼	181
第七十九回	二李子联袂领袖七子诗	三袁道兄弟共创公安派	191
第八十回	发扬王学欣喜后继有人	同心亲家遽然节外生枝	206

第八十一回	淮南格物草根大谈保身	莫名入狱聂豹觉悟归寂	215
第八十二回	访求心学汝芳拜师四方	放飞心字心隐遭人杀戮	226
第八十三回	开会议罗汝芳了断生死	进孔庙王阳明万古流芳	237
第八十四回	愤不平李贽童心著《焚书》	踏海波洋人慕名来中国	249
第八十五回	说文明简笔叙写西洋史	话传承泼墨描画科技功	259
第八十六回	西班牙葡萄牙扩地争锋	哥伦布哥白尼各放异彩	271
第八十七回	利玛窦庆幸进入北京城	李贽老悲情陷没通州府	281
第八十八回	崇科技徐光启开译外文	讲理学顾宪成重整东林	291
第八十九回	探古音陈游击知音焦竑	提诚意刘学士拂意崇祯	301
第九十回	张溥张采齐心同创复社	炎武宗羲痴痴力奔恢复	314

国学大事记（三）   321

第六十一回

提心性陆子静穷追不舍
担道义朱元晦再战永嘉

《国学三千年》这部书写到这儿，可以说就快写完了。因为在朱、陆争吵后，后来的学子们就是沿着他们设定的"心""理"这两条轨道运行的。在他们吵吵嚷嚷的背后，我忽然想起一个问题：我们谈了半天宋代理学、心学创建史，我们学到了什么？我们的学术史不缺"道德性命"这些字眼，缺的是智慧。历史留给我们思索的应该是智慧，而不是情绪。

朱熹是很聪明的人，他抓住了二程遗留下来的"理"，进行了"豪华装修"，用心撑起了他的理学大厦。陆九渊也不傻，他抓住了人们要突破理学沉闷大厦的心理，举起了"心"字大旗，号令天下士子敞开心扉，一下子鼓动起人心来。

可以说这两位大师都是聪明人，是很有智慧的人。

而大师以后呢？

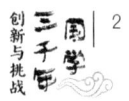

在展开谈"心""理"这段学术史的智慧之前,我们先把朱、陆的吵架经过叙述完。

陆九渊接到朱熹的书信后蹦没蹦起来,因为当时我不在跟前,所以是不能随便指认还原现场的。但我可以说,即使陆九渊的身子没蹦起来,他那颗受伤的心也蹦起来了。在给朱熹的回信中他愤愤不平地说:"近来浙江一书生让我们停止争论,说等着让天下后世自己判断选择,真是笑话!人能弘道,非道弘人,这个理就在宇宙间,还用等着后人评论?我今天就跟尊兄讲个明白!"

接着陆九渊指出,尊兄平时写的文章简洁有力,怎么写的这封论"无极"的信倒自己纠结起来了?说的话也都是迁就牵合,让人搞不明白。你是不是让"无极"所累,才都给困住了?在太极上还加上一个什么"无极",你也真够累的。我常常因为不够变态而看不懂你的话(尊兄……今日之病……诚能深知……则……自解矣)!

接下来,陆九渊对朱熹反对自己把无极的"极"解为"中"讽刺道:"把'极'解释成'中',让你说是不明理,那你把'极'解为'形'就明理吗?"

我是真心希望你陪我一起数星星,可你实在智商低就数月亮吧。

对于朱熹反对自己把一阴一阳当作道,陆九渊表示更是不敢遵命,说你把阴阳这些看不见的东西直接看作形器,而不看作道,也不知咱俩到底谁分不清道和器。你的车速是不是有点儿快呀(尊兄只是强说来由)!

陆九渊最后嘲讽道:"尊兄反复来回说无说有,不知漏泄得多少。看看你说的这些话吧,什么'太极真体不传之秘、无物之前、阴阳之外、不属有无、不落方体、迥出常情、超出方外'等语,一看就是佛家的禅话头,莫非都

是学禅宗得来的吗?平时不肯说,装作高妙,现在马脚都露出来了吧!你这病可不轻啊,可得早点看呀(既以病己,又以病人……兄其无以久习于此而重自反也)。"

看到这些话,朱熹脸色都铁青了。我将情当心肝肺,你却将它当宿醉!我崇拜自己都崇拜得对着镜子磕头,而你却这样颐指气使地同我说话!就是陈亮攻击我的话都不敢说得这么难听!

朱、陆二人原来通信,朱熹还对陆九渊那些类似禅语的话开玩笑,对陆九渊说:"但向上一路,未曾拨转处,恐是从西边葱岭(印度佛教经此地传入中国)那儿带来的吧。"现在陆九渊把话说这么直接,也不用扯废话了,直接开撕。

朱熹于是语重心长地对陆九渊的信逐条进行了批驳。最后说老兄兄弟俩共同立此议论,一个鼻孔出气,只是你哥哥陆九韶天资质实重厚(注意不是"忠厚",朱熹没这么表扬陆九韶,照朱熹看来,就是他鼓捣着陆九渊挑起和自己的无极太极之争,怎能配得上"忠厚"二字),老实巴交,当时不能仔细推究,便立了这段议论,虽有病意,但还不够重,而老兄你却是先立一说,一心要超过古往今来的人,所以说起话来不问是非,一例吹毛求疵,把自己说得十分无病,这就不好了。你真能一点儿毛病没有吗?你来信结尾说要和我争论到底,我哪儿有时间老陪你玩这个。我们以后只要各尊所闻,各行所知,也就可以了,不要再指望什么都必须相同了。

年轻人,你的职责是平整土地,而非焦虑时光。

你看,世间万物都在治愈你,放过自己好吗?

朱熹和陈亮论战完了说"以往是非已不必计较了,今后但当穷理修身吧",如今和陆九渊也是这种口气,说咱们"各尊所闻,各行所知",各干各的吧。对于陆九渊来说,朱熹这种人最难斗了,他不和你纠缠,而是自己蒙头做事去了,你想不到他什么时候又觉得有了理,忽然发作,冲着你心窝子来一下子,又扯一通大道理,让你防不胜防。

说什么穷理修身,我看你是穷寇修身!像你这样的人,我觉得不管放到哪个时空都得被从小打到老。于是陆九渊决定乘胜追击,不给朱熹喘息之机,再次回信道:"想不到尊兄竟然这么说,真是让我失望。君子有了过错,就像天上的日食和月食,人们都能见着,把错改了就好了。改过来后,人们还是仰望你,脸面也丢不了多少。尊兄对这个道理想必是明白的。"

陆九渊和朱熹斗嘴争论完后总会以一副胜利者的面目出现,说人家知错就改就行了,闹得朱熹脸上很是无光,好像自己果真一开始就错了似的。

这就是骂架中的一个思维定式:谁先嘴软谁是孙子!

朱陆二人信中一个说你听不懂人话,一个说你有病。那么朱熹、陆九渊二人到底谁是谁非呢?

拨开历史的沉沙,让我们冷眼旁观这一切,这样才不会被表象蒙蔽。

在这场争论中,其实二人没有对错,没有是非,只是思考的方向不同,这要从宋代儒学的创建说起。

在儒、佛、道三家中,佛家用它博大精深、思维缜密的理论品格吸引了世人,单是一句"阿弥陀佛"就让人百念不厌;而儒家倡导的"道德仁义",道理虽然不错,但老是这几个字,就太沉闷了,人们宁可多念几遍"阿弥陀

佛",也不愿去叨叨"道德仁义"。

为什么?只因为一个理想高深得让人开心,一个教训别人教条到让人反胃。

为了对抗佛教,儒家的一些有志人士也不得不转变战斗策略,提出了远大理想——成圣,以此来和佛教的成佛媲美。同时这些儒家大师也借鉴佛家谈心说性的空灵手法,对儒家传统理论进行了包装改造。他们不满足于"道德仁义"这些老话头,从古老经书中找出了一些佛教、道教常谈的词,大大丰富了自身的词汇。这些新引进的词汇就是"心""性""命"。

但这些还不够,还得找一些。

新儒学创建中二程首先搞理论框架建设,他们提出了最高本体:"理"。理,既是天理,也是人理;既是天地万物的生成法理,也是人间万事的生存准则。这一下子就把天人之间的关系拉近了。二程接下来的一个对等公式:"性即理",把人性和天理又一下子拉近了,天人从此不再相分,而是合到了一处。

"性即理"的提出,把天理从天上拉到了人性身上。

拈出一个"理"字是二程的聪明处,干什么你也逃不过一个"理"字去。老天怎么样?它也要按理来行动。这就是二程的高明之处,确实颠扑不破。

新儒学的目标是成圣,要成圣就得下工夫。下什么工夫呢?程朱要人们下"格物致知"的工夫。

"性""道""天""理"都是等价词,是最高本体词汇。理学人士不禁要考虑,我们常说的"心"怎么安排,过去孔子谈的最高道德"仁"往哪儿搁,仁的小兄弟"义"又往哪儿放?

儒家常常说性就是善,可怎么对待那些恶人呢?北宋的张载和南宋的朱熹不谋而合地想到了"心统性情",缓解了人们的焦虑感。

心在跳,情在烧,我就在不远处微微地笑。与世无争的张载把那些恶人的恶归到了人心上,他提出了"心统性情",说性都是善的,可发为情就有的不善了,所以人的心统兼着性情。

而奋发有为的朱熹是自己总结出"心统性情"这句话的。"心统性情"并没有出现在张载的《正蒙》这本书里,而是出现在张载的《横渠语录》中,难怪朱熹没有看到或最后才看到。

朱熹早年在和张栻探讨心时就提出过"心统性情"这句话,二人在心的探索上不谋而合。朱熹坚持把心分为一个人心,一个道心,说道心都是善的,可人心就不一样了,有善有恶,心没有动时为性,心动了就是情,这就是"心统性情"。

世间万物,唯爱不负,管好你的心,把握好你的性,用好你的情,这就行了,这样你就能成为一个走遍天下都有理的人。

"性""道""天""理""心"这些词解决了,理学人士又借来了"本""末""体""用"这些魏晋玄学家们曾经用过的术语,什么东西都可以往"本""末""体""用"上面套。这里边玩得最溜的是程颐的"体用一源,显微无间"。

本末体用是个筐,什么都能往里装。有了本末体用,理学词汇就有了安排,如说"性为本,情为末;性为体,情为用;道为体,器为用;道体是本,器

用是末",有了"体"才能有"用",把"体"立起来了,"用"才得以行走。

"体用"哪个是"体",哪个是"用",都是相对的。朱熹告诉学生说"体用无定",也没有用尽了的时候,只管放开了去说。如果此身是"体",那么动作处便是"用"。比如你把身体和胳膊放在一起说,那身体就是"体",胳膊就是"用";而你把胳膊和手放在一起说,那胳膊就是"体",手就是"用"。

再比如耳朵是"体"的话,那听就是"用";眼睛是"体"的话,看就是"用"。

"体用"是儒家道学讲解的主线。朱熹等人的道学说了这么多,无非"体用"二字,让朱熹女婿黄榦(gàn)说,那就是"道在天下,不过一体一用罢了"。

而那个"理一分殊"不过是道学的一种认识论。在此之前,孔子对人说"吾道一以贯之",这就是道学家"理一"的理论来源。

既然"理一"都知道,"分殊"就需要大家分头去考察了。

生活,是一面镜子,你对它笑,它就笑;你对它哭,它就哭。

芸芸众生,殊相不同。宝玉湘云哭贾母,各有各的苦。

总之,"理一分殊"是理学提炼的精华,因为只有理一分殊,我们才上有天理在看,下有大家分头在干,共同撑起美好世界的一片天。

和陈亮、陆九渊吵完了,朱熹又把目标对准了陈傅良,因为这时的陈傅良已不是一个人名,他已经成了一个邪恶的符号,一个难斗的代名词。

如果说陆九渊是江西的暗礁,陈亮是永康的防空洞,那么陈傅良则是永嘉的桥头堡。

朱熹的天降使命就是把这些一个个炸掉。

永嘉就是今天的温州。永嘉学要先从薛季宣讲起。我们前面说的那个周行己不算,他只能说是把二程的学说带进了永嘉,说的基本上还是二程那老一套。

周行己娶了目盲的未婚妻。他虽然对爱情很专一,但在学问上却没那么专一。他跟程颐学理,后来又跟程颐的死对头苏轼学文,当时就受到了程门中人的讨伐,程颐知道后恨恨地说:"此禽兽不若也,岂得不害义理。"程门另一大弟子谢良佐也说周行己"立不住"。

到了南宋朱熹,跟周行己隔了几辈远,也继续拿竿子拨拉周行己,说:"这个人的学问靠不得。"

从周行己背叛师道到处学习的例子看出,那时的温州人就注意学习别人的长处,不专注于一家,很有拓展精神。

可这恰恰是要求别人纯粹的程朱等人接受不了的。

你伤害了我,还一笑而过。周行己之后又过了若干年,让朱熹反感的永嘉学也开始腾飞。

永嘉学从薛季宣开始才发生重大变化。薛季宣出生在温州,他的父亲在当时就很有名气,因反对和金人议和,在朝廷上和秦桧争论了半天,史书上说是"廷争移晷(guǐ)"。

"晷"是日影或按照日影测定时间的仪器。薛季宣父亲廷争的时长记录非常感人,当着皇帝的面,和秦桧争论,说不清楚咱们谁也别走,皇不皇帝我不管,我所敬畏的只是头上的星空和道德律。一般人没有几个敢这么拖住皇帝和宰相加班的,可以想象那个场面的激烈程度。

不幸的是,薛季宣父亲由于这天的激烈争吵连闷带气,回去后不久就死了。更不幸的是,薛季宣母亲不久也得病死了。

这一年,薛季宣才六岁。薛季宣由伯父养大。他的这位伯父也不简单,过去是岳飞的参谋。从小到大,薛季宣这位伯父没有少给薛季宣讲岳飞抗金的英雄事迹。学问须结合实际,从事上开始做起的思想也在薛季宣心中慢慢形成。

薛季宣长大后以恩荫入仕,快四十岁时,通过陈亮在朝中认识了吕祖谦。

别看陈亮那时候没考上进士,什么也不是,他的学术交际能力却非常强。而当时学术交际能力最强的还是吕祖谦,他是那个年代的学术大咖(kā),他利用"理学+"模式,把各路人马都聚合在了自己周围。这既要归因于他们吕家在宋朝的赫赫家世,还要归功于吕祖谦的学术包容性。

吕祖谦将薛季宣的学说主张介绍给了张栻、朱熹等人,引起了朱熹等人的极大兴趣。薛季宣给朱熹写信,也谦逊地表示想向朱熹求教。朱熹十分高兴,但薛季宣在写信后不到一年就去世了,没有真正到朱熹的理学培训班里上过课。

朱熹、张栻后来看见薛季宣的作品才发觉自己好像上当了,薛季宣的思想和自己讲的并不一样,于是给吕祖谦写信,表达了对薛季宣的疑虑:他是跟咱们一伙儿的吗?他是道学中人吗?

你怎么什么人都往理学群里拉?

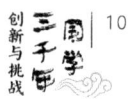

赶车不拿鞭子,你就等着拍马屁啊!

由于薛季宣已经死了,这事渐渐也就没人提起了。然而,多年后,谁能想到薛季宣的弟子陈傅良成了事儿了,他成了永嘉学的领头人。

这个陈傅良更加不安分,他到处收徒招生,鼓吹永嘉学的事功思想。

陈傅良在底下做的事都被朱熹瞧在了眼里。

朱熹那双锐利的鹰眼盯在了他的身上。

陈傅良虽然温顺,但也不是一只好抓的兔子,他攻击起朱熹来故意含糊其词,闪展腾挪,朱熹很快就体会到了他的厉害。

陈傅良是温州人,他在我们的书中已经露过一次脸了,他就是回复陈亮的求救信时阴阳怪气的那位,说话时语调很不敞亮,让陈亮憋气了好一阵子。实际生活中的陈傅良其实并不阴阳怪气,还是很表里如一的。他九岁时父母双亡,是祖母把他抚养长大。陈傅良的家世绝对够得上又一篇《陈情表》了,他比西晋时那个写《陈情表》的李密还可怜。他是父母双亡,李密好赖还有娘,只是舅夺母志,他娘听从兄弟们的话改嫁了而已。

尽管家里很穷,但陈傅良还是刻苦自学。他的学业成绩很是惊人,在三十岁左右时,虽然还没有考上进士,但已经名声大噪,来跟他读书学习的人达到数百,他出的考试模拟文卷,几乎家家收藏一本。

但真正让陈傅良的命运发生变化的是跟薛季宣学习,他从此知道了什么叫"事功学"。薛季宣又介绍他认识了吕祖谦、张栻这些学界大腕儿,从此陈傅良开始进入南宋的精英阶层。

吕祖谦、张栻也到处称扬陈傅良,让他更加名声大振。不久陈傅良到太学,太学生们纷纷前来迎接,太学校长给他安排了一个给太学生们讲课的职务。不久,这位校长又安排两个儿子跟他学习。

而当时陈傅良的身份还仅仅是一个学生,两年后,陈傅良才考中进士。

那次的考官是吕祖谦,和陈傅良同时中进士的还有陆九渊、蔡幼学、徐谊、薛叔似等人。这对朱熹来说并非好事,就像天气预报里讲到雾霾时常说的:气象条件不利于污染物的稀释和扩散。

因为这些人后来都成了朱熹的论敌。

陈傅良一生没和他的同年进士陆九渊有太多的交集,二人各干各的,后来一个举着"事功学"的招牌,一个挥着"心学"大旗,都不约而同地和朱熹干上了。

这次考中进士的薛叔似、蔡幼学、徐谊三位都是永嘉人,永嘉学派的最强一波冲击力到来了。

朱熹不久就感受到了震撼。

陈傅良中进士的第二年,薛季宣去世了,陈傅良从此成了永嘉学代表,他让朱熹渐渐感觉到了厉害。

中进士十几年后,陈傅良到湖南做官。湖南本来是湖湘学派的主要活动区,学派成员天天探讨的是胡宏、张栻等人常说的心性理命,陈傅良在岳麓(lù)书院讲课,却给他们讲起了浙江永嘉的事功新学,一下子吸引了不少人,当地士子都跑来跟陈傅良学习。陈傅良的学术吸纳能力很是强大,急得朱熹只能在给人的信里大声抱怨:"你们也不看看,陈傅良到湘中一收,把原来南轩的门人都收走了!"

南轩就是张栻,他死后,门生弟子没了主心骨,不知跟谁学,这下都一起投入了陈傅良的怀抱。陈傅良也毫不客气,照单全收,全部笑纳,把张栻原来那帮子学生都网罗走了。

本来张栻死后,他的接班掌门人是胡大时。胡大时名字线条很粗,听起来就像一个普通老百姓家的父母给孩子起的名字,没有多么文雅。但这个胡大时可不是一般子弟,他是著名学者胡宏的儿子,他爷爷就是大名鼎鼎的大学问家胡安国,胡家开创的"湖湘学"更是全国闻名。

可见用"大"字做名字还是很给力的,大时先生也名不虚传。

可就是这样一位家学渊源深厚的胡家后代,却在陈傅良到来后放弃了湖湘学领袖的地位,跟在了陈傅良的屁股后面跑,这让朱熹大为光火,大为恼怒,直到最后大发脾气。当年朱熹就对着张栻猛批胡大时的父亲胡宏,如今对胡宏的这个不好好学习"理科"的儿子,朱熹恨不能大步上去给他几记耳光。

但这时张栻已经死了,没有了同仇敌忾(kài)、一起骂胡大时出气的人,自己又在福建,跟湖南隔着一千多里远,够不着,朱熹只能大声呵斥,抱怨胡大时道:"不能自立,其胸中自空空无主人。"说胡大时跟随陈傅良是无主见,是"才听到别人放个屁,便跑过去闻闻(才闻他人之说,便动)"。

就凭这个,你也当不了胡大师!

对于把湖南士子收罗走的那帮子永嘉人,朱熹更是骂道:"自己知道学作孔子不得了,泰山爬不上去,不敢登大的,见了个小土堆子,便上去,只是小。"

就凭这个,你们也当不了大师!!

面对朱熹在城下的大声叫骂,陈傅良只是关上自家城门,在家里不出声,不去迎战。你说我小器就小器吧,我也没吃你家喝你家的,高低大小,干卿底事?朱熹找不着对手,对陈傅良钻在家里不出来没有办法,急得差点蹦起来,恨不得学学诸葛亮,给陈傅良送去一顶女人头巾。

就在朱熹也没有办法时,他忽然找到了出气口——一只飞鸟撞在了他的枪口上。

第六十二回

陈老师谈事功暗中放箭
叶徒弟讲佛学明里受伤

来的是陈傅良的弟子曹叔远。

曹同学大老远跑来竹林精舍看望朱熹,并带来了陈傅良的信。朱熹拆开信来看,上面是陈傅良写给他的劝架词,劝他不要和人争斗了,说朱熹面红耳赤跟人争斗是"刻画太精,颇伤易简;矜持己甚,反涉吝(lìn)骄"。

"易简"这两个字朱熹都跟陆九渊争论多少遍了,还在这里扯,朱熹看了心里反感,要不是怕碰见熟人,我高低给你整两句。但现在他又不能说什么,于是就跟曹叔远聊起了他的学习经历。

曹叔远是去年刚刚考上的进士,此时正在高兴头上,跟朱熹聊起他们永嘉的学术来,憋不住的兴奋,侃侃而谈道:"我少时跟陈傅良先生学,他教人读书,只让人从事上理会。如学《周礼》这部书,他就教我们理会三百六十官这些《周礼》上的人事如何安顿;读《尚书》,便理会二帝三王如何处理天下大事;读《春秋》,便教我们理会如何酌情处理国家政事。我们永嘉学干什么就是要从事上理会去做去。"

朱熹听了不耐烦,对永嘉学谈事不谈理非常痛恨:真是一群事多的人,我岂不知道你们那点儿破事,但在理面前,什么也得往旁边靠靠,先让让路。你一个小后生,在我面前大谈特谈,这就叫懂事不懂理! 于是便打断这位新科进士的话说:"你只说人事,那他教你如何从自己身上下工夫?"

曹叔远说:"这个嘛,我们陈先生也说了,'形而上者谓之道,形而下者谓之器',器便有道,有器就有道,他告诉我们礼乐法度都是道理,我们身上的工夫都是从礼乐法度这些事上得来的。"

曹叔远的话让朱熹听了恨不得大声训斥:不先讲理,礼乐法度也全是没用的事!

但曹叔远从大老远来了,好赖是客人,朱熹暂时先忍住了。

这些温州人在当时让朱熹很头疼,他所不知道的是,这些温州人还真会做事,薛季宣、陈傅良等人鼓吹的"器便有道"如今也真在温州实现了,最起码温州电器行销全国乃至世界知名吧?

器便有道,一点儿也不带差的,先有好产品才是行天下的大道。

可当时这位福建深山中的道学领袖并没有意识到这点,他感到陈傅良等人的永嘉学是比陈亮的永康学更难对付的一个家伙,非常棘手。

拿陈傅良、陈亮这两个刺头来说吧,陈傅良的永嘉学从事上理会,强调从制度名物上考究,这就是所谓的只知道谈"事功";陈亮的永康学虽然也强调从物上考究,但要先从利上理会,这就是所谓的只知道说"功利"。

这"二陈"都让朱熹大为不满。比如同样是说器,永康的陈亮说他要把金银铜铁搅到一起作一器,直以适用为主,功利性极强。这话当时就让朱熹抓住了破绽,说把金银铜铁搅和成一器,这是什么?这是杂器!你将来用起来不出毛病才怪呢!弄得陈亮赶快回信解释说自己不是唯利是图,并没有搞什么假冒伪劣产品,改了一下口。

陈亮的永康学没有多么高深的理论构架,陈亮也没有一定的师承源流,别看他跟朱熹吵得挺凶,但在朱熹看来,喳喳得欢的人并不难对付。

陈亮这个永康学杂拌加工厂不攻自破,而永嘉这些人就不同了。这些温州人做事都比较细密,他们强调道器合一,说器就是道,道不离器,不仅有着严密的制度学工艺,还把器靠在道学的大火上烧制,做得很是精致,无懈可击,让朱熹头疼不已。

永嘉学这些人口口声声谈道学,也跟朱熹一样说正心、诚意、格物、致知,也讲道学的修身工夫——"敬"。但这仅仅是表面,他们更多强调的是要从自己的那一套造"器"的"制度新学"上入手,专注于在底下做事,这等于挖道学地基,专攻下三路,摇动了道学的心性理论大厦,对朱熹精心设计建造的心性理命建筑群具有颠覆性。

陈傅良等人的行为让朱熹很是恼火:你们是来搞笑的吧,清纯的人都被你们这帮人带坏了。

朱熹和当时永康学、永嘉学这两家的最大区别是朱熹认为人们应该先从自己身上做工夫修炼,而永康学、永嘉学则认为人们只要从外面的制度名物上着手干就行。

朱熹的这一修炼自我的做法就牵扯到古代常常谈起的一个重要命题：内圣外王。

"内圣外王"这个词最早出现在《庄子》中，"内圣"就是先向内充实自己，达到圣人的境界；"外王"就是充满后向外发展，充分释放自我。后来儒家常常拿"内圣外王"这四个字做口号，和道教提出的"内外兼修"有一拼。

而永康学、永嘉学并不看重内圣外王，他们更看重直接在外部做事。为了辩论一下到底谁是谁非，朱熹致书陈傅良，索要陈傅良写的文章，说要看看他的大作。陈傅良知道朱熹这是要在他写的文章上面做文章，寻找他们制造的"器"的破解材料——七个不服八个不忿的人总要把多彩的人生打成一张张黑白照片——于是推辞了。

朱熹找不到攻击陈傅良的事实材料，正无可奈何时，又一个小青年飞来，撞上了他的枪口。

这个小青年就是叶適(shì)。叶適也是温州人，出身贫苦，为了考科举到处拜师，靠游学认识了陈傅良、吕祖谦等人，并受到这些前辈的赏识，后来在进士考试中高中榜眼，此时正在朝中任职。

要说小叶对朱熹还有功劳，在朱熹受到林栗攻击时他是朝中第一个站出来为朱熹说好话的。他给宋孝宗上书，对林栗大加挞(tà)伐，然而他当时还只是个太常礼院的博士，官小职微，这次上书纯是个人行为，只相当于一封群众来信，皇上看完后就把他的奏疏给撂废纸篓里了。

叶適虽然没有摆平朱熹和林栗的事，但他的一个同乡站了出来，他对林栗又是一顿猛轰。皇上和宰相留正一看林栗惹起了公愤，保不住了，只好把林栗调到泉州去了。林栗从此离开了朝堂,再也没有回来过。

朱熹后来知道了叶适和他的同乡好友维护自己的事,虽然感动,但并不感冒,也对他们不客气,知道他们是跟陈傅良一伙儿的,都是温州人,他们那个永嘉学有问题。

叶适这次本来是好意,他本人没有到朱熹的山头和林舍,而是给朱熹发来了书信,是向朱熹汇报自己的学习心得来的,说自己在荆州做官无事,耽于看佛书,看得都痴迷了,这才知道世外还有这么好的学说(乃知世外瑰奇之说),它们其实和我们的道并不冲突,只是由于现在一些读者不深入思考,才闹得参杂辨争的。

朱熹刚与陆九渊、陈亮论辩完——这二位一个比一个硬气,朱熹也没能彻底战胜他们——对浙东思想的渐成气候深感头痛,如今看了叶适的信更是生气,心想我们道学家闹了半天,就是要把佛道拨拉到一边废掉的,你把佛书说得这么奇美,比作"世外瑰奇",把它当玫瑰花又给捡了回来。我们"抹黑"了半天的佛,都让你一个黄口小子龇牙给"涮白"了,这不等于白忙乎了吗?

我们这里有一条不成文的规定:在理学的所有识别区域都禁止谈佛!

于是朱熹迫不及待地给叶适回信说:看了你的信,我惊讶不已,说得真是太骇人听闻了,没想到你竟能说出如此雷人的话语!你要是见得道理分明,便应没有工夫读佛书,你看不出佛书胡说八道误人子弟吗?

叶适本想跟朱熹谈谈学习体会,结果让朱熹臭骂了一顿,他不愿意和朱熹争辩——你长得好看,说什么都对——于是不说话了,以后也不给朱熹写信了。

叶适不回信不能说没有礼貌,这只能怨朱熹忘了人家叶适说他读佛书全是个人行为,给你汇报是私人心事,你倒当成了群体事件,在信里大吵大闹,有意思吗?自然不给朱熹回信了。

没想到朱熹一时半会儿还放不下,仿佛只冒了半截烟的枪口,火气还很大。叶适不来信,急得朱熹一时找不到发泄对象,于是只能给小青年叶适又回信道:"我很想与你见了面好好谈谈,咱们彼此都尽情吐露,寻一个是处,讲究到底,大开眼看觑,大开口说话,分明去取,直接剖判,不用这么遮前掩后、似说不说,像个新媳妇一样扭扭捏捏,不也很痛快吗?现在一些学者,动不动就拿自己的浅见短视判断古今,议论圣贤,这哪能行!我和你相隔千里,而我又老了,不知哪天说死就死了,所以我只能在书信里跟你说说,你最好还是来呀!"

叶适见朱熹破着老脸,卷袖子舒胳膊地要跟自己急,心想见面没这么见的吧,更是躲到家里不出来了。

朱熹对待叶适的思想问题像秋风扫落叶一样无情,就这样像大人训小孩一样把小叶给吓跑了。见不着小叶,没有发牢骚的对象,朱熹难免有些落寞和惆怅。其实他也知道小叶人不错,只是为再也抓不住小叶的把柄而有点急。

朱熹比叶适大整整二十岁,二人的忘年交交情就这样结束了。

叶子的离开,不是风的追求,而是树的不挽留。

永嘉学派这些人让朱熹教训得都不出声了,朱熹又把目标落在了吕祖谦的弟弟吕祖俭身上。吕祖俭在文章中除了承认"理"这个本体,还大谈

"心"也是本体。这两个本体教人怎么活？在吕祖谦活着时，朱熹就对人说吕祖谦学术有点偏，认为吕祖谦说理时有点儿偏心，陈亮、陆九渊都是让他给惯坏的，并且他动不动就劝人看《左传》和《史记》，把司马迁抬得恰和孔子相似，不知大小。他吕祖谦号称自己是"史学大师"，如果学术照这样继续偏颇下去，我看他还"史什么学，只是见得浅"。

朱熹评价吕祖谦的话还是很有分量的。南宋灭亡后，元朝组织理学家修撰《宋史》，吕祖谦没有能够进入《道学传》，而是被打入了普普通通的《儒林传》。

当年吕祖谦没有多和朱熹争论就早早死了，朱熹对此不无遗憾，说他竟带着许多糊涂道理去了。如今吕祖谦的弟弟吕祖俭又成了吕家学术的代表，他带头开始学习陆九渊弟子们的静坐，这让朱熹十分恼怒，斥责说他已经快堕落成佛教徒了。

朱熹骂得也不能说错，陆九渊的弟子刘尧夫就喜好盘腿静坐，最后官也不当了，出家当了和尚，让陆九渊在朱熹面前好没面子，发誓要清理门户，开除这个家伙。

除了批判同时的这批人，对于早年构建"宋学"大厦的各个"施工队"，朱熹也一一做出评判。

比如他批评苏轼，说苏轼、苏辙兄弟二人就是一笔糊涂账：苏轼论性，既不是性善，也不是性恶，把"人心惟危，道心惟微"的心混为一个心来解说，在这点上还不如司马光。司马光还知道把心分为人心和道心，苏轼却装糊涂，不把心分开来看。并且苏轼学术不纯，他把老子、孔子都列为圣人，乱了家门，让朱熹更是愤慨。

你们都是我永远得不到的人,直接滑过。

朱熹是后人公认的理学集大成者,他构造的理学大厦确实十分精致,他也为这座大厦操碎了心,处处设防维护,不容许任何施工方在这座大厦的工艺里掺杂质。

那么朱熹理学大厦的重要支柱是什么呢?

宋代儒学各家大厦的支柱就是我们前面说过的"体用"二字,朱熹的理学大厦也不例外。

体用的"体"是本体,"用"是功用,它的最早出处是《周易·系辞》,不过《周易·系辞》里的"体用"与宋代的"体用"还隔得很远,前言不搭后语。它是这么说的:"故神无方而《易》无体",隔了老远又说"显诸仁,藏诸用"。"体用"二字这时还没有并列提起,它们还不属于哲学范畴。

真正哲学意义上的"体用"是晋代玄学开始使用的,王弼把"体用"并举,他在给《老子》这本书作的注解里说:"虽贵以无为用,不能舍无以为体也。"把"体用"提到了哲学的高度。

到了宋学这里,"体用"二字更是被大力采用,从胡瑗起就讲究"有体有用",是否"有体有用"直接关系着你的学术大厦能撑多久。

比如王安石搞了个"新学",他是说了些"道德性命",但没有标出最高本体"理",后来"新学"在他去世后逐渐衰落。当时就有人说那是因为王安石的学术只讲了个"用",而没有讲到"体"。没"体"就是支柱不牢,自然不能长久。

程颐提出了"性即理",把天理和人的性扯到了一起,认为自己建立起了严密的"体用"关系,于是开始标榜自己的理学做到了"体用一源,显微无间"。

后来宋学的几大派间,攻击对方"体用"不全最是让对方难堪,如陈亮就攻击朱熹"有体无用",只说了个"体"(理为体),没有实"用"。

朱熹和他们吵了半天,也只是围绕着"体用"二字,义利也好,王霸也好,道器也好,全是互相指责对方有没有"用"。

儒家攻击佛道的理论武器也是"体用",说他们只有"体"没有"用",他们的学说只讲心性,没有什么用处。

理学架构的支柱有了,那么大厦内部又该如何构建呢?

我们人类生活在这个世界上,其实所有的思考都是围绕着我们自己来转的。这个世界上所有的学术都要重点解决一个问题,那就是我们自身关系的问题。

儒家提倡入世,在这其中天人关系占了首位。

到了宋朝,儒学由于要重新施工改建,天人关系显得更是紧张焦虑。

为了解决天人关系,宋学也分为了上下两层,上面是天,下面是人,天人遥不可及,互不相干,怎么把二者贯通起来呢?

众所周知,天上人间虽然遥远,但有一种东西却是把二者贯穿着的,这就是"气",这是张载着重研究过的。

张载让"气"在天人上下之间游刃有余,他说人除了具有纯善的"天地之性",还有复杂的有善有不善的"气质之性"。

张载不愧是论"气"的大师,他把二程奉为天理的"性"也掺杂进了"气",弄出一个气质之性,当时还得到了二程的赞扬。

二程曾经嫌表叔张载和自己的"理"不保持一致,想跟张载斗气,虽然这个"气"田已经被张载发掘了,二程来得有点儿晚,但这兄弟俩也很会安

排开采,他们接收了张载的"气"田,竖起一个牌子,上面写着"理在先,气在后""理是本,气是末",占了先机。

到了朱熹,他的理学大楼里也安上了新风系统,贯通上下用的方法也是"气",这是采用的张载的方法。当年二程并没有侧重谈张载的"气",只是表扬了张载的"气"功高超。朱熹就不同了,他专门把张载的"气"拉进来,要以"气"为媒介,贯通上下。

各位听着,不是我复杂,而是他们很单纯,只看贫富,不看人。

但朱熹对"气"也没有一味推崇,他说陆九渊千病万病,只在不知道"气"有好坏,喜怒哀乐随便乱发,后生小子们才去他门里跟他学,便学得不逊无礼,出来后让人看上去很可畏,世道本来就已经衰微,让陆九渊弄得更加千变百怪,真是可怕,可怕。

所以理学的最高级词汇不能是"气",只能是纯粹的"理"。

既然确立了飞向"天理"的目标,那怎么才能达到呢?这就是"工夫"论了。修炼的工夫不外有两种:一种是快的,即顿悟;一种是慢的,即渐修。

陆九渊承认了北宋二程等人讲的理,但他又提出了另一个论调,那就是"心即理",说心是万物的本原。他的理学修炼的工夫是顿悟,被朱熹讥笑为像和尚修行一样。

因为佛教从惠能和尚起就标出了顿悟,陆九渊悟修的提法被讥刺为模仿异教。

这个世界上的文字太奇妙了,多巴胺、肾上腺素、荷尔蒙,有种人他们愣是傻傻分不清!

怎么和有佛学倾向的这些人区别开来呢?朱熹给人开的工夫方子是

渐修。渐修总是没有错的,学生再笨,老师也要鼓励一句:"慢慢来,好好修为,总会进步的。"人们送客时再着急,也不能催着对方说快点儿,送到门口时还得补充一句"慢走",客气一下。这就是渐修的好处。

朱熹在渐修这方面占了上风,陆九渊的顿悟落了个和尚话头,常被朱熹扭回头捂嘴嘲笑,直到最后两人恼了,互相亮出了獠牙,这才打斗了起来。

工夫确定下来后,那怎么修炼呢?

在练功之前,要看看自己是"已发"还是"未发"。

在《礼记·中庸》里有这么一句话:"喜怒哀乐之未发谓之中,发而皆中节谓之和。"未发、已发都是修炼,在未发时都是好的,不需要用工夫,用朱熹的话说就是未发之时,自尧、舜以至于路人,都是好的。

在喜怒哀乐"未发"时你要好好修炼存养,而喜怒哀乐"已发"你就需要好好省(xǐng)察自己是不是合乎规定。

未发时是中,这就是我们中国人的中和思想:不为已甚,不做过头事,掌握恕道。中国人的含蓄就在这里。

但你千万不要以为未发就是好欺负。中国人一旦已发起来,不打得你服了绝不罢手(发而皆中节谓之和),这就是中国人的已发。中华民族,一个含蓄而有力的民族!

{第六十三回}

陆知军谈心任上突逝世
陈状元说事一夕竟不归

除了争论太极、无极,朱陆二人又争论起了皇极。

"太极"是儒家所藏典籍《周易》中的词汇,这"皇极"是又一部儒家经典《尚书》中的。《尚书·洪范传》中说,上天赐给了禹"九畴",也就是九条大法,其中的第五条是"皇极"。

对于什么是"皇极",朱陆二人说的也不相同。朱熹说"皇极"的"极"是"标准","建用皇极"就是建立君王的准则;陆九渊说"皇极"的"极"和无极、太极的"极"一样,还是应解为"中",你看"皇极"正好处在《洪范》"九畴"这九条大法的第五条,在正中间,这不是中是什么?

朱熹对此不以为然:胡编滥造,你是懂王!挽袖子和陆九渊又起了争论。

初争不知"极"中意,再争已经是"极"中人。

这时许多大臣也都在谈皇极，然而谁也没想到，他们在底下争论皇极，朝廷上皇位却发生了重大变化。孝宗在当了二十七年皇帝后，和让位给他的先皇赵构一样，也提前内退，以内禅的名义把皇位传给了儿子，这就是宋光宗。

陆九渊被新皇上任命为知荆门军。荆门本来在内地，由于金兵入侵，宋朝割地赔款，已突出到了宋、金的边界，成了一个边城。

陆九渊本来打算一边著书，一边和朱熹继续酣斗，这下子只好先赴任。

这是陆九渊第一次独当大任。他到任后尽心尽责，为防备金兵侵犯，修筑城墙，积极备战，同时在砌墙头之余，也不忘拍朱熹几砖。在正月十三日这天，仿佛向远方的朱熹示威似的，陆九渊聚集了一大帮官吏老百姓，给他们宣讲自己对"皇极"的解释，说"皇"就是大，"极"就是中。当时荆门市民观睹，人山人海，好不热闹。

天对地，雨对风，大陆对长空。陆九渊上任后人气高涨，而朱熹此时只是个闲居在家的普通士人，对于陆九渊拍过来的砖头，朱熹只好一边拨拉，一边给人写信，诉说陆的猖狂，自己的委屈。

不能因为咱俩有过节，你就把我当节过。

要不是离得太远，我就跑过去当面说你两句。

但朱熹这时还是受到了一点儿特别优待的，起因是在宋孝宗退位前夕他给宋孝宗上的一封奏疏。

朱熹二十多年来给宋孝宗上了好多次奏疏，这是最打动宋孝宗的一次。

这是一份被写进《宋史》的奏疏。奏疏在十一月十六日递呈入宫时,已是半夜,孝宗本来已经睡了,收到奏疏,他马上披衣起来点亮蜡烛,将四十页的奏疏一气读完。孝宗这次失眠了,他认识到朱熹是个骨鲠之臣,第二天,立即下令任命朱熹主管西太一宫,后面还有一个职位:崇政殿说书。

这是让朱熹入侍经筵,辅弼新君,为新皇帝登基做准备。

宋代经筵上一般有三个职位:崇政殿说书、翰林侍讲和翰林侍读。程颐、尹焞(tūn)当年获得皇帝任命的那个职位就是崇政殿说书,这个职位在经筵里是最低的,相当于刚刚接到主人的邀请信,坐上席是不可能的。

朱熹立刻打了辞免报告。他不像程颐、尹焞那样初出茅庐,他已经当面说教过皇帝好多次了,对崇政殿说书这个职位根本看不上。

几年后,他将会以翰林侍讲的高职直接给皇上开课。

新皇帝光宗即位后,又重新给了朱熹一个职位,让他知漳州。这是宰相留正建议的。

当年漳州是福建的一个穷地方,放着经筵的华丽教师岗位不干,却到穷乡僻壤支教,人们猜想朱熹恐怕是又要对这个职位掂量掂量了。

没想到,朱熹痛快地接受了这个职位。这一年他六十一岁。

这时的陆九渊还在荆门任上,而朱熹到了漳州就任。就这样,朱、陆二人一个在大宋的东南角,一个在大宋的西北角,扯着一根对角线,又开始互相撕扯对骂。

牛女二星河左右,朱陆两曜斗西东。

你厉害,你真牛!

看来朱、陆一辈子还真是拆不开，不甘屈人之下的陆九渊对这条对角线很是满意，继续拍砖朱熹。

朱熹在漳州对于陆九渊来说绝对是一个最佳抛物点，要是朱熹入了朝，在皇帝身边讲课，再拍板砖就不方便了，那样就成了曲线攻击。比如朱熹正在给皇帝上课，一块板砖拍来，朱熹一怒，在皇帝面前说陆九渊如何如何，那陆九渊就要有口难辩了。

不过朱熹也没有白来漳州，他在这里收了一个他最得意的学生，名叫陈淳。

朱熹有陈淳，犹如当年程颐有尹焞。陈淳和尹焞这二位可以说是程朱理学的水火棍，指哪儿打哪儿，都积极维护自己老师的学说。

朱熹也把收陈淳做徒弟看成来漳州的最大收获。

看在你这么帅的份儿上，这理学第六套广播"体用操"以后就你教吧。

就在朱熹在漳州的事业刚要开展时，他的长子朱塾去世了，朱熹只好仓皇辞了工作回去办理丧事。

长子去世对朱熹老人打击很大，他一度不想出山了，对于在荆州的陆九渊也不想搭理了。

然而一年后，一道霹雳消息传来：陆九渊在荆门去世了。

朱熹听到这个消息后，先是愣了半晌，没有反应过来。这是真的吗？他怎么死了呢？他才刚刚五十五岁！自己是不是在做梦？然后很快又意识到这不是做梦，这是真的，自己的论敌陆九渊死了！

朱熹匆忙率领一帮子学生到寺中哭吊。哭完后，朱熹望着寺中的屋顶,面无表情,很久很久,说了一句意味深长的话:"可惜死了告子。"

告子是谁?不好意思,他是我们春秋战国诸子百家中的又一子,过去我们一直没有提起他,这不能怨我疏忽,实在是过去我们用不着提他,但现在不提不行了,因为自从新儒学谈心说性之后,告子因为曾经和儒家大师孟子谈过心性,便像现在商场促销时捆绑销售的商品一样,粘上了。

告子的大名被埋没实在不应该,我们都应该知道他,因为他说过一句让后人听来如雷贯耳的话,那就是:"食色,性也。"他把吃饭和两性关系都看成人的基本属性。

他的又一句"生之谓性",更是把人性和人生紧紧捆绑在了一起。

除此之外,告子和孟子还有一段争论人性的话特别出名。告子认为人性就像急速流动的水,你让它往哪儿流,它就往哪儿流。人性没有什么善不善,就像水不分什么东和西(*人性之无分于善不善也,犹水之无分于东西也*)。

但孟子却认为:"水是不分东西,但还是会分个上下流的。人性向善,就像水往下流。水全都是往下流的,所以人性全都是善的。"

把复杂的人性和简单的水流相比附,只能说孟子打的这个比喻太取巧了。这年头手推车都能装高配,告子当时就和孟子起了争论。

孟子认为自己一方说得对,就把这段争论记录了下来。

十个儒生九个理,还有一个不讲理。陆九渊就是从孟子这里直接受到了启发。

孟子说过这么一句话:"心和理是相同的（心之所同然者何也？谓理也）。"这句话让陆九渊的"心即理"找到了根据。

孟子又说,"学问之道没有别的,不过就是把那失去了的本心找回来罢了（学问之道无他,求其放心而已矣）",更是让陆九渊深受鼓舞。

虽然陆九渊也崇尚孟子,但他把自己比作在道统上直接孟子,这在朱熹看来就是猖狂。

一山不容二虎,除非一公一母。

古往今来的儒生谁都想接孟子,谁都想接正统,但正统只有一个。正要纯洁道统清理门户的朱熹于是就把陆九渊比作告子,置在了孟子的对立面,让他这下什么道统也接不成。

朱熹把陆九渊比作告子多少有点冤枉了陆九渊,因为他并没有和告子一样说过性不分善不善的,他倒是支持孟子的性善论,更像孟子。这让朱熹绝对接受不了。

陆九渊要是孟子,那我是谁？我又还能是谁？

陆九渊的死使朱熹少了一个论敌,松了一口气。但事实往往告诉我们:不要笑得太大声,不然会吵醒旁边的忧伤。紧接着的一件事又让朱熹倒抽了一口气:他的又一个论敌陈亮传来重大消息,说是中了状元。

中状元这事和买彩票中几千万元大奖一样,都是小概率事件。皇帝记不住那么多进士,可状元他还是能记住的。状元是众多进士里让皇帝印象最深的。还没做官就给皇帝留下一个印象,这就是状元的魅力。那些考上进士时名次靠前的人尚要靠自己奋斗,才能在未来进入官场高层有所作为,更不要说名次不靠前的人了。大部分人只能在下边熬资历、撞运气。

陈亮本来是想不走寻常路的,他从第一次考试落榜起就开始给皇帝上书,前后一共六次,用他的话说就是"六达帝庭,二讥宰相"。

那么陈亮在上书中老是鼓动宋孝宗北伐到底对不对呢?

有人认为,幸亏宋孝宗没有听陈亮的,要不然宋朝亡得更快。但我们可不要简单这么想,因为假如不行动,南宋可能更没机会。

陈亮在上书中把朱熹这些人说成是只知道低头拱手以谈性命的腐儒,是一些只会谈正心诚意的得了风痹(bì)不知痛痒的人,这是他个人的观点,我们也不多做评判。只能说在一个苟安的社会里,陈亮好赖还是个行动主义者,而朱熹这些儒士非要先炼好自己身心了再行动,也不能说不对,但行动上总好像不如陈亮积极,慢半拍。

陈亮上书没有吃到什么好果子,让他彻底伤透了心的,是他后来又有了一次牢狱之灾。陈亮这一次进监狱发生在宋孝宗死后,幸亏有赏识他的大臣在宋光宗跟前为他说好话,这才得免一死。

给你们点毛织坎肩得了,还想要老子命,多少挨了点黑棍才出狱的陈亮这时已经五十岁了。他痛定思痛,从此坚决认定,没有社会地位的人永远都是一个挨打受气的角色,你叫得越欢,上面砸下来的棍子越多。陈亮决定还是回到科举考试的路上去。

这一次,也许是陈亮的霉运已经到了头,他竟然中了,取得了参加殿试的资格。

这是科举考试的最后一道关。

殿试的题目是让发表一下对光宗登基近五年来的看法和建议。

这个题目出得可以说是紧跟时政要闻。原来宋孝宗内退后有个规定，要儿子光宗每个月去朝见他四次，一开始光宗还能做到，后来父子二人有了不和，光宗就不去朝见孝宗了。再加上光宗的皇后李氏是个"泼妇"，对公爹有意见，便常常挟制、鼓动光宗，不让他去拜见父亲。

光宗即位以来最大的争议就是不去看望退休的父亲宋孝宗。这次殿试，偏偏策问里就问到了如何才能不负父亲的托付。

在殿试的考卷中问问别人我怎样才能继承老爹的志向，这本是一句套话，人家可没有问你我不去看望我爹这事怎么办。而陈亮同学在对策里却偏偏提到了这事，对光宗是百般回护，用了文人的曲笔，首先夸了光宗对父亲施政的延续，说这是得到了父亲的"机要"才开始施行的，然后话题一转，说："这岂是一月四次朝见父皇以在世人面前弄个美观的花头可比的（岂徒一月四朝而以为京邑之美观也哉）？"

光宗不去看望父亲这事，在当时闹得沸沸扬扬，大臣们也全都失魂落魄。因为封建社会以孝治天下，皇上都带头不孝了，天也就塌了，封建的所有纪纲也全都开焊了。

本来光宗正为朝臣们指责自己不孝顺而烦恼，陈亮这些话让光宗看到后激动不已。好看的皮囊千篇一律，有趣的灵魂百里挑一。他认为陈亮真懂事，"善处别人父子之间"。陈亮原定是第三，他拿起笔来，唰唰一挥，亲自定为第一。

聪明的陈亮彻底把握住了光宗要让人说自己是孝子的心脉，难怪人们都感叹道："陈亮这是想要做状元了。"

不但如此,陈亮在他的那篇对策最后还说:"陛下这么圣孝,就是写《孝经》的那位曾子也比不上。这都是陛下您英断自天,从来不假左右以辞色,让人看不出您的高深来。"

高,确实是高,把一个不去看望老爹的人吹捧为大孝子,陈亮这次的马屁功夫的确是登峰造极。

唉,对不起,说错了,说错了,我把屈服看成了屁股。

但不这么说又如何说呢?这都是现实逼出来的。陈亮两次入大狱,在里面身上挨没挨黑棍先不说,但"陈亮,快点起来上堂受审"这样的难听话没少听。五十岁的老考生应该知道怎么做了,光空谈心性情气命有用吗?我们二十岁时是心高,三十岁时是性躁,四十岁时是情焦,五十岁时要是还不知道天命,到了六十岁就只能剩下气短了。他在殿试时决定不走寻常道,抓住这次难得的机会,来一个天翻地覆的变革,彻底扭转自己的命运,否则也不配和那些道学家们谈什么天理了。

朱熹这些人通过说理找到了向上的路,而我呢?我们生活在这个世界上,总要给自己找到一个向上的理由吧!

只有等你成功了,才能配得上这世间所有的美好!

于是我就这么做了,怎么地!

一切也许都是权宜之计,可惜,对于陈亮,已经没有了也许。

陈亮高中状元后,被授职"签书建康军节度判官厅公事",这是让他到南京(建康府)做官。由于一时不用到任,陈亮就在京城继续风光无限地拜会宰相等各级官员,然后收拾行装回家。

在到达县境上时,陈亮的弟弟早早来迎接他。经历了这么多年的苦难,兄弟二人见了相对而泣。陈亮说,以后可以见先人于地下了。

然而谁能想到这句话竟然很快就变成了现实,陈亮回家后不久竟然糊里糊涂地死了,只给后人留下了叶适记载的这句话:"未至官,病,一夕卒。"

一夕卒就是说一个晚上就死了,或者某一天突然死了。怎么死的,是心脏病突发还是脑出血,没说,但肯定不是被谋害。陈亮仅仅是个状元,一个名号而已,谁都犯不着去谋害一个无权的状元郎。

嚷嚷了一辈子,真等到他出来做事,要大干一场的时候,竟然就这样悄没声地死了,让人怎么说都不是滋味。

他如同夜空中的彗星一般,华丽而神秘。他有着忧郁的眼神,习惯四十五度角仰望天空,泪流满面。而内心强烈的责任感,又常常让他无法像正常人一样表达情感。

陈亮中状元后收到的祝贺满满。他也收到了朱熹的贺信。朱熹在信中祝贺的同时,继续给陈亮灌输他的理学大道理。让人纳闷的是,对于朱熹老头的说教,陈亮这次乖多了,没有争辩。

终于走上了政治舞台,在这个舞台上,首要的是庄重,不露声色,把自己养壮,才能演绎以后的大戏。

先不和你朱老头争论,以后咱再走着瞧,慢慢说。

这是不是陈亮对朱熹的权宜之计我们不知道,我们只知道在多少人都拭目以待等着看陈亮的表演时,他竟然提前谢幕了。

忽悠,反复,折腾,大喜大悲,起起落落,造化就是这样弄人的。

人生如戏,戏中人又岂止一个陈亮而已?

{ 第六十四回

不讲礼宋光宗光杆退位
唠叨理朱老头伛偻出朝

　　陈亮虽死,事功学还得继续,接下来该事功学的另一个大师陈傅良上场了。

　　陈傅良果然没有让人失望,他在朝廷的一次表现十分出彩,获得了一片叫好声,然而今天在我们看来却是琐碎无比。

　　起因还是光宗不去看他爹这事。光宗不去看望他爹孝宗在当时是个头号事件,陈傅良从到朝中任职后就没干过别的大事,全是劝谏光宗去看爹了。在绍熙四年(1193)九月,劝说了光宗无数遍的陈傅良终于说动了光宗去看望爹。可是光宗刚走出御屏,李皇后便从后面赶来,一把拉住光宗说"天这么冷,官家且回去饮酒",把光宗硬给拖回去了。

　　这个场面谁也没想到,当时在下边站立的百官都惊呆了,不敢出声。这时意想不到的一幕出现了,陈傅良急忙上前拉住光宗的袍子不让走,跟着这挎胳膊的两口子一直走到了屏风后面,只听李皇后气得颤巍巍大叫道：“这是什么地方，秀才想被砍头吗？”

人家帝后两口子卿卿我我，你跟着来拉扯走秀干什么？不要你的脑袋了吗？

陈傅良这一拉住皇帝袍子不放的举动，好比我们报案后激动地拉住要逃离现场的嫌疑人。陈傅良可能当时真的急了，百官都列队等着随你皇帝大人去看你爹呢，你倒带头让老婆给挎胳膊拐跑了。情急之下，陈傅良也不考虑人家是有行动自由的法定夫妻，拽住男方硬不让走，结果被女方当第三者痛斥了一声。这换谁都会感到没趣害臊。陈傅良于是在庭中抱头号啕大哭起来，弄得李皇后莫名其妙，派人来问他还不走在这儿哭什么。他回答说："经书上说，儿子谏父不听，就哭着跟随他（则号泣而随之）。"

李皇后当时听了差点儿没哕(yuě)出来，欺负我没文化是吧？

又是一个不让老娘省心的大爷！

哭了半天，陈傅良最终反过味儿了——皇上已经回宫喝酒去了，再哭也没用——于是回去写了封辞职报告，走人了。

尽管光宗两口子这次赢了，但从这件事可以看出，不孝顺的事最好还是别做，皇上还被人急得扯袖子拉胳膊，要是换别人早挨巴掌了。

陈傅良不敢惹皇上，只能急得自己哭。不过他这一在大殿上迎风洒泪可了不得，被史官记录了下来，流洒了千古。

接下来朝中起了重大变化。

先是宋孝宗在第二年的六月死了，光宗仍旧不去主持丧事。光宗这么做确实让后来许多人想不通。你家老子没等死就把皇位让给了你，你不感恩戴德,如今他上了黄泉路,你连坐上车去送送都不去。

其实没有无缘无故的爱,也没有无缘无故的恨。光宗和父亲不和的原因在于立谁为太子这件事上。是立嘉王赵扩,还是立嘉国公赵抦,二人起了矛盾。身体和心理机能都很脆弱的宋光宗干脆做出了这么个逆天行为。

光宗不去主丧,这在当时是一件大事,一下子弄得满城风雨。你爹活着你不去看望就不去看望吧,你爹死了你都不管!于是有人暗地里提出让光宗下台,让他儿子嘉王赵扩接班。宰相留正试探着劝光宗主持发丧,没想到光宗啥也没说,只给了他个批条,上写"历事岁久,念欲退闲",意思是我做皇帝这个工作已经很久了,有点儿累,不想干了,想退休。

让皇帝退位可是件要掉脑袋的事,光宗也没提出退位时间表。光宗的这一暧昧态度把留正吓坏了,留正生怕说多了脑袋搬家,于是第二天上朝时装作摔了个跟头,把脚崴(wǎi)了,上表请求光宗罢免自己的官职,没等上边批复下来就让几个亲随在五鼓时分把自己抬到了杭州城外,不管事了。谁爱发落皇帝谁发落吧。

皇帝想退休,宰相已开溜,堂堂大宋朝竟然没有了主事的人,天理何在?朱熹何在?

报告:朱熹在外。

就在这人心惶惶的关键时刻,一个不怕事的站了出来,他就是知枢密院事、副宰相赵汝愚,他悄没声地联合和后宫有亲戚关系的韩侂(tuō)胄发动了宫廷政变,劝太后立了赵扩。

在立赵扩那天,皇位继承史上有趣的一幕发生了。赵扩在彭龟年的陪同下到了太后面前,当听说要让他当皇帝时——这事换别人都是欣喜若狂或者心头小鹿在撞——这位赵扩却吓得绕着殿柱子一边跑一边喊:"做不得呀,做不得呀……"

如果你曾经养过兔子,就知道他当时有多么害怕。

赵扩的行为把众人看得哭笑不得,最后还是太后呵斥了一嗓子才让他停止了这种圆周运动。

太后本来喜欢赵抦,但大家都倾向于立赵扩,这时也没办法了,赵扩被拥扶到御榻,在老子还在位的情况下,当了皇帝,这就是宋宁宗。

这种皇帝还没死就换班的方式叫"内禅"。这一年是绍熙五年(1194),绍熙是光宗的年号,这就是南宋历史上著名的"绍熙内禅"。

权力是不会主动请假的,据说宋光宗清醒后听说被办了退休手续,气得不行,于是不给儿子腾地方,他儿子只好另找了一间屋子办公。

"绍熙内禅"距离陈亮考上状元也就一年。如果陈亮活着的话,还在南京任职的他肯定会受到严厉处分。因为他为了中状元曾经替不看望老子的光宗辩护,这在当时就受到了一些人的责难,明显以后是要等着被抽的。

宋宁宗上台也是一大帮子道学人士出来策划的结果,这里面温州几个官员出了大力,他们这次表现不错,勇于做事,不愧是永嘉学事功的鼓吹者,其中叶適的功劳最大。

但不久发动这场政变的人们就反目成仇。发起人之一韩侂胄想得到一个节度使的职衔,宰相赵汝愚不同意,二人开始明争暗斗,最终酿成了南宋历史上又一次政治悲剧:庆元党禁。

事情是这样一步步变坏的。

先是宁宗上台后改元"庆元",意思是庆祝新的元年开始。他也渐渐稳定了心绪,还表现出很好学的样子,把经筵的老师名额扩大了一些,又找了几个老师。这时他的老师中书舍人彭龟年告诉他:"这些人再多也没什么,不过是多个数而已,陛下如果能召来一世英杰如朱熹等人,方能压住人望。"

宁宗听了激动不已。他早就听说过朱熹大名,于是下诏让朱熹进京。

朱熹此时正在潭州任上,接到邀请书后立即启程上京做事。但朱熹万万没想到,这个宁宗,对待自己还不如他那个脑子不清楚的老爹光宗。

九月底朱熹抵达都城临安郊外,在距城约二十里的六和塔下待命。朝中的道学人士陈傅良、叶適听说朱熹来了,都跑来看望他,向他诉说朝中一些反道学人士的言论。大家聚合在六和塔下,非常热闹。

这时的朱熹就像美国内战时的林肯总统进入硝烟刚刚散去的里士满一样,望着来看他的众多人士,百感交集。过去一直和大家吵啊闹啊,如今都结束了,陆九渊死了,陈亮死了,曾经的道友都一个个离去了,只剩下我们这些人了,而朝中那些反道学人士仍旧在和我们作对。现在是我们团结起来,共同对付我们的敌对者的时候了,人家正为刀俎(zǔ),我们不能再做鱼肉。朱熹望着大家神情凝重地说,形势对我们有利有弊,这是我们和衷共济的时候!

在六和塔下的多方会谈取得了好的效果,大家的意见高度一致。没想到这些道友的口谈和酒友划拳一样,都不靠谱。酒友醒来说过的话全忘,这帮道友到了事上又忘了团结,自己先为了点鸡毛蒜皮的事吵了起来,削弱了内部力量。

朱熹入朝后受到了宁宗的亲切接见,被授予了经筵上的高职——翰林侍讲,终于实现了他做帝师的愿望。让人没想到的是,他在这个清要岗位上只干了不到四十天,比他的前辈程颐在经筵待的时间还短。

这四十天里朱熹非常忙,先是为了宋孝宗的坟墓选在哪里和其他大臣争执闹意见,接着为皇帝祖宗在庙里争位次。对于这些新皇帝都还能容忍,顶多就是和朱熹绕绕嘴多谈谈而已。但接下来的他就难以容忍了,因为他实在受不了朱老夫子讲的课。

下面是朱熹讲课的大概流程。

朱熹给他讲课时先是继续灌输道学的"体用"关系,说陛下您内禅接老子光宗的班这件事全是道心微妙,天理(天理为体)发用,虽然有点与众不同,但这都是暂时行权而不失其正。

用这个"体用"公式论证皇权正统,套到宁宗继位这事上,极大增加了宁宗继位的有效性,这些话让新皇帝听了十分舒服。

"体用"这颜值,爱了爱了。

但接下来这种舒服就渐渐成了束缚。讲完这些大道理后,朱熹说咱们先从《大学》这篇文章讲起吧。新皇帝猛一听还高兴地说,好啊,那咱们就先上《大学》吧。

新皇帝就像大一新生入学,自以为从此可以摆脱升学压力,随便玩了,没想到《大学》里有"三纲领八条目"这些校规准绳,差点儿把他勒死。

原来《大学》的开篇就讲"大学之道,在明明德,在亲民,在止于至善",

朱熹把它们总结为"三纲领"。这三大纲领还无所谓,接下来的"八条目"才是让宁宗难受的,它们是"格物、致知、诚意、正心、修身、齐家、治国、平天下",比董仲舒提出的"三纲五常"还烦琐。

董仲舒的"三纲五常"可以说是全部为皇帝说话的,三纲中的"君为臣纲、父为子纲、夫为妻纲",五常里的"仁、义、礼、智、信",都是约束规范下民的,而朱熹说的"三纲领八条目"却是对人人都适用的,并且皇帝还首先受训。

朱熹教导皇帝修身治国,让他正心诚意,先好好修身,这还没有惹起宁宗恼怒,最让宁宗受不了的是朱熹建议他不要再动不动就使用"内批"这个办公方式了。

原来宁宗动不动就用内批,就像某国外政客动不动就上社交平台用自己的账号发个信息一样,带有很大的不确定性。因为宋朝是讲究皇帝与士大夫共治天下的,而内批则是皇帝拿着手写的纸条,让人直接去执行,什么会议都不召开,这就是朱熹所极力批判的"大臣们不让参与,给事中和中书舍人都不让讨论(**大臣不与谋,给舍不及议**)",纯属独断专行。

宁宗终于爆发了,他一个二十多岁的年轻人,拥有像哪吒一样活蹦乱跳的心灵,却天天让一个六十多岁的理学老头子拿着"三纲领八条目"这条混天绫缠来缠去地捆绑,实在不堪忍受。

偏偏朱熹在接下来的经筵讲完后又责怪他不该这不该那,并且说得声色俱厉。

这不是调教,而是训教,还是理直气壮的那种!

这一次,宁宗再也忍不住了,四十天来道理讲得太多了,够了,真的够

了,朱老师! 朱熹前脚刚跨出经筵,后面赵扩一纸逐客令就下来了,并且用的就是朱熹深恶痛绝的内批,内容如下:

> 朕可怜你老了[悯卿耆(qí)艾],怕你难于站着讲课,已经给你安排了一个看守宫观的活儿,你自己去看吧,告诉你了(可知悉)。

这相当于老师讲完课刚走出教室,学生就从后边扔过来了粉笔头,并且这个学生的身份十分特殊,他是当今皇上,居高临下,用的还是飞弹——御笔内批。

这篇内批下达到宰相赵汝愚那里,赵汝愚看罢慌忙跑了进来,一边劝宁宗赵扩息怒,一边连连磕头跪拜求宁宗放朱熹一马,不要这样对待朱熹,说朱熹既是当代大儒又是您现今的老师,不能说赶走就赶走吧。

宁宗听了就是不答应。赵汝愚又说,既然皇上一定要驱赶朱熹,那就把我也罢免了吧。宁宗还是不答应。

我也没说赶你,我赶的是朱熹。你们谁说也没用。

朱熹在接到内批的当天便离了朝,到城南的灵芝寺待罪,等着接受下一步处分。晚上空荡荡的寺院里,朱熹望着满天星空,浮想联翩:我这是怎么了?我为何也落到这般田地?天上的星星那么多,你到底是哪一颗?

想到此处,朱熹几乎老泪纵横。跑了几千里路,刚来热乎了几天,就被人家用一张批条赶了出来。六十多岁的人了,让一个小青年这么玩,这都是图什么?

走在忠孝东路,徘徊在茫然中。在我的人生旅途,选择了多少错误。恨我不能说服自己,接受一切教训。

让生命去等候,等候下一个漂流。

第二天朱熹被逐的消息传开了。在京当官的道学家们纷纷上书劝宁宗,说陛下你今天来一个批条,赶走了宰相,这还可以说只是赶走宰相而已;明天又来一个批条,赶走了谏官,这还可以说只是赶走谏官而已;而你现在驱赶的是你的老师!你把人家从几千里外叫过来,刚在朝中待了四十天,就把人家撵了回去,并且用的手段很突然,像击落枯叶一样(如振槁然),你这一杆子打得满朝失色,让人说起来就丧气,这可不是小事!陛下你可不要以为天下就是你一个人的,说用谁说撵谁都这么随随便便(陛下无谓天下为一人私有,而用舍之间,轻易快意)!

尽管说得这么难听,但宁宗偏偏是个固执的学生,对于不喜欢的老师就要撵走。

在宋太祖"朕将与士大夫共治天下"的祖训下,我也不难为你们,但也不与你们多搅和,他不走我就逃课。

宋宁宗同学这时非常拧,谁说也不听,因为他看透了,在朱老师开办的理学实验班里自己将来肯定考不及格,非挂科不可,与其我挂不如他先下。

朱熹最终被驱逐出朝。

朱熹一走,很快陈傅良也被罢免。

宋宁宗的两个老师都被赶走了。

就在陈傅良被罢免的那天，宁宗的又一位老师站了出来，他就是彭龟年。

彭龟年为人正直，曾经在劝谏光宗看望他爹时叩头强谏，把宫殿的石阶都磕得沾了血。这次给宁宗上疏，他更加勇猛，直入主题。别人的上疏都不敢提韩侂胄的名字，彭龟年则直指这件事的幕后黑手韩侂胄，直接点名道姓地大骂，说这一切都是韩侂胄拱使的，与韩侂胄要势不两立，非拼个你死我活。

宁宗对彭龟年颇有感情，劝他这位授业老师熄火。彭龟年不听，继续跳脚大骂。最后宁宗说老师你这么大火气，那还是先出去冒冒，离开这儿吧。

朱老师走了，陈老师走了，也不差你一个彭老师。

几天后彭龟年也带着一筒子怒火离朝外放，从此再也没有回来过。

三位老师都走了，转眼到了庆元元年（1195），赵汝愚、杨简、徐谊、吕祖俭也全都被撵出朝廷。

赵汝愚本来就有病，在被贬的道上受不了屈辱，突然死了。

让生命去等候，等候下一个伤口。

更大规模的逼迫开始了，朝中又一次开始"大扫除"。

这就是历史上著名的"庆元党禁"。

第六十五回

遭党禁朱道学熹日末路
遇北伐叶书生适才展功

朱熹一走,道学人士陆续被赶出了朝廷。这时朱熹的朋友辛弃疾、陆游都不在杭州,只有一个杨万里。朱熹认为他正直敢言,是能感悟宁宗的最合适的人选了,于是在庆元元年(1195)六月和八月接连写信给杨万里,要他出来做事。

杨万里那也是个聪明的人,毕竟西湖六月中,风光不与四时同,知道出来也没好结果,不肯出山。

这还真让他猜测对了,西湖边上的冤案即将开始。

六月,有人先跳了出来,上言建议宁宗考核理学真伪,并开列了四十余名道学"邪伪"党人,党锢迫害从此开始。

七月,又有人上言说"理学"这个专门之学已经流而为伪,请求宁宗禁断伪学。

更有人提议"道学"这名字单看没有什么罪,但细想有问题,应当更名

为"伪学"。

过去的"道学"二字顶多是说一帮文人夫子自道,而现在一旦定为伪学,则是说一帮骗子在胡说八道,性质已经不同。

而这个伪学的魁首正是朱熹,他以匹夫窃取人主的权柄,鼓动天下。

到了庆元三年(1197),伪学又升格为"逆党",道学骗子变成了叛乱分子,性质已完全不同。

全面批判朱熹的时候到了。

人若风光万人陪,一无所有还有谁?可怜了,朱老师!

打倒朱老头的呼声不绝,但朱熹仿佛是只雄狮,那些喊叫的人就像一群鬣(liè)狗,只是在周边转转,还不敢贸然下嘴。终于,在庆元三年二月,又有人站了出来,上了一篇弹劾朱熹的奏章,说朱熹生性就邪恶,剽窃张载、程颐的余论,加以吃菜事魔的妖术,用来簧鼓后进,收招了一些无行无义之徒,有时跑到鹅湖寺,有时跑到长沙书院,潜形匿迹,如鬼如魅,不知干什么邪事。下面列举朱熹的六大罪状,前五条分别是不孝母、不敬君、不忠国、得意时耍弄朝廷、失意后哭怨老天。

单是以上这五条就足以让朱熹翻不起身来。第六大罪状则是说朱熹迷信风水,搬动孔子像到释迦牟尼殿时,设机造械,用大木巨缆绞缚圣像,导致孔子圣像手足堕损,折肱(gōng)伤股,观者惊叹,十分有害于风教。

把孔子像给弄折了胳膊腿,这还了得?就这他还配当老师!

说了这还不算,还说朱熹生活作风有问题,说他能修身齐家,可能吗?到哪里当官都有问题,做提举放个粮还多费朝廷钱米,说他能治民,可能吗？

什么朱教头，简直一个糟老头子。

我们都恨不得众筹去收拾他。

这篇弹劾朱熹的奏章非常具有杀伤力，随便拎出一条就能让朱熹吃不了兜着走。你还号称儒家大师呢，整天装模作样地谈性说情，简直玷污情怀二字。

这封奏章上去后，朱熹立马被落职罢祠，连个看道观的资格也没了。他的书版也开始被劈掉，用来烧柴引火。

南宋指责皇上最多的是朱熹。陆九渊没有指责过皇上，吕祖谦、张栻只是说好听的话，朱熹则不仅教训了皇帝，还教训了皇帝的爸爸和儿子，三辈人都让他教训过了，又骂皇帝身边的小人，骂不法将帅，宫里宫外都让他骂了个遍，可以说是个真的斗士。

朱熹的勇气也远超搞事功学的"二陈"。陈亮一辈子无职无权，主要是上书谈收复失地的事；陈傅良是皇帝的老师，但他只扯了一下皇上，就被皇后李氏骂了句砍驴头，哭着下殿走了，也就这点勇气而已。要是朱熹老夫子估计会和李氏当面顶撞，来个"驯悍记"，指责一下后宫干政，牝鸡司晨，岂有此理！

按朱熹的性格，接下来的镜头应该是朱熹一边义正词严大骂那些上疏告状的人，一边为他的书版被毁而痛心疾首拍脑袋。

可是谁也想不到，朱熹平时和这个争同那个吵，训了宰相训皇帝，全国上下都被他训斥了一个遍，这次被打倒后不但没有给自己上书力争，反而上了一道谢表,说:"我犯的罪行就像头发一样数不清[罪多擢(zhuó)发],罪该万死(分甘两观之诛)。"

这里的"两观"不是朱熹看守的两所道观,而是行刑的处所。孔子当年当了大司寇后就把鲁国乱政大夫少正卯处死(戮)于两观之下。

我罪该万死,你们都千秋万古。

什么也不说了,要杀要剐,你们看着办吧。

既然已经被打倒,还在乎你们多一脚少一脚?

当一个人什么都不想说的时候,也是他愤怒到极点的时候。被撞倒的朱熹老头躺在了地上不起来了。

所幸的是,韩侂胄只是把朱熹打倒,还没有上去乱踩。

在韩侂胄想当节度使这件事中,朱熹与韩侂胄并没有过节。他无意与韩侂胄作对,还曾劝告赵汝愚满足韩侂胄,给他这个官衔,但死脑筋的赵汝愚不听,朱熹也没办法。

在庆元党禁中,韩侂胄也无意打死朱熹,朱熹就这样一直在乡下待着。

庆元四年(1198)七月,吕祖俭死。八月,朱熹得意的学生蔡元定也死了。

朱熹最终没有熬过庆元党禁的冬天。庆元六年(1200)三月,万物正要复苏时,讲了一辈子理最后却有理无处诉的朱熹死了,终年七十一岁。

这位道学领袖的死惊动了许多人,尽管仍然在党禁时期,会葬时到场的仍有几千人,比北宋时的道学领袖程颐强多了。程颐死了都没人敢来祭奠,朱熹死了却有许多人顶风来送花圈。

上给朱熹的挽联很多,我们就不一副副念了,只念念辛弃疾的就行了:

所不朽者,垂万世名。

孰谓公死,凛凛如生。

谁说朱公您死了,您永远活在我们心中。

辛弃疾不愧是大词人,写的吊唁(yàn)词让朱熹在地下也当拱手:"稼轩老弟,辛苦了,谢谢谢谢!"

这正是我最想要的。我奋斗过,虽然失败了,但这是属于我的时代,我无愧于我生活的这个时代,我把自己的思想留给了这个时代,然后驾鹤而去,从此无病无痛。

万世以后,什么都是浮云。

朱熹后来也被尊为圣人,是"二圣人"。

孔圣人给我们留下了"五经",那么"二圣人"给我们留下了什么呢?

那就是能和孔圣人的"五经"相媲美的"四书"。

朱熹认为原来的"五经"有许多问题。比如《诗经》有很多诗并不纯,是写男女淫奔的诗;《尚书》这本书的今文部分有作伪嫌疑;《易经》是算卦的书,不是哲理书;给《春秋》编写的三部传也并不能代表圣人的心;那部烦琐的《仪礼》也有问题。

但要是能明白他说的理,这些经书都没有也可。

那不读"五经"读什么呢？朱熹给出的答案是：读我摘出的"四书"啊。

"四书"包括《论语》《孟子》《大学》《中庸》。朱熹没有单独创作什么书，他使用的全部是前人留下的东西。

《论语》相当于孔子和他那些弟子的语录集，《孟子》是战国中期的孟轲及其弟子写的，《大学》《中庸》只是《礼记》这本书里的两篇文章，朱熹把它们拿了出来，开始注解，大做文章。他一生都重视这"四书"，认为它们对于"理"的阐释最有帮助，把这"四书"作为学习道学的入门书，分了先后顺序。

怎么学习这"四书"呢？因为《大学》有"三纲领八条目"，所以学习的人应先读《大学》来立规模；有了规模之后，再看孔子在《论语》里讲的"仁"；再看《孟子》里讲的"心""性"；最后看《中庸》里面讲的"理"。

朱熹六十岁时把这些注释合到一起，弄了部《四书章句集注》，他到临终前都还在修订他的《四书章句集注》。真是空间忧郁大儒，却一辈子在现实工地搬砖。

南宋除了朱熹研究精微的"四书"，其他学者大师们也都有自己的看家本领。陈亮看的是多变的《文中子》，陈傅良看的是精彩的《左传》，吕祖谦看的是活泼的《史记》，只有陆九渊最厉害，最个别，他看得最多的是自己的内"心"。

而这些人之后，一跃成了学术明星的是叶适。他综合了以上这些人的优缺点，注重的是现实的事功。

庆元党禁持续了六年，宋宁宗嘉泰二年（1202），党禁解除。

在党禁解除前一年，叶适已被起用。开禧二年（1206），南宋开始伐金，

前线几路大军溃败,金兵直逼长江沿岸。就在江南震动时,叶適被重用,担任建康知府兼沿江制置使,收拾残局。

他在南京积极防御,使金兵始终无法过江,表现不俗,充分展现了他永嘉学的事功本领。

照此下去,叶適会继续往下实现他的事功的,然而朝中又发生了巨变——杨皇后勾结礼部侍郎史弥远发动了政变,在韩侂冑上朝时伏兵槌(chuí)杀了韩侂冑。韩侂冑的头颅被砍去并被送到了金国来换取和议的机会,死去多年的秦桧也被恢复了王爵和谥号。

南宋历史上又一个投降政权建立。

是人是鬼都在秀,只有战士在挨揍。叶適又被弹劾,以"附和韩侂冑用兵"而落职,从此回到了老家水心村,专心写作他的《习学记言序目》。

这一年他快六十岁了,朱熹、陆九渊、陈亮等人都已经死了,乾淳年间的学术繁华成了过去。想起当年朱熹攻击自己来,叶適一肚子不高兴;想起现在受到的不公正待遇来,叶適又是满腔悲愤。

叶適为人不激,他回避了与朱熹的争论。难怪朱熹当时就要把他像拎小学生一样拎出来,要他"大开口说话"。你不仔细阅读他此时的文章是读不出什么火药味的,但你仔细阅读后就会发现叶適满是哀怨,他把对朱熹二十年来的不满怨气都撒了出来。

这世间的感情只有和好,难有如初。

比如对于朱熹当年说自己看佛书,叶適依旧愤恨不平,说佛在西南数万里外,人家又没有想着用佛学胜于中国,你朱熹又何必不依不饶地求胜于我呢!

叶适批判理学的文章猛一看和理学人士差不多,他这也是无奈之举——程朱理学已兴盛了一百年,叶适只能借用程朱的理学语言,伺机寻找攻击程朱的突破口。

但做得再隐蔽,也怕画重点,当时有人看了就大呼:"这不是记言,这是放言啊!他是不是受了刺激?"

比如程朱这些人常常提"道统",这是他们的拿手好戏,说圣人的道都在自己这里。叶适首先动手把朱熹等人的道统挖掉,斥责程朱说什么道统、道学,就你们这帮人行,天下都不能学到道,独你们能学到,高自标置,太狂妄了吧!

对于朱熹等人常说的那个"太极",叶适也考订说孔子没有说过太极,这个词是从道家那里来的,朱熹拉来这个词纯粹是胡扯。

叶适没有像陈亮那样和朱熹对着干,他始终在角落里自言自语,做事像他的名字一样,自适自得。

天生丽质没办法,可惜掉了几颗牙。叶适就这样在村子里嘟哝了十多年,直到七十四岁时死去。

朱熹的论敌说完了,说说朱熹的朋友吧。

朱熹一生和当时的大词人、大诗人辛弃疾、杨万里关系都很好,他的好朋友中还有一个我们熟悉的陆游。

陆游号放翁,朱熹号晦翁,陆放翁比朱晦翁大五岁,两位老翁相识二十余年,依旧惺惺相惜,相视莫逆。

陆游在朱熹眼里属于性格柔弱的那种,但在庆元党禁中,许多人与朱

熹断了联系,陆游始终不离不弃。朱熹死的消息传到陆游那里,七十六岁的陆游正在首都杭州编国史,当场痛哭道:"我纵有捐百身起九原的心,有倾长河注东海的泪,也挽不回你了。"

编完国史后,陆游再也没有出来做事。

此后南宋的政局一直让人不如意。嘉定元年(1208),史弥远拜相,成为南宋的"独头宰相",前后长达二十五年。他勾结杨后,架空宁宗,和金国签署了和议,兼领枢密使,集行政权、军权于一身,但政局并未见好。

宋、金打了几次仗,每次都是以和议告终。"死去元知万事空,但悲不见九州同",南宋的北定中原、收复失地,看来注定要像陆游年轻时和唐琬的那场春梦一般:一怀愁绪,几年离索。

　　一身只付鸡栖上,万卷真藏椰子中。
　　嘉定三年正月后,不知几度醉春风?
　　　　　　　　　　　　——陆游《末题》

写完这首诗的当月,八十五岁的陆游驾鹤远游而去。

再也看不到你更新动态了,我知道你走了。
我们继续往下回看吧。

{ 第六十六回 }

陆弟子放任一心自独大
朱后学祭出二将长护法

朱熹、陆九渊都已死去,然而他们的斗法却没停止,学生弟子又吵到了一起。现在让我们看看他们两边的实力对比。

朱子死后,他的女婿黄榦(gàn)成了传承他学术的代表。

黄榦这个朱熹女婿的身份,实在不是随便给的,他父亲曾经官至监察御史。父亲去世后,他经人推荐来向朱熹问学。他的学习精神无人能比,屋里也不放张床,昼夜看书,累了就稍坐一会儿,一看就是一个通宵。

这样的理学人才太难得了,朱熹最终将三女儿嫁给了他。

事实证明,黄榦同学确实是一位了不得的人物,是严守朱门的干城、保卫道统的干将、延续理命的干才。他曾经当过几个地方的官,在当安庆市长时,金人来攻,黄市长积极构筑防御工事,抵挡住了金兵的进攻,又一次显示出了他的干练。

除了对金国入侵的严防死守,黄榦还教书育人,培养朱学的后备干部。

他在当临川县令时教授了一个浙江籍学生何基。浙江这一支薪火相传,陆续出了何基、王柏、金履祥、许谦四个著名弟子,他们都成了延续朱熹理学的著名干事。

而陆九渊这边呢,他的弟子中最出名的也有四个:杨简、舒璘、沈焕、袁燮(xiè)。

朱熹的女婿黄榦这四位薪火相传的弟子何基、王柏、金履祥、许谦都是浙江金华人,号称"北山四先生"。

陆九渊的这四位互相联络的弟子都是明州人。明州地处浙江宁波四明山脚下,宁波境内有条甬江,这四位便被称为"甬上四先生"。

理学"北山四先生"靠山,在浙江内地。

心学"甬上四先生"靠水,在浙江临海。

斜山柏风雨如啸。朱熹后学弟子"北山四先生"中最突出的是王柏,他不但精读"四书",还攻击"四书"的老大哥——"五经"。

说起来王柏家和理学还颇有渊源,他爷爷是杨时的弟子,和朱熹、吕祖谦往来论学,曾官至崇政殿说书;他父亲又跟从朱熹、吕祖谦二人学习。

但王柏的父亲在王柏少时就死了,没人指导王柏学习理学,王柏也不知道什么理学、道学。他那时的志向是做个诸葛亮般的人物,于是给自己起了个号叫"长啸",闲着没事时就狂啸一声,长叹一声"谁与我生死与共"。时值年少青春,牛气烘烘,不知道能吃几碗干饭。就这样直到三十岁时,王柏才知道了家学授受渊源。当他读到朱熹教人做事要"敬"的话时,认为自己发的长啸不是圣门持敬的道——想做圣人,大呼小叫肯定不行——于是把自己的号改为了文雅的"鲁斋",到处拜师求教,学朱熹的理学。

当他知道了何基是朱熹女婿黄榦的正宗传人后,就跑来向何基学习,要拜何基为师,何基谦虚不敢。二人常常为了一个问题,往复论辩。

然而王柏在治经的路上步子有点儿大,他最为后人诟病的是"窜乱古经"。他对怀疑的经典大动手术,这显然不是一个术前严格考证的好医生。如他认为秦朝的法律既然那么严苛,《诗经》怎么又能保存得这么完整?肯定是没让秦火烧完,后来汉代那帮儒生为了凑篇数,胡乱往里边塞了一些诗歌,于是他就把《诗经》三百篇重新删定,说其中的三十二篇是淫诗。

在删诗这方面,王柏比朱熹还激进。朱熹对"淫奔之诗"多少还持保留态度,认为可以做反面教材,而王柏则认为这会污染儿童纯洁的心灵,要全部删掉,说:"读书而不读淫书,不能叫缺典。"

我的意思是说,不带脑子看书的都缺魂。

除了《诗经》,王柏也怀疑《尚书》。他把《尚书》增添挪补,甚至把《诗经》中的文字移到《尚书》里面,这种做法后来受到许多人的激烈批评,说他无所忌惮。

除了五经中的《诗经》《尚书》,王柏还想改动"四书"中的《大学》,但想了半天最终还是没改。

算了,确认过眼神,也没什么大事。

现在是朱熹老爷子的"四书"确立期,改改"五经"就行了,"四书"就先饶了它吧。

王柏的学生中有金履祥。金履祥在蒙古军围攻南宋军事重镇襄樊时,曾经跑到杭州向朝廷献策,建议由海路直捣元大都。虽然他的建议没被采纳,但作为一个书生,能有这样的大迂回计谋很了不得了,说明他还不是个迂腐书生。

南宋灭亡后,金履祥便再也不出来做事了,在家种地,以教授学生读书为生。

理学啊,宠你是我的必修课,爱你是我的专业课,你是我一生上不完的课。

金履祥不仅刻苦钻研理学,还培养了一位著名学生,那就是许谦。

许谦在元朝教书,门徒众多,与北方的许衡号称"南北二许"。

金华朱学就这样传承下去,直到柳贯。柳贯生于宋朝末年,在元朝做过主管教育的官,又于元朝灭亡前二十六年死去,是生平几乎贯穿元朝历史的一个理学家。

柳贯之后呢,最著名的就是曾经向他问学的宋濂。

从此理学进入了明朝。

陆九渊这边呢,他的学生"甬上四先生"既是同乡,又是同学,都同时在太学读书。

让人不可思议的是,论资历年龄,陆九渊都不比"甬上四先生"高多少,而"甬上四先生"却都成了陆九渊的学生,对陆九渊的心学十分崇拜。

真正的朋友是宁可把嘴磨个洞,也不能让心有裂缝。

"甬上四先生"后来都考上了进士,他们在生活中关系也非常密切,老大哥舒璘这大哥当得也不亏,他的三个儿子分别娶了他三个心学小弟沈焕、杨简、袁燮的女儿。陆九渊的心学东扩主要得力于甬江边上这四位先生,这里边岁数最小的袁燮甚至做到了礼部侍郎,官职最高。

而"甬上四先生"中论弘扬心学最猛的,当是杨简。

杨简当年和陆九渊见面时被陆九渊喝道:"这不是本心是什么?"杨简说他忽然开窍,被后人指责有禅宗悟道的嫌疑。他后来果然把心无限夸大了,说:"心虚明无体,广大无际,天地范围于其中,春夏秋冬四时运动于其中,风霆雨露霜雪散布于其中,万物发育于其中。要是按照我们本心来做,就会能飞能潜,尽通天下所有的事。"

只要心中有方向盘,便哪里都有公路。杨简走到哪儿都说"心",他从《孔丛子》这本书里找到了一句话,"心的精神就是圣(心之精神是谓圣)",并把这句话到处传扬。朱熹听说后受不了了,说你杨简这个人是不错,可你说的心比陆九渊还狂妄。你说心就是圣,这和佛家吹嘘自我说心能起灭天地有什么两样?

你这么开心学快车,是迟早要翻车的哟!

朱熹对杨简有意见,杨简对朱熹也不满。比如朱熹鼓吹"格物求理",杨简就反对说:"我心本无物,现在忽然有了物,格去就行了,把物格去后我们的心自然就晶莹了。像朱某人所说今日格一物、明日格一物才能知道道理,这是不可能的。"

老朱啊,别埋头只顾格物傻干了,你以后就走点心吧!

你这么着走路理事,是迟早要掉坑里的啊!

杨简大夸"心",让心学阵营的人听了舒服。袁燮比杨简小三岁,非常佩服杨简,把儿子送来跟杨简学习,最后他儿子还真中了状元。

杨简的心学也惊动了最高层。宋宁宗曾经召见杨简,杨简对宋宁宗大

谈特谈"心",二人一直谈了几个时辰,史书记载说是"答问往复,漏过八刻",宋宁宗听得都入了迷,走的时候依依不舍,目送杨简走了老远。

就连独自占据南宋宰相位置二十多年的权臣史弥远也是杨简的学生。

史弥远虽然表扬心学,但为了拉拢人,也不排斥理学。正是在史弥远做宰相期间,朱熹被平反,道学得势。

嘉定十七年(1224),宁宗去世,史弥远废掉皇太子,扶植赵昀(yún)继立。这个赵昀在位四十年,死后庙号为"理宗"。

"理宗"这个庙号很适合他,因为正是在他手里,理学被扶植起来,确立了学术统治地位。

"乾元""淳熙"是以前宋孝宗用过的两个年号。乾淳年间也是个美好的年代,那时花香鸟语,天蓝气清,吕祖谦、张栻、朱熹这些学者,在这个美好年代谈经论道,很是惬意。

朱熹就是在这样的年代把自己打造成了理学的集大成者,但直到宋理宗时理学才成了官方承认的学术,这时他已去世多年。

史弥远拥立赵昀登基后,这时"甬上四先生"只有心学大师杨简还活着,他已经八十多岁了。宋理宗知道宋宁宗曾经召见过杨简,于是他也很想见见杨老先生,便对史弥远说了这个想法。

皇上召见自己的老师,史弥远当然高兴,立即派人去请。

杨简来后,宋理宗问杨简:"听说师相史弥远年轻时也跟您学习过。"

这简直是一道送分题,史弥远估计也相信老师会给自己说几句好话,哪知杨简说道:"我是教过史弥远,但我教他的不是这样。"

宋理宗好奇,问:"怎么讲?"

杨简说:"史弥远对待他的君主就像下棋,把君主看作他手中的棋子,我没有这么教过他。"

宋理宗听了默然良久,惊得说不出话来。

史弥远知道后也很是尴尬。得了得了,杨老师啊,你老了,智商不在线啊,就别到处实心眼儿地跟人瞎说八道了,回去养老吧。于是史弥远对宋理宗说:"臣的老师杨简一直有心疾,乞求把他放归田里。"

就这样,谈了一辈子"心"的杨简被学生以有心病为名打发回去了,第二年去世。

陆九渊后学弟子此时好多人在朝做高官,比朱熹的后学弟子整体地位高,似乎要拔头筹了,然而不久形势就起了变化,朱熹的理学开始上位。

把朱熹的理学推上高位的是真德秀、魏了翁这两个人,他俩儿可以说是理学阵营里的护法二将。

真德秀是福建浦城县人,出身贫寒,十八岁中举,二十二岁中进士,和他的岳父同时考上进士。

同一年考上进士的叫"同年",和岳父以同年相称,够可以的吧?

走路插兜,你是最酷的妞。

这以后对人说起来,也是杠杠的。

和真德秀翁婿俩儿这一榜共同中进士的还有一个叫魏了翁的,他和真德秀同岁,是四川省蒲江县人,中了进士第三名,也是刚刚二十二岁。

更巧的是,真、魏二人除了同年同月同日中进士,他俩给自己起的号还相近,真德秀号"西山",魏了翁号"鹤山"。二人后来还真的成了朱熹后学的两大靠山。

真德秀中进士后到外地当判官,后来又考上了博学鸿词科,相当于现在的博士后,被调进京做官。

在京期间,真德秀仗着年轻气盛,上书数十封言事。这时的皇帝是宋宁宗,权相史弥远本来重视理学,要用理学粉饰自己,但对真德秀却不垂青。真德秀给皇帝的上书没有被回复,放了空炮。

宦海不可测,哑雀保全身。真德秀不愿意卷到高层的政治斗争中,请求到外地任职。

这是一个聪明之举,他避开了高层斗争的漩涡。

冬雪下得紧,不方便关注。谁能给个赞,留条回来的路。

后来宋理宗上台,有人对宋理宗说:"真德秀乃真小人,魏了翁乃伪君子。"把真、魏二人编排到一起攻击。

年轻的宋理宗当然不敢招用这两个人,直到史弥远死后,宋理宗开始亲政,有人说,现在看清谁是真正的君子,谁是真正的小人了吧?真德秀是真君子,魏了翁是伪小人;真君子那是君子,伪小人可不是小人。如今小丑在庙堂,高手在流浪,应该让真德秀、魏了翁进京做官了。

宋理宗点头同意,诏真、魏二人入朝,正式起用。

第二年,也就是端平元年(1234),真德秀到京做官,拜户部尚书。当时物价飞涨,民生艰难,天下都盼望真德秀为相,因为他恰好姓"真",人们都议论这回真儒一用,可即日太平,民间也都传言:"若欲百物贱,直待真直院。"

然而就在人们都盼望着真德秀有所改革的时候,他却没有什么行动。在见宋理宗时,他献出了自己写的《大学衍义》,告诉宋理宗:"臣记得有一天听讲官给陛下讲课,他们说的都是奸言。人主学习,必须要先以《大学》这本书作依据。"

真德秀来到朝中不先给皇帝讲民生大计,而是要皇帝首先尊崇道德,以"正心诚意"为第一要务,都是些理学老调子。这一下民间又给他加了一句"吃了西湖水,打作一锅面",和前面的那句"若待百物贱,直待真直院"正好连上,成了顺口溜。街上小儿都拿这开玩笑,传唱开来。

但真德秀仍旧不管不顾,坚持认为《大学》才是可使用千万年的真货,至于那个物价飞涨、通货膨胀嘛,这一切都是暂时的,大家耐心等等吧。

过了几天,好消息又传来,宋理宗要他在经筵上给自己讲他的这本《大学衍义》。这说明宋理宗认可了他的这本书。不久又让他拜参知政事,当上了副宰相。

但真德秀还没正经参政,就在这年病死了。这位副宰相给当时的朝廷留下了一地鸡毛。

真德秀没有看到朱熹理学到纳斯达克去敲钟的这一天。元朝建立后,到了元武宗时,有人拿《大学衍义》给他看。元武宗看了大加赞赏,说"治理天下,有这一本书就足够了",命人立即翻译成蒙古文。从此真德秀的著作才开始真正走红,一鸣惊人,他的《大学衍义》成了历代皇帝经筵必讲的书。

真德秀留下一本《大学衍义》走了,魏了翁与真德秀在当时齐名,他又为理学做了什么呢?

魏了翁的最大贡献就是为理学祖师爷周敦颐、二程请谥。

早在地方当官时,魏了翁见朱熹、张栻已经由朝廷赐给了谥号,于是跟人说光给朱、张二人谥号不行啊,理学发明人周敦颐、二程还没有呢,这不对呀！于是上疏宋宁宗，请求表彰周敦颐，说："自从孔子、孟子死后，学者没有了宗主，不知道往哪里去，独有周敦颐奋于百世之下，探索造化幽微，建图著书，阐发幽秘，又有河南程颢、程颐亲得其传。尽管这三人当时都不被重用，但其嗣往圣，开来哲，发天理，正人心，对于一代治理大为有益，关系万世，功劳不浅。"

然而朝廷没有反应，魏了翁第二年又继续为周敦颐、二程请谥。就这样磨叽了四年后，宋宁宗终于批复，赠周敦颐谥号"元公"，程颢谥号"纯公"，程颐谥号"正公"。

这是理学史上一个重大胜利，为理学被树立为官方正统思想铺了路子。你想想，一个"元"，一个"纯"，一个"正"，元气满满，纯正贤良，多么高的评价啊。

魏了翁又继续为张载请谥，朝廷又特赐谥号"明"。

如果你是个爱好比附的历史爱好者，你当时就会跳起来：这是什么谥号啊，纯、正、元、明，宋代定的这四位自己朝代的理学大家的谥号竟然预见了自己身后的朝代。

四个二，两王炸，真牛！

是不错，了翁同学这次抬头纹都乐开了，又要一鼓作气，奏请将四人从祀孔庙，贡上庙堂。不料这回朝廷发话了，大意是说：行了行了，给你面子不小了，悠着点吧，慢慢来。

你这严重影响我观察分析宋、金、蒙古局势了。

魏了翁的这次请示没有批准下来。

当时魏了翁才是个地方官，一个小小的市长怎么就能办成这么大的事？原因就是当时史弥远拉拢理学人士，魏了翁也在被拉拢之列，所以趁机办了这几件大事。

真德秀没等有所建树就死了,魏了翁紧接他以后被召入京,授礼部尚书,后来又担任督师,去搞军事工作,但魏了翁在这上面都没有什么突出成绩,不久还被排挤出朝。

真德秀、魏了翁虽然都拍屁股走了,但二人的努力没有白费。几年后,宋理宗终于下定决心尊崇程朱理学了,下诏说:经过我朝周敦颐、程颢、程颐、张载这些人的真见实践,深探圣域,千载绝学,终于有了指归。朱熹又精思明辨,让《大学》《论语》《中庸》《孟子》这四本书本末洞彻,终于使孔子之道,更加大明于世。今令学官将朱熹等人列到祭祀的行列,以表示崇奖。

朱熹的理学从此被钦定为正统。

二十年的媳妇熬成婆了,理学人士大受鼓舞,欢呼雀跃。

以上就是理学的成长史。道学也罢,理学也罢,所有苦尽甘来的故事都告诉了我们一个真理:只有把寂寞坐断,才可以重拾喧闹;只有把悲伤过尽,才可以重见欢颜。

理学终于成了国家的学术正宗,成了国家的统治思想,底下就该看它对大宋王朝的贡献了。

第六十七回

灭金国蒙古军跃马中原
负幼帝陆秀夫跳海崖山

然而可惜的是,理学虽然树立,它对南宋抗击蒙古的战争却并没有什么帮助。

后来有人分析说当时是贾似道独自把持相权,专门重用那些道学辈,名为尊崇道学,实际上只是喜欢这些人没什么才能,不至于掣他的肘,渐渐地万事不理,丧身亡国。

我只能说南宋就是倒霉,按说有了理学,这些大臣们更应该遵理才是,可它偏偏出了一些奸相。最早的奸相是秦桧,紧接着是韩侂胄;死了一个史弥远,又来一个贾似道。相比之下,北宋真是一个好时代,当过相爷的大都是一些正人君子,比如范仲淹、司马光、王安石,让人看了都舒服。

贾似道死后,后来的丞相中终于出了一个著名的正派人物——文天祥。

但这时已是南宋末年。

文天祥考进士这一年的考官是大学者王应麟。

王应麟可以说是南宋科场的学霸。他十九岁考上进士,十五年后又参加了博学鸿词科考试。这种考试难度很大,有时候一科考试无一人通过。前面说过的真德秀就通过了博学鸿词科考试,王应麟可以说是继他之后的又一凤毛麟角。

说起凤毛麟角,王应麟的弟弟王应凤也不简单,三年后他也通过了这个考试。兄弟俩一麟一凤,轰动一时。

王应麟考上博学鸿词科的这一年,正逢朝廷举行科举考试中的殿试。考官们向宋理宗推荐了一个考生的卷子,宋理宗看了又让王应麟看,王应麟看完立即向宋理宗祝贺国家又得一人才。

这个考生最终被定为状元,他就是文天祥。

王应麟官至礼部尚书,但仍不受重用,于是辞官回乡。南宋灭亡后,王应麟在家乡以教学为生。

王应麟自考上进士起就一直在编纂一部类书《玉海》,辞官回家后,又开始著作《困学纪闻》。这是一部考证笔记书。这部书到清代大受追捧,成了清代考证学的先驱,和沈括的《梦溪笔谈》、洪迈的《容斋随笔》并称为"宋代三大笔记"。

如果以上这些王应麟的书你都没有听说过,那么你至少听说过他的一本书,这本书就是少年儿童读物——《三字经》。

王应麟这位大学者,明明是王者段位,却开了个小号,所以一直有人怀

疑这本书不是他写的。但你要是知道他的家世和学问方向,就不会那么怀疑了。

《三字经》里有许多名句,其中很有名的一句是"养不教,父之过",这句话王应麟是有亲身体会的,他父亲对他们兄弟俩的教育从小就抓得挺严。

由于父亲当过国史院编修官,王应麟也耳濡目染,在写《三字经》时特别叮嘱人们"读史要先看这个朝代的实录,这样才能通晓古今,和亲自看到一样(读史者,考实录。通古今,若亲目)"。

从上面这些看起来,《三字经》还是很像王应麟写的。

王应麟身处南宋末年,这本书到底是不是他写的,乱世之中,就此存疑吧。

和文天祥同年考中进士的还有两个著名人物:胡三省和陆秀夫。文天祥是这一科的状元,陆秀夫为二甲二十七名,胡三省为五甲一百二十一名。

胡三省在这三个人里面名次最低,做的官也是最小的。他当过知县,最后被贾似道看中,当了贾似道的幕僚,但并不受器重。他出的主意,贾似道并不听。

对外幕僚,对内撩幕,看过戏剧《李慧娘》的人都知道,那个因为一句话就把侍妾李慧娘杀死的人就是贾似道,他哪有那个胸怀去听你的!

胡三省一看这人不行,我还是趁早走吧,便离开了贾似道,取道回家了。

元兵南下灭宋,文天祥率军抵抗失败,被俘到了元大都,后被处死。

南宋亡后,胡三省隐居起来开始注解《资治通鉴》。他和文天祥是同年进士,都是"辛苦遭逢起一经",如今只能把希望寄托在史籍上,希望人们以史为鉴,吸取南宋灭亡的教训。他前后共花了三十年时间注完了《资治通鉴》这部书。

《资治通鉴》由宋朝前期的司马光组织人编写,他希望人们吸取历史教训,以有助于国家治理。谁想到宋朝灭亡,最后却由胡三省一个人含泪给这部书做注解。胡三省注《资治通鉴》,也是希望人们吸取历史教训,得以明鉴,真是用心良苦。

如果人世间的悲剧从此不再上演,我愿用我三生烟火换你今世回眸与擦肩。

但胡三省的希望还是落空了,惨烈的朝代更迭戏剧并没有停止上演。所谓的以史为鉴也正如一位德国哲人黑格尔所说的:"人类从历史中学到的唯一教训,就是没有从历史中吸取到任何教训。"

不信回头看,苍天饶过谁?

最后说说那个陆秀夫。他没有注解经书、史书,而是用他的死给南宋历史做了注脚。

陆秀夫中进士时刚刚二十一岁,此后长期活跃在前线。文天祥被元军俘虏后,陆秀夫出任左丞相,退守到广东新会县崖山海面继续战斗。

南宋祥兴二年(1279)二月,按元朝纪年是至元十六年,在和元军的海上激战失败后,陆秀夫见复兴无望,背着小皇帝在崖山跳了海。

千里暗波,陆秀夫奋力推挡汹涌而来的巨流;涛声嘶鸣,二人瞬间被淹没。

海角崖山一线斜,南宋最后一片领土消失。

在两宋"心性天理"理论建设的过程中,没有参与的有两个著名人物,一个是北宋末年的郑樵,另一个是南宋末年的马端临。

郑樵是福建莆田人,祖父为进士,父亲为太学生,本来家境还不错,然而在郑樵十六岁时,他父亲在从太学回家的路上死了。郑樵北上千里把父亲的遗体运回家乡,本来还不错的日子陷入了贫困。

他和堂兄郑厚后来在山里读书。当时正值宋金交战时期,他们给一些官员写信,表示了想出山报国的意愿,但并没有受到重视。

后来郑厚考上了进士,开始当官。郑樵继续在山里读书,钻研天文地理。

宋金战事稍微安定后,宋高宗赵构开始征集图书,郑樵积极响应,徒步一千多里,从福建莆田到达浙江杭州,献上了自己这么多年来的著作。

郑樵献书的目的很明确,就是希望这些书能保存到国家秘书省,同时希望朝廷给他个官职。但朝廷这次没给他官做,他又回到家中,直到绍兴二十七年(1157),才被官员推荐,受到宋高宗赵构的召对。

宋高宗对他很满意,说"卿学问自成一家,为何我们相见这么晚(何相见之晚)",授他右迪功郎官职。这是最低一级的文官,从九品。

但就这么个小官,还受到了一些人的攻击。郑樵常年钻到穷山里著书,对什么王安石新学、二程理学都不理会。在各家学术人物结党盘踞朝中的时候,郑樵给人的感觉就是个怪物。

大诗人陆游当时在朝中见到了郑樵,说郑樵好识博古,确实是个人才,然而弄不明白为什么朝中有许多人看不上他。

郑樵不久就受到了御史的弹劾,朝廷于是给了他个监看潭州南岳庙的虚职,给他纸笔,让他回去抄写所著的那部长篇著作——《通志》。

也就在这一年,和他当初一起在深山读书的堂哥郑厚死了。中进士二十多年,在官场周旋了半辈子,郑厚这时的官竟然才是个知县。

而郑樵却曲线前进,通过著书已经直接得到皇帝的认可了。这可是千载难逢的事情。嫦娥奔月易,夸父逐日难;兔走乌飞,时不我待。郑樵回去后又加快了他的著书工作。三年后,也就是绍兴三十一年(1161),郑樵又走了一千多里路来到杭州,献上了他那部二百卷的大著《通志》。

他的著作又一下子震惊了那些官员。这家伙,真厉害!

这回可不是白跑马拉松了,而是一鸣惊人。

好你个郑樵,十年砍柴,声震长空,你玩的这是什么字节跳动啊!

确实,郑樵的这部大部头《通志》是继唐朝杜佑的《通典》之后的又一部"会通"类的书。

同样是著书,杜佑是高高在上的官员,背后靠的是大量的政府藏书;而郑樵扎根山野,玩昆虫的小触须,挠全世界的痒,读了很多无字天书。他对于当时二程等人鼓捣的理气性命没有兴趣,认为这些毒鸡汤是害人的,说:"有的学者操穷理尽性这些学说,天天以虚无为宗,实学都没人讲了。"

他的《通志》中最著名的实学就是他著述的"二十略"。他对这二十略很自负,认为这才是真正的实学,所谓的百代宪章、学者能事,都尽于此了,甚至自负地说这二十略中的五略汉唐诸儒还能知道,其余的十五略汉唐诸

儒就没有听说过了。

郑樵这二十略的题目加一起有点儿长,作者都说以前人们没有看过,你还是耐心看完吧。它们是《礼略》《职官略》《选举略》《刑法略》《食货略》《氏族略》《六书略》《七音略》《天文略》《地理略》《都邑略》《谥略》《乐略》《艺文略》《校雠略》《图谱略》《金石略》《灾祥略》《昆虫草木略》《器服略》。

这男的一看就市区一套,郊区一套,旧城一套,新城一套,本省一套,外地一套,总之,肯定有好几套,是个厉害角色。

郑樵说的汉唐诸儒还听说过的部分,是指唐朝杜佑的那部《通典》中所包括的《食货典》《选举典》《礼典》《刑典》,这相当于他的《礼略》《职官略》等五略,这个以前还有人弄过,不算稀奇,而其余的《昆虫草木略》等十五略则完全取材天然,这就是汉唐诸儒没有听说过的了。

你的眼睛很美,你的眼里有礼乐、选举、刑法、职官、食货,但是,我的眼睛更美,因为我的眼里不但有你,还有春花、夏日、山川、金石、昆虫、草木、大海、瀑布这些天然宝物。

郑樵这次献书又得到了回报,被吏部委派了个枢密院编修官的职务,看来郑樵有可能要受到重用了。

然而郑樵献书的时机不是很好,此时金主完颜亮正率领几十万大军来攻打南宋,皇帝赵构急得跑到前线指挥作战去了。一年后,等前线战事缓和,赵构回到临安,郑樵的机会才终于来了。

然而造化弄人,偏偏这时,郑樵死了。

虽然不甘心做个山间樵夫一样的常人,但可惜这不是郑樵的时代,即使他不死,赏识他的皇帝宋高宗回来了又能怎样?不过是提提官,让那些讽刺他的官员们少说两句而已。

那个和他几乎同岁同时,一直要有所作为的岳飞又怎么样呢,不还是被宋高宗弄死了吗?

郑樵先生,在这个无所作为的时代,你又还能做什么呢?

跨过一百多年,到了南宋,有一个人对郑樵的著作开始不满,他要写一部更加辉煌的书,起名《文献通考》。

此人就是南宋末年的马端临。

马端临是宰相马廷鸾的儿子。马廷鸾任右丞相兼枢密使。当时是贾似道当权,朝廷混乱,马廷鸾见自己这样下去也是无所作为,不如从此归老,逍遥林下得了,于是主动请求退休,回家指导儿子马端临写作《文献通考》去了。

马端临怎么想起写一部《文献通考》来了呢?这是因为他对过去的那些书都有看法。

在此之前,最早有司马迁的一部通史《史记》,写的是从三皇五帝时代到汉武帝时代的事。到了北宋,又有司马光的《资治通鉴》,写的是从东周威烈王时代到五代周世宗时代的事。

但此马非彼马,马端临对司马光颇有微词,说司马光主要详于写理乱兴衰,而忽略了对典章经制的描述。

写典章经制的前面还有一个唐朝宰相杜佑的《通典》,但此相非彼相,马端临这位宰相之子对于杜佑的《通典》也不满意,说杜佑的《通典》该有记

载的地方没有记载,也不是集著述之大成。

杜佑《通典》之后又有一个南宋初年山野隐者郑樵的《通志》,但此隐非彼隐,马端临这位终隐对最后出山的半隐郑樵的《通志》还是不满意,说郑樵讥笑司马迁、班固,高自称许,他二十略中的《六书略》《七音略》《氏族略》写得还可以,至于《天文略》《地理略》《器服略》就不怎么样了,甚至有几略还有抄杜佑《通典》的地方,无所发明。

所以马端临决心系马埋轮,藏身乡间草野,发奋图强,写一部《文献通考》。他为这部书付出了一生的精力。

终隐大儒马端临虽然卧马藏身,但他的努力没有白费,后世把唐朝杜佑的《通典》和两宋之交的郑樵的《通志》以及宋末元初的他的这部《文献通考》并列,合称"三通"。

马端临终于马到成功。

马端临把《文献通考》所记的内容老老实实写到了南宋,没想到此通非彼通,有人还是不满,批评他说:你还在元朝住了四十多年呢,怎么小胆儿就不敢写元朝了?

说这话的是清朝的章学诚,他写了一本《文史通义》,大发议论,批评马端临没能大胆地把"通"类的书写到底。除了批评马端临束马悬车胆儿小,他还痛批马端临此端非彼端,没有"别识独裁",不敢临文断义,所以最后也没有自己"独断"的学问,导致写的《文献通考》中没有自己的见解,只不过是把史志上的一些议论集到一块儿,弄了一部以类相从的类书,啥议论也不敢发,简直就是一个媚世的乡愿。

乡愿就是那种趋炎媚俗的家伙,是个贬义词。把马端临同学比作"乡

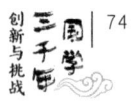

愿",这话就过了。人家马端临是五十多年宅在家里没出去,但也没有在家乡混吃混喝啊。

至于批评马端临像小马过河临冰一样胆小,我们也是替马端临叫屈。前面的司马光的《资治通鉴》更是胆小,对于宋太祖赵匡胤篡夺北周政权的事提也没提,能光说一个人吗?

咱不能心猿意马,想说什么就说什么吧!

我们这些写史书的不都是放马后炮吗?

蒙古大军南侵,最先受侵的不是南宋,而是它北边的金国。

当年金军攻打北宋,在攻下孔子老家曲阜时,这些金兵一边烧孔子庙,一边指着孔子的像大骂,哪里知道尊崇儒学。直到金熙宗时,金国才开始尊重孔子,但程朱的那个理学在金国一直没有发展起来。

金国灭北宋后一百零七年,又被蒙古和南宋联合夹攻消灭。

路过的成了风景,留下的才是人生。蒙元的儒学传承史,我们就先从一个名叫杨惟中的孤儿说起吧。

杨惟中是金国人,他的父母在这场战争中死去,幸运的是,他被成吉思汗的儿子元太宗窝阔台收养,成了他的养子。由于爱读书,有胆略,杨惟中深受窝阔台的器重,刚满二十岁时,就奉命到西域宣扬国威,让西域各国都老老实实归顺。

杨惟中深受窝阔台重用,他自己也重用人才。有人向他推荐了一个人,此人就是"宋朝理学北传三剑客"之一的姚枢。

姚枢是这"宋朝理学北传三剑客"里面的中枢人物,金国人,家在今河

南许昌。在蒙古军队攻打到许昌时,姚枢也被迫逃难,后经人推荐到了杨惟中帐下。

姚枢当时三十岁,而杨惟中当时才二十八岁,他很欣赏姚枢的才干,两人一见如故。杨惟中带着姚枢到漠北去觐见元太宗窝阔台。窝阔台对于姚枢的到来十分高兴,就和《射雕英雄传》里的成吉思汗喜欢郭靖一样喜欢姚枢。

人生的际遇就是这样,谁走近你的生命,由命运决定;谁走进你的生命,由你自己决定。

宋端平元年(1234)正月,南宋和蒙古联军攻破蔡州,金哀宗自杀,金国灭亡。当金国最后一个皇帝的遗骨被送到南宋首都临安时,全国上下一片欢庆。

但南宋高兴得太早了,它的弱点很快就暴露在了强盛的蒙古军面前。

蒙古军乘胜继续往南推进,端平二年(1235)十月的一天,蒙古军打到了南宋的德安城,也就是今天的湖北安陆市。

靠山山会倒,靠水水会流,唯有信念才是最后的依靠。

德安是什么地方?它是朱熹女婿黄榦当过知县的地方。黄知县没少给这个地方的百姓灌输天理忠孝仁义这些观念。他们对来犯的蒙古军坚决抵抗,誓不投降。蒙古军气急败坏,在打下德安后只留下了一些有才技的人。

此时的蒙古大汗窝阔台让姚枢跟随杨惟中,要他在大军打下南宋城池后为蒙古寻找儒生、和尚、道士、医生这些有才技的人。

就是在德安城的这群俘虏里,姚枢发现了一个特殊的人。

第六十八回

金遗民搜金史殒命旅店
宋儒生讲宋学泪洒书院

此人名叫赵复。和他交谈一番后,姚枢感到此人学问很高,非同寻常,但这个赵复说话时神情恍惚,姚枢怕出什么意外,就把他留到自己帐里住宿。半夜姚枢醒来,只见月光别枝西南,皎洁如昼,回身一看,赵复却不辞而别,不在身边,只有他睡觉时脱下的衣服还在,不觉大吃一惊。

姚枢急忙跑出大帐,四处寻找,仍然没有寻到赵复。他立即骑马追赶,在德安城周边寻找,还是没有找到。再往前赶,到达水边,这才看见一个人正披头散发,号啕大哭,准备投水自尽。

此人正是赵复,他的家人已经全都死于这场战火,所以他痛不欲生,想要跳水自尽。姚枢见状急忙上前拉住,说:"你这么一死,有什么用呢?你要是活着,子孙或许可以传续百世。你随我北去,肯定不会发生什么事。"

兄弟,菜做咸了,你可以放点儿水,并且,时间可以冲淡一切。

有时候能坚持活下去也是英雄,先拐个弯,与生活和解吧。

姚枢说了半天好话,赵复这才抹掉眼泪,收去死心,跟随他到了大都。

赵复的痛哭行为可以理解,你去看看元朝时的画作,里面的蒙古人全都梳着长头发,打扮奇特。对于那时的宋人来说,看着这一群穿着奇装怪服的蒙古人,活像走错了集市,简直就是一场梦魇(yǎn),这个世界到底怎么了?怎么变成这个样子了?

元朝一开始并不重视儒学,它起自北方,社会排列秩序是一官、二吏、三僧、四道、五医、六工、七匠、八娼、九儒、十丐,儒士从过去的"士、农、工、商"中的四民之首一下子跌落到娼妓下面,成了臭老九,仅仅比乞丐高一点。

这里面地位高的,除了官吏,就是僧道了。

僧人的地位高是有原因的。藏传佛教萨迦派首领八思巴归附蒙古后,为蒙古创制了蒙古新字。八思巴因此被尊为帝师,统领全国佛教,僧人们地位必然很高。

八思巴和他以后的帝师在元朝十分风光,他们的命令与皇帝的诏书敕令并行于西土。每当正衙朝会,百官班列,帝师则独坐专席,他的弟子号称司空、司徒、国公,佩金玉印章,十分受荣宠。

到了元文宗时,帝师更受尊崇。每次帝师至,皇帝都命令朝廷一品以下官员到郊外迎接,大臣们都跪下俯伏在地,给帝师敬酒。帝师常常看也不看,对这些跪着的大臣爱搭不理。终于有一天,一位国子监祭酒(**国子监最高长官,相当于大学校长**)举着酒杯站立起来说:"帝师你是释迦牟尼的徒弟,天下僧人的老师;我是孔子的徒弟,天下儒人的老师。我们以后请各不为礼。"

发出这声音在那时得需要多大的底气和自信!

帝师这才笑着站起来,举起酒杯一饮而尽。在场的众大臣全都战栗得不敢说话,一个个心里偷偷嘀咕:敬酒不吃你吃罚酒,还是我们的国子监祭酒厉害!

而为儒家争了一口气、这么敢说话的这个国子监祭酒还是蒙古人,一般人还真没有这个胆。

佛教之后地位高的是道教。道教之所以受宠还要归功于丘处机追随成吉思汗。当年年近六十岁的成吉思汗西征,感到年老体衰,生怕死去,听说山东全真教的丘处机善于养生延年,于是专门遣使招他。

人生有两大难过,一个是得到了不想要的东西,一个是得不到想要的东西。此时富有四海的成吉思汗最大的难过就是死后就要失去他得到的东西。

这时丘处机已经七十多岁了,他想到蒙古此时最厉害,将来可能就是蒙古人的天下,和蒙古结交大有可为,于是谢绝了金、宋两家的拉拢邀请,带着十八个弟子西行一万多里,喋(dié)血战场,绝粮沙漠,途经数国,走了两年,终于到达今天阿富汗的兴都库什雪山,见到了正在这里打仗的成吉思汗。

成吉思汗见到送药的丘处机来了,十分高兴,立即问丘处机带来了什么长生药。没想到丘处机告诉他没有长生药,只有卫生之道,那就是要想长生,清心寡欲才可。

成吉思汗本想从丘处机这里弄来长生药,听到说没有,虽然失落,但还是对丘处机的诚实满意。在听了丘处机多次讲道后,成吉思汗对丘处机更是尊重,从此不称呼丘处机名字,称他为"神仙"。

世界如此美好,我却如此急躁,不好,不好!

这次西征结束后,丘处机回到燕京,远在蒙古的成吉思汗多次下旨问候,表达思念,说:"神仙你逐日念诵经文告天,为我祝寿万万岁,真是太好了。自从一别,我常思念着你。我不曾忘了你,你可不要忘了我啊。"

一生戎马、征战沙场的成吉思汗在丘处机老神仙这里说话口气就像个依恋大人的小孩子一样,丘处机此时已经把他的心彻底征服。

说这话四年后,正在征伐西夏的成吉思汗死了。他将永远不知道的是,提醒他没有长生不老药的丘处机也已经在几天前死了,这个消息还在快马加鞭给他汇报的路上。

丘处机虽死,但道教从此在蒙古受到了尊崇。

而儒家这时在蒙古的地位却十分低微,直到耶律楚材建议蒙古大汗重儒。

耶律楚材是辽国开国皇帝耶律阿保机的九世孙。金灭辽后,耶律楚材在金国当官。后来成吉思汗又攻打金国,打下北京后,得到耶律楚材,把他留在了身边,开始重用。

耶律楚材多次向成吉思汗和他的后继者灌输能马上得天下,不能马上治天下的大道理,要他们重用儒士。

耶律楚材建议重儒,可这些儒士做事并不干净争气。窝阔台就曾经质问他:"你说孔子的教化可行,儒者为好人,那为何还有这些贪污之辈?"耶律楚材说:"'三纲五常'是圣人的名教,怎能因为这几个败类,让万世常行的大道废于我朝呢?"

窝阔台的气这才缓和下来,好吧,儒生,哼!

先走着看看吧,可不要歪楼啊!

成吉思汗在世时,蒙古没有和南宋发生战争,他死后,儿子窝阔台成为大汗。在迅速灭掉金国残余后,蒙古开始了和南宋长达几十年的战争,到了忽必烈建立大元,才最终灭掉南宋。

儒学在蒙古的兴盛,要归功于三个关键人物。一个是耶律楚材,他是蒙古军在攻打金国时得到的;另一个是赵复,他是蒙古军在攻打南宋时得到的,这两位都在蒙古做过事。

但还有一个他们没有能弄来,那就是大名鼎鼎的元好问。

有趣的是,以上这三人的姓都是国姓,耶律楚材的耶律这个姓是辽国的国姓,赵复的赵这个姓是宋国的国姓。

而元好问的姓是北魏的国姓。北魏拓跋宏由大同迁都洛阳后,把"拓跋"改成了"元",所以元姓也是国姓。

元好问此时和大元朝同姓,一不留神,你就可能把元好问记成元朝人,实际上他是山西忻(xīn)州人,当时属于金国。

元好问从小就有神童的美誉,学习上勤学好问。在众多问中,他有一问最为出名,就是我们都熟悉的那句"问世间情是何物"。

这句话的起因是元好问十六岁时到太原参加府试,路上见一猎人用网网住了两只大雁,一只大雁被猎人杀死,另一只大雁挣扎着逃出。逃脱的那只大雁在空中悲鸣,久久盘旋不去,最后竟自投于地而死。

元好问被深深感动了。这位花季少年花钱买下了猎人手中的那只死雁,把它和投地自尽的那只雁一起埋在了汾水之畔。他抬头望着苍天,百感交集,写下了《摸鱼儿·雁丘词》,开头就是:"问世间情是何物,直教生死相许。天南地北双飞客,老翅几回寒暑。"

不管是生而为人,还是生而为雁,谁能告诉我情为何物,直教他们面对世间苦难,生死相许,不忍离开。

此后元好问数次千里迢迢进京赶考。他的科举之路非常艰难,总是不能考中。蒙古军的强势进攻把金国吓得迁都到南京(今河南开封)后,他又只好风尘仆仆地跑到开封参加考试。

慷慨歌谣绝不传,穹庐一曲本天然。
中州万古英雄气,也到阴山敕勒川。

这首诗是元好问的著名组诗《论诗三十首》中的一首,当时蒙古军正在猛攻金国,年轻的元好问正在逃难,但仍意气风发。他七年间跑了三趟开封参加科举考试,最后终于中了,满以为目标达到,没想到又闹起了科场纠纷,直到三十五岁时才正式就选。

元好问入仕后做了三任县令,由于干得不错,被调进京城开封当翰林知制诰，没想到刚进京一年蒙古军就攻下开封，金国灭亡。元好问这个翰林知制诰还没来得及写制诰文书，就做了囚犯。在山东被囚禁羁押五年后，元好问回到了家乡。

尽管仕途坎坷，但元好问仍有强烈的使命感，他对蒙古人统治下的儒学的状况很是担忧。当时蒙哥当上了蒙古大汗，委派弟弟忽必烈总管漠南汉人地区，元好问就去觐见忽必烈，建议他出任"儒学大宗师"一职，以后要重用儒士。

儒学开办快两千年了，还从来没有听说过什么"儒学大宗师"一职。没想到，忽必烈对这个新鲜的职位还欣然接受了。

儒学大宗师配大漠以南大总管，全世界还有谁，比它俩更绝配？

还有没有同款大小的？只管献来！

除了振兴儒学，元好问对于写作前朝历史也情有独钟。他认为国虽亡，国史不亡，并从此抱着这个信念开始写作金史。他四处云游，到处寻找金代资料和遗迹，风尘仆仆，疲于奔波，最终病死于河北获鹿县（今石家庄市鹿泉区）的一家寓舍。

元好问死后又三年，忽必烈在经过一番激烈角逐后，接替哥哥蒙哥登上了大汗位。

又十一年后，忽必烈改国号为"元"，中国历史上的一个崭新王朝从此开始。

忽必烈为什么以"元"为新国号呢？有人说在儒家经书《易经》里有"大哉乾元，至哉坤元"这些话，改国号为"元"是忽必烈听取儒家人士的建议之后做出的决定。

但忽必烈是见元好问之后才在儒家经书里找了这么一句话,从此将国号改为"元"的,这个也得记住!

耶律楚材和元好问虽然建议蒙古重视儒学,但并没有特意强调尊崇其中的程朱理学,元朝的程朱理学其实是从赵复开始在北方传播的。

赵复随姚枢来到蒙古后,杨惟中和姚枢都十分欣赏赵复。杨惟中后来还担任中书令(宰相),他在燕京建了一个太极书院,请赵复在里面讲课。

"太极"是北宋周敦颐建立儒家道学时最早玩的词,杨惟中的太极书院里面有周敦颐的祠堂,墙上刻着周敦颐的《太极图》以及二程等人的理学文章。从太极书院的名字可以看出,赵复在这里一上来主讲的就是程朱理学。

赵复在书院讲学,然而带他来的姚枢不久后却在官场上遇到了麻烦。起因是上司收到了一大笔贿款,要分给姚枢。姚枢是讲理学的,要的是天理良心,可上司又得罪不起,只好辞职,挂冠而去,携家小迁到河南辉县苏门山,隐居了起来。

山上的山花开,我才到山上来。

遇烂人及时止损,遇烂事及时抽身,这样才能让人生有灿烂的可能。

姚枢走后,赵复在太极书院教了几年书后,也离开太极书院,出去教书去了。

此时的杨惟中也继耶律楚材后回朝廷担任丞相去了,复兴理学的"三剑客"走了两个,"三剑客"的名号看来已经名存实亡了。

然而真正的"三剑客"才刚刚到来。

这一天,姚枢家里来了许衡和窦默。

许衡是河南新郑人,这个地方当时属于金国。在许衡二十四岁时,蒙古军杀了过来,许衡开始逃难,路上差点让蒙古军士兵砍死。有个关于他的故事非常出名,那就是再渴也不吃路边的梨。他对人说:"梨树虽然没有主人,我的心难道也没有主人吗?"

弱者用泪水安慰自己,强者用汗水磨炼自己,我用口水扪问自己:"这是你的吗?"

苟非吾之所有,虽一毫而莫取,这是理。

但此时小年轻许衡还不知道理学,直到三十来岁时,他结识了姚枢,才知道了程朱理学。他非常兴奋激动,说:"过去所学的都错了,今天才听说了进学的次序。"

不久窦默也前来河南辉县和姚枢一起学习理学,三人慨然以振兴道学为己任,成了朋友。

后来三人中窦默最先发迹。

窦默是河北肥乡县一带的名医,忽必烈主管大漠以南汉人地区,听说窦默医术高明,便把他招到府中。一见面,忽必烈并没有先和窦默谈医术,而是问如何治理天下。窦默告诉他治理天下必须要有"三纲五常",三纲是君为臣纲、父为子纲、夫为妻纲,五常是仁、义、礼、智、信。

嗯,不错,气质这块拿捏得死死的,忽必烈听了十分满意。接下来,窦

默就开始给他灌输程朱理学了。他给忽必烈讲了正心诚意这些大道理，说："帝王之道，在诚意正心。帝王的心既正，则朝廷远近没有人敢不一于正。"

爱了，爱了，全是好的做人做事理念。

忽必烈听了更加高兴。真要是这样，今后我就是这一片的扛把子了。自此忽必烈对窦默礼敬有加，不让他离开左右。

窦默趁机推荐了姚枢，二人后来又联袂推荐了许衡。

"元朝理学三剑客"都到了忽必烈帐下。

蒙哥汗死后，忽必烈继任成了大汗，姚枢、窦默、许衡三人从此都成了忽必烈的重要大臣。

许衡后来还担任国子监祭酒，掌管教育蒙古子弟，负责制定历法，和太史令郭守敬等人用五年时间完成了新历——《授时历》。

至元十七年(1280)，窦默死了，终年八十五岁。没想到就在这一年，姚枢也死了，终年七十八岁。一年内死了两个儒学大臣，忽必烈十分伤感，谁知第二年，七十三岁的许衡也死了。

"元朝理学三剑客"先后去世，程朱理学缺少了真正的大师，又只剩下一个空壳在风中凌乱。

书剑凋零，睹物思情，忽必烈在伤痛之余，命令人们继续给他推荐儒学人才。就这样，儒学又一大师刘因出现。

刘因是保定容城人，祖上几代都在金国做官。刘因出生时，金国已经灭亡十几年了。他虽是元朝人，却对元朝将要攻取的下一个对象南宋充满同情。

> 东风吹落战尘沙，梦想西湖处士家。
> 只恐江南春意减，此心元不为梅花。

以上是刘因的一首《观梅有感》，人们常误解说这首诗写的是刘因的故国之思，其实他伤感的是即将要被灭亡的南宋及其灿烂的文化。

刘因与许衡都是北方人。许衡应忽必烈征召，在赴元大都途中去拜访刘因。刘因问他为何一聘就去应召，是不是太快了？许衡说，不如此，则道不行。

如今刘因被征召入京，就在大家都以为刘因即将成为第二个许衡的时候，刘因忽然辞职，说母亲有病，回家再也不出。到了至元二十八年（1291），朝廷又征召刘因，刘因又说自己有病，出不去了。

没病装病吧，忽必烈听了很是郁闷，说刘因就是那个不召之臣，不肯为元朝服务。

有的人吃火锅吃到一半，突然靠着椅背沉默不语，并不是因为想起了什么伤心事，而是想缓一缓再吃。

然而刘因确实有病不能赴召，因为他两年后就死了，真应了他伤叹南宋皇帝宋理宗南楼风月的那首诗：

> 物理兴衰不可常，每从气韵见文章。
> 谁知万古中天月，只办南楼一夜凉。

然而理学并没有因刘因之死凉凉。除了许衡、刘因在北方传播理学,此时在南方还有一个大儒吴澄。

宋朝灭亡后,吴澄北上讲学在当时影响很大。

吴澄是江西崇仁县人,和北方的许衡一样有名,当时就有"北有许衡,南有吴澄"之说。

吴澄被征召到国子监讲学,国子监只讲授朱熹理学,吴澄对陆九渊心学并不排斥,在国子监讲课中融汇朱陆二家一起讲授。有人嚷嚷说吴澄讲的是陆九渊的心学,不合当年许衡校长尊信朱子理学的本意,指责吴澄其实并不知道朱熹、陆九渊到底说的是什么。

吴澄也不去辩解,他谢去官职,起身回家。

你看这一路的踏雪寻梅,自以为欣赏到了风景,其实只是得到了花开,错过了流水。

浊者自浊,清者自清,干什么总有澄清的一天,我就是融汇朱陆二家又怎么了?

又过了十二年,元廷又征召吴澄,这时吴澄已经七十五岁了,皇帝派大臣来说了半天好话,他这才第四次来到大都。这次吴澄不但被授予翰林学士一职,还担任经筵讲官,获得了给皇帝讲学的机会,当上了帝王的老师,实现了从程颐、朱熹以来理学家们当帝师的最高理想。

浣纱弄碧水,自与清波闲。

什么是牛?就是等说你闲话的这些人都退休了,你还没退,继续气壮如牛,使劲儿干下去,这才是真牛!

由于以上这些人的不懈努力,理学最终成了官方学术,元代人编修的《宋史》,还第一次在以往正史的《儒林传》外,另立了一个《道学传》,简直是破天荒的纪录。

理学得到了元朝统治者的承认。到了元仁宗,开始下诏开科取士,考试内容就是"四书""五经",程朱理学成了考试的重点。

理学在南宋得到尊崇后也没有被抬举到列为考试内容的高度,这个高度却在元代蒙古族的统治下达到了。

理学在元朝借助这几位大师得到传播,而心学呢?在南宋末年出现了浙东"甬上四先生"以后,心学在元朝并没有真正得高位大官的大师级人物去传播,每况愈下。

就这样,直到朱元璋把蒙古人赶回大漠,建立明朝。

第六十九回

建大明朱元璋南尊理学
落进士陈献章北上求师

　　元朝末年天下大乱,朱元璋带领的起义军脱颖而出,在打下南京后就重视文教,宋濂、刘基就是他早期征来的人才。

　　朱元璋建立明朝后,也颇尊重理学,但有一天在看理学教科书《孟子》时看到了"民为贵,社稷次之,君为轻"这句话,很是生气,瞬间不再爱了。穷人当了皇帝,还没有来得及享受至尊的滋味,就让人说了个"民贵君轻",好不扫兴。里面还有什么"君之视臣如手足,则臣视君如腹心;君之视臣如犬马,则臣视君如国人;君之视臣如土芥,则臣视君如寇仇",这些话让朱元璋看了更是气得眼前有影转圈,道:"这都不是一个臣子应该说的话!假使这个老孟在今日,他岂能免过,看我怎么收拾他!"立即下令撤去孟子在孔庙中的配享牌位。

　　谁想到第二天司天监奏文星暗淡,天象异常,朱元璋这下也没招了,光靠一时的血脉压制看来是不行的。经人劝说,朱元璋在半年后又恢复了孟子的牌位,并自我解嘲说:"我听说孟子辨异端、辟邪说,今后就还祭祀他吧,但他的书得改改。"

永远不要挑战我的底线,否则,我又得修改底线。

于是删改了八十五条《孟子》中的话。

朱元璋死后,孙子朱允炆(wén)当上了皇帝,因为担心叔叔辈的这些人受封的藩国势力大,便实行削藩。朱元璋的四儿子燕王朱棣(dì)不满,起兵把侄子赶下了皇位,自己当了皇帝。

朱棣当皇帝后也颇重视儒学,下令编纂《五经大全》《四书大全》《性理大全》这三套书。

明成祖永乐十三年(1415),三部大全编完后颁行全国。多么宏伟的事业!这可是四书五经的大全啊,把孔孟之后的程朱理学全部囊括在内,所有的圣贤书都凑全了。朱棣高兴地亲自写了序言,说这套书广大悉备,就像江河之有源委,山川之有条理,考之于三王而不缪(miù),建之于天地而不悖,质之于鬼神而不疑,百世以待圣人而不惑,极尽自我表扬之能事。

对这几套书的价值夸大一下也可以,问题是,说着说着,他自己都信了。

虽然这些话被后来的许多有识之士嗤之以鼻,说你编的什么大全啊,东拼西凑,没有什么新内容,但毕竟这标志着明朝从此彻底树立起了以理学为指导思想的统一意识形态。

明朝一共近三百年,这近三百年里,通过科举考试考出来了十几万官员,出了无数儒生,可以说知识分子多了去了,他们都熟读孔子书籍,有许多著名人物。

比如宋濂,大文学家,他是朱元璋聘请的太子老师,被朱元璋称为"开国文臣之首"。

又比如方孝孺,是宋濂的学生,自诩(xǔ)读的是孔子书籍,大骂朱棣起兵篡位,被灭了十族,可以说是忠孝两全,义薄云天。

以上二人虽然有这么多嘉言懿行、忠孝节义,但他们都没有获得从祀孔子庙廷的荣誉勋章。

在明朝只有四个人获得了"从祀孔庙",也就是死后在孔子庙里陪伴孔子享受后人祭祀这项最高荣誉。

这四个人是薛瑄(xuān)、陈献章、胡居仁、王守仁。

这四个人里,好多人都知道王守仁,他不就是王阳明吗,那三个是干嘛的?

可以肯定地告诉你,那三个也不是吃素的,他们在当时都是非常有名的。这三个人你知道多少个,就代表你对明朝的国学史了解多少。

先说说开头的这个薛瑄,他是山西万荣县人。山西自古出了不少人才,但得以从祀孔庙的只有王通、司马光、薛瑄三个人。

王通、司马光一个是隋朝的隐士,一个是宋朝的宰相,我们都在前面说过了。从司马光以后直到元、明、清,八百年间,山西只有薛瑄一人从祀孔庙。

薛瑄考中进士时三十三岁，他的官场生活可以说毫无依靠。为什么这么说呢？薛瑄在刚考上进士时，他的文章和才华就已经被明代著名的"三杨"之一的杨士奇看重，杨士奇还提出要他教自己的孩子读书。都说背靠大树好乘凉，靠着杨士奇这棵大树，日后必定高升。但薛瑄拒绝了，他不愿意攀附大臣。祖父死后，他回家陪伴父亲守孝，几年后，父亲也死了，他又给父亲守孝三年，直到四十岁才到吏部报到，担任监察御史。

这时的杨士奇已经是内阁首辅，他和其他两位内阁成员杨荣、杨溥都想要见见薛瑄，但都被拒绝了。

在明朝那个年代，你要是靠上"三杨"这三棵大树可了不得，一般人挤破头都想和"三杨"搭上关系，哪怕和"三杨"中的一个搭上关系也了不得，而薛瑄却对"三杨"全部敬而远之，绝不依靠。

做人必须拥有的几样东西：扬在脸上的自信，长在心里的善良，融进血液的骨气，刻在生命里的坚强。

这是正理！

"三杨"虽然不能把薛瑄收到门下，但"三杨"都是正直的大臣，对薛瑄更加敬重。

几年后，薛瑄又被一个人盯上了，这是个比"三杨"还厉害的角色。

正统五年(1440)，薛瑄受到了新的提拔，回京担任大理寺少卿。

薛瑄得到这个职位和一个叫王振的宦官有很大关系。

王振是明英宗的心腹太监，职位为司礼监秉笔太监。他和薛瑄都是山西人，因此他在明英宗面前推荐薛瑄这位山西老乡担任大理寺少卿一职。

但薛瑄照旧不去拜访王振。在大臣们给王振齐刷刷跪拜的时候,独有薛瑄站着不动。

你说你不去投靠也就算了,不下拜就是你小看人了。大人你可以不见不拜,他们有宽大的心胸,一笑而过,而像王振这样的小人就不行了。

如果你小看我,不肯弯下你高贵的双膝,那我就削下你的头颅,给你扯平这个差距。

恼羞成怒的王振于是找了个机会,把薛瑄关进了锦衣卫大牢,要处以死刑。

在即将行刑的那天,王振发现他的厨子在厨房里哭,一问才知道是为老乡薛瑄即将被处死而痛哭。王振也觉得这样对待薛瑄有点儿过分了,于是免除了他的死刑,把他削职为民。

王振后来鼓动明英宗北征瓦剌(là),明军在土木堡全军覆没,王振也被杀死。瓦剌军趁机南下,包围了北京。明英宗的弟弟朱祁钰(yù)被大臣推举先代理一下皇帝,他急诏薛瑄这些曾经被王振陷害的大臣赶赴朝廷,保卫北京。

薛瑄此时已经六十一岁了,闻讯后急忙赶到北京,协助于谦组织了北京保卫战,上下一心,终于取得了胜利。

明英宗朱祁镇后来被瓦剌放回,却被朱祁钰软禁在了南宫。在朱祁钰重病时,投机分子石亨、徐有贞、曹吉祥等人制造了"夺门之变",把朱祁镇从南宫放出,扶上了皇位,北京保卫战的大功臣于谦却被判凌迟处死。

在这时薛瑄又站了出来,为于谦作无罪辩护。

但此时薛瑄以一己之力显然救不了于谦,他碰上的是小人徐有贞等人,这些人必须让于谦死,这样他们的夺门行动才有理由。薛瑄的努力只是让于谦的死法由原来的凌迟处死改为砍头。

五个月后,薛瑄看透了这时的黑暗政治,是蛇一身冷,是鱼一身腥,蝙蝠再飞也不是鸟,新鞋再好也不跟脚,于是上疏辞官,又一次回到家乡教授理学。

七年后,也就是天顺八年(1464)六月十五日,薛瑄吟诗一首:

土炕羊褥纸屏风,睡觉东窗日影红。

七十六年无一事,此心惟觉性天通。

说什么金银玉堂,绮罗满屋,我还是睡我的羊皮土炕,好不自在。

写完这首诗最后的"通"字后,终身追求"复性",感觉自己的"性"已与"天"通的薛瑄溘然长逝。

薛瑄被称为明代第一醇儒。什么是醇儒呢?就是精粹纯正的儒士。一般的儒生是达不到这个标准的,尤其是在封建社会官场这个大染缸里一染,哪怕你进士考试成绩再好,也往往会有瑕疵。像薛瑄这样能坐到一定的官位还落个醇儒的名声,确实不容易。

在朱熹理学确立后,你要想出类拔萃,出人头地,要么就死守程朱理学,守到别人都不能忍受,你就出了名;要么你就反理学,这和造反一样,不是一般人能干的。你想想,大家都在学理学,你却天天嚷嚷反理学,若是一般人,早就被当作神经病被暴揍一顿,自毁前程了。

所以说,要想反理学,除了要有胆之外,还得有识,要提出自己的理论。

薛瑄、陈献章、胡居仁、王守仁这四个人中有两个人就是这么一步步走出来的。

这里边王守仁的名字让人看了并不意外,他名气太大了。他镇压福建"山中王",擒拿江西反叛王,立下了盖世功勋,最后被贡进孔庙。

但是你绝对想不到,有一个人,他一生表面上什么都没有干,在心学史上却能和王守仁相提并论,最后也被贡进孔庙大享冷猪肉。

这个人就是陈献章。

朱熹理学成了官方正统之后,一些人对陆九渊的心学也很崇拜。明朝初年宋濂就说心为天下最大,心中的理全都具备,没有这个心就没有这个理,六经都是心学。

宋濂的得意门生方孝孺在崇拜程朱的理之余,对心也很崇拜,说宇宙之内,他只以心为主宰。

到了永乐二年(1404),朱棣造反成功,灭了不和他合作的方孝孺十族,也对人大谈起了心,说:"人心真是不能有所好乐,一有好乐那么他心中的欲望必胜过理。若心能像明镜止水一样不动,自然就会心中全是天理。我每次退朝后就默坐,这样就管束住了此心。"

造反大王也默默对心有了体会。

愿得良人心,免得老相亲。其实这些人对心都是泛泛而谈,明朝真正开始钻研心学的是陈献章。

陈献章出生在广东新会县一个殷实的农民家庭,他出生前,父亲就死了,十岁时,这位遗腹子随母亲迁至江门白沙村。

二十岁时,陈献章通过了乡试,成了举人,第二年进京参加会试,却没有通过。几年后,又参加了进士考试,仍旧榜上无名,这时陈献章已经二十七岁了。

就在他彷徨苦闷、灰心失望时,他决定去江西临川投奔一个人。

正是这个人,改变了陈献章的人生学术轨迹。

我们前面说过,在明朝近三百年的历史中,只有四个人从祀孔庙,而下面这个人虽然没有从祀孔庙,但从祀孔庙的四个人中有两个是他的学生。

这个人名叫吴与弼。

吴与弼是江西抚州崇仁县人,他的父亲吴溥(pǔ)是国子监司业。司业是国子监的二把手。

吴溥于建文二年(1400)中进士,他考进士的名次是会试第一,殿试第四。

这一科的状元原本是王艮(gèn),可因为他长得丑,怕他带头出来吓着皇上,所以最后定的状元是胡广,榜眼是王艮,探花是李贯。这三位就是进士一甲。

嫌人家带头出来碍眼就定个榜眼,也是醉了。

很少有人肯透过我不好看的面孔去爱我的灵魂,好好爱自己吧!

吴溥中的是二甲第一名,虽不是状元,但属于一个很好听、看上去又很

高深的名次：传胪(lú)。

什么是传胪呢？在殿试成绩出来后见皇上那天，状元、榜眼、探花这前三名都会被高声唱名，然后出班叩见皇上。探花以后的虽然不再出班叩见皇上，但第四名仍会被高声喊名，这个第四名就是传胪。

所以你不必一定要考到状元、榜眼、探花，你考个全国进士第四也了不得啊，在皇帝坐的大殿上回响着你的大名，非常荣耀。

在建文四年(1402)夏天，燕王朱棣争夺帝位的军队打到了南京城下。在城陷的前一晚，状元胡广、榜眼王艮、大才子解(xiè)缙(jìn)三个江西人聚在老乡吴溥家商议眼前形势。当时解缙陈说大义，表示应该为国而死，不能投降燕王；状元胡广愤激慷慨，表示绝不苟活；而被认为丑得碍眼的王艮则在旁边抹眼流泪。

解缙、胡广、王艮三人走后，亲见了这场演说会的吴与弼小朋友感叹道："解叔、胡叔能死，真是太了不起了。"

吴溥说："不会的，只有你王叔死。"

话还没说完，只听得王艮家传来哭声——王艮已喝毒酒死了。

嘴在逞强，心在投降，不自信的人大多时候都在装。

第二天，解缙就跑到了燕王朱棣的大营表示归顺。见到解大才子到来，朱棣很高兴。

第三天，解缙又推荐了状元胡广。对于胡大才子的到来，朱棣更是非常高兴。

吴与弼小朋友当时才十二岁，他差点被解缙、胡广的大义凛然给蒙住。

胡广后来被明成祖指定修撰《五经大全》和《四书大全》，解缙则被明成祖指定修撰《永乐大典》，二人都官至内阁首辅。

解缙后来被明成祖处死，终年四十七岁。

胡广病死于永乐十六年（1418），终年四十九岁。

吴溥也参与了《永乐大典》的编撰，为副总裁，是解缙的副手，后来升任国子监司业。不像胡广后来的大红大紫，也不像解缙的大起大落，吴溥的仕途一直都平平淡淡。他为人正直，不卑不亢，在国子监司业的位子上一干就是二十多年。

如果说吴溥对于自己的仕途满意那是瞎说，他何尝不盼望当个大官，做一番轰轰烈烈的事？只是他不肯去钻营。他的国子监司业当得波澜不惊，能守住一个官职一干二十多年，也算创造了一个小奇迹。

令他没想到的是，他的儿子吴与弼后来却干脆放弃了科举，官也不当了。

这是最让吴溥老先生伤心失望的，谁不想自己的儿子出人头地，不再像自己一样窝囊？但现实就是现实。

有一种爱叫不打扰，有一种思念叫不联系。进一步没资格，退一步又舍不得，只能放在心里的某个角落。

但吴与弼后来的名气却远超科举考试中一个普通进士，无意中成功逆袭，这是他父亲做梦也没想到的。

第七十回

陈举人廿载迷茫圣贤路
吴征士一朝扬名北京城

在吴与弼之前,我们前面已经说过吴与弼老家江西崇仁县的一个名人,他就是元朝时的大理学家吴澄。

吴与弼是吴澄之后崇仁县的又一个理学名人。

吴与弼十九岁时到京城看望父亲,读到了一本书,名叫《伊洛渊源录》,这是一本由朱熹编撰的理学家传记。这里的"伊"指伊川,"洛"指洛水,在河南洛阳一带,是二程居住、讲学的地方。

你说你看看也就罢了,哪知吴与弼认真了起来。他看了这本书后,慨然有了做圣人的想法,说:"程颢、程颐见猎心喜,知道圣贤也是人,谁说圣贤不可学而至呢!"

从宋朝的二程起,圣人可做、学做圣人就成了道学家们心中的远大目标。

在朱熹、陆九渊的教学世界里,他们并不反对弟子们去考科举做官,但好像也不鼓励。他们的教育口号是"为做圣贤而好好学习,天天向上",而不是"为科举考试而努力学习,眼光向上"。

他们的著名弟子都不是重点班、冲刺班的学生。

等到程朱理学成为国家的考试必读课,理学才和科举紧紧挂起钩来,学习理学就是为了考试当官。

可是吴与弼同学却从《伊洛渊源录》中看到了另一个伟大的目标,那就是"成圣",这是个比当官更伟大的目标。

小吴同学从此也不考科举了,一心要做圣人。

历经沧海欲何求,只为余生不低头。

吴溥虽不热衷当官,但也不反对做官,可是儿子却放弃了科举,心里自然不好受。再说,他的国子监司业就是主管教育的,主管教育的领导的儿子都不参加考试了,这叫他怎么去训导学生呢?

更令他吃惊的是,儿子吴与弼从此还谢绝人事,独自钻到一个小楼里不下来,专心读起了自己喜欢看的书。

你还别说,自从读了这些书后,吴与弼是跟别人不一样了。他父亲命他回乡娶媳妇,过长江时,他遇到了大风,船差点翻了,别人都吓得够呛,大声哭喊着,只有他正襟危坐,一动不动。事后人们问他怎么这么镇定,他说:"我只是守正以待罢了。"

大家可回想程颐当年被编管到涪(fú)州过长江差点翻船时的表现,学做圣贤的人首先要有圣贤的气度,要不怎么表率众人、当贤人?更别说表率众贤、当圣人了。

婚事办完了，吴与弼跟人不一样的劲儿又上来了。等亲戚们一散，他撂下新娘，没入洞房就拐身出门，到京城向父亲汇报成亲状况去了。

都说洞房花烛夜、金榜题名时是人生两大喜事，你不要金榜题名倒也罢了，洞房花烛夜也能撂下新娘子走的男人那可真是忍人了，这不是一般人能做到的。新娘子还指着和你共剪西窗烛呢，你倒归期未有期了。

红帐帐高来粉帐帐低，这辈子咋就爱上你？

新娘子穿着红装，自己掀起了红盖头，望着流泪的红蜡烛，这回郁闷到家了。

吴与弼父亲见儿子大老远跑来向他汇报结婚情况哭笑不得，也没办法，交代了几句，又把他打发回去了。

吴与弼来去都穿着一身粗衣破鞋，谁也想不到他是朝廷官员国子监司业的儿子，更想不到他此时的另一个身份——新郎官。

放弃了科举的吴与弼回去后没有挨骂。奉父命完婚后，他从此过起了自食其力的生活。他一边种地，一边学习，人们渐渐知道了有一个要做圣贤的吴与弼，来跟他学习的人也渐渐多了起来。

一晃就几十年过去了，这一天，陈献章从广东慕名而来。

陈献章此时正处在迷茫的状态中。他中举后，曾经两次参加进士考试，结果都失败了，后来听说江西有个吴与弼是个有道行的人，于是抱着很大的希望，从广东跑到江西来跟吴与弼学习，希望能学到些真东西。

没想到跟吴与弼学习的几个月中，陈献章每天就是干农活。吴与弼在雨中披着蓑笠,背着铁犁,和学生们一起耕种,一同吃难以下咽的蔬豆粗粝(lì)饭。

吴与弼生性严毅,来学习的人他都先放到地里干活,干完地里的活再回家干杂活,他过的是苦日子,让学生也跟着受苦受累。

陈献章每天的生活就是耕地种菜编篱笆,吴与弼写字时他还得倒水研磨,把他累得苦不堪言。当时吴与弼已经六十多岁了,身体力行,天天下地干活,天刚亮就起床了,见陈献章还没起,就大声喊:"秀才,你这么懒惰,他日何从到伊川门下?又何从到孟子门下?"

亲人们,说实话,这像不像叫人起来上工的声音?

陈献章赶紧一骨碌爬起来。是啊,这才到吴与弼门下,就起不了床,到程颐门下还早着呢,到孟子门下更是早着呢。

要是到孔子门下……

做圣贤容易吗?

几个月后,陈献章辞别而去。

陈献章在这儿学到了什么呢?几十年后,陈献章在成圣道路上走得名满天下,他的大名传到了皇帝耳朵里。皇帝颁布诏书召他进京,在进京的路上,他专程去祭扫了吴与弼的墓。

在写给吴与弼的祭文中,陈献章大力表彰了吴与弼在做圣贤路上的"奋起之勇,担当之力"。也许,他正是在跟随吴与弼苦修的那段时日里悟到了什么。

没有这段苦修,陈献章可能还在成圣贤的路上迷茫。

陈献章走后两年,吴与弼继续在家受苦,雨天披着蓑笠、拉着铁犁在泥地里耕种,家庭越来越穷困,有时衣食无继。

假如吴与弼就这样也就算了,死了也就是个乡下老先生,虽然穷苦,但也算遂了他不参加科举考试做官的心愿。

然而到了明英宗天顺元年(1457),吴与弼六十七岁时,受到了大官僚石亨的荐举。

荐举吴与弼,是石亨大官吃饱了没事干吗?

当然不是。

石亨在北京保卫战中协助于谦大败瓦剌统帅也先,后来又投机取巧,在"夺门之变"中拥护英宗上台,害死于谦。仗着抢注皇帝商标有功,石亨到处安插自己的党羽,骄奢太甚,引起了英宗的不满。

有门客给他出主意,让他把吴与弼征来,给自己脸上贴贴金。

石亨想推荐人,自然得征得吏部的同意,于是就和吏部尚书李贤商量这事。

李贤和石亨面和心不和。在石亨倒霉的关键时刻,还是李贤把石亨一脚踢下悬崖的。

但这时还不到李贤伸腿的时候,此时此刻,这点儿面子还是要给的。

见到推荐奏疏的英宗问李贤:"吴与弼是什么人?"

李贤说:"是个大儒,如果能把他聘来,是圣朝盛事。"

英宗说:"那就让他来吧。"

一般立志做圣贤的人都是让来不来，找个借口推辞半天，没想到，吴与弼立刻就来了。

英宗听说吴与弼来了，跟李贤商量："人来了，你看给个什么官呀（当以何官官与弼）？"

李贤想了半天说："太子的东宫还缺个老师，就让他当左谕德这个官吧。"

左谕德是给未来的皇上当老师，这和程颐同志渴望当的帝师一样，是个很有发展前途的工作。给太子当老师，这一般是科举考试中的顶尖人物才有资格干的事儿。

商量好了之后，英宗在文华殿召见了吴与弼，对他说："听说先生的高义很久了，今天特聘先生来，麻烦辅佐东宫太子。"

只要是人才，在我这儿都有机会。别人是没有机会，有机会他们会不顾一切地扑上去。

没想到吴与弼却当场拒绝了，他说："臣身体有病，不能供职。"

英宗说："也不是累活，不必推辞（宫僚优闲，不必辞）。"

吴与弼走后，英宗对李贤说："人们都说此老迂阔，朕看他并不是迂阔的人，务必令他就职。"

英宗满以为吴与弼只是说说客气话，没想到吴与弼还真是除了跑路的新郎官，什么官也不当，他回去后又再三请辞。

就这么推辞来推辞去，英宗一看确实留不住，最后只得派人把吴与弼送回去。

这么远跑来却不要官职,确实让人不理解。吴与弼回去后,有人问他为何不做官就回来了,他说:"我这是想保性命罢了。"

人们不久就会看到吴与弼果然不傻不迂,石亨不久就被皇帝拿下,死在了牢里。

天下没有免费的午餐,太轻易得到的东西往往都会带来沉重的结局。

吴与弼以一个处士身份被皇上接见,有人心存嫉妒。当时看不上吴与弼的人中就有一个叫尹直的官员。

吴与弼初到京师,李贤请他上座,以宾师礼对待,过了一会儿编修尹直到,李贤让尹直坐到吴与弼旁边。

尹直颇以才气自负,见自己一个堂堂翰林院编修竟然被编排到吴与弼一个老处士旁边坐,心中恼怒,事后写回忆录讽刺道:"吴与弼也不自度一下自己的才力如何,配不配当左谕德。他给皇上提的建议,也都是老生常谈,可知他的学术水平并不怎么样,早就应该让他回去。"

回去就回去吧,吴与弼倒遂了心愿。问题是吴与弼回去后也没什么好果子吃。起因是当地知府来拜会他,他不见,知府恼恨——吴与弼这家伙,几次给脸不要,那些敢于在涮毛肚的时候松开筷子的吃货,在我眼里都是狠角色——于是挑唆人把吴与弼告了。知府将吴与弼捉来后大加侮慢了一番,这才放回去。

被放回去后的吴与弼的做圣贤之路并不舒坦。他一辈子都过着贫病交攻的生活,是儒家里的苦行僧。他的成圣之道就是一个劲儿地对自己的思想纠偏,毕生总是生活在达不到圣贤标准的自责中。

他一辈子在做隐士和出来做官之间的纠结也常遭人议论。他屡次记录自己梦见文王、孔子、朱子，甚至记录他的妻子也曾梦见孔子，后来清朝编的《四库全书总目提要》里对此持否定态度，并讽刺道："这大概是他的媳妇戏侮他，哄着他玩吧，而吴与弼不觉。你看他总是说学圣人学圣人，把自己抬得那么高，真可以说是自己太欣赏自己，入了迷了（久假而不归），所以才急于行道，躁于求名。"

哎，这个穷棒子货，但凡有一粒花生米都不至于喝成这样。

他是不是傻啊！

吴与弼终身刻苦自修，他的学问思想也来之不易，史书上说是"多从五更枕上汗流泪下得来"。这里摘录并翻译他的几段修行日志：

> 最近晚上往邻仓借谷，因思旧债未还，新债又重，这辈子将怎么办呀？静下来仔细想想，还是不要去当官，就这么穷着过吧，不必计较。……然而有这样的心境是极难的，所以不敢不多加勉励。要是贫贱能乐，富贵就不淫了。
>
> …………
>
> 晚上下大雨，屋子漏雨，屋里潮湿得没有一片干的地方，我的心里还是泰然自若。
>
> …………
>
> 岁数大了就开始对许多事感到厌烦，这不好，不是理。朱子说："一日不死，一日就要有所担当。"所以要是对于事感到厌倦，都是心

不诚。

....

昨天晚上由于贫病交攻,不得专一于书,未免心中不宁。仔细想想,还是必须在此处做工夫,让心中泰然,一心想着让学业上进才是。

我穷途末路了吗?不,我一直在心灵理财的路上。
自己选择的道,跪着也要把它走完。

吴与弼也常常谈起心,但总是不敢突破理的框架。他就在这种心与理的矛盾纠结中,一直挣扎到死。

尽管如此,但由于吴与弼在理学上并没能全部守正,不能恪守朱子理学,被人批评为"矜心作意""矫饰",有了瑕疵,死后不得从祀孔庙。

吴与弼中年以后家贫,衣食不继,风雨不蔽,亲自耕种庄稼,弄得手足起茧破裂。可以说,这是一个放着福不享的人。他本可以凭借父亲的关系过上一种好点的日子,然而却甘心穷困一辈子,亲手浇灭了祖坟上的青烟。他后来把自己封闭了起来,很少和人交往。国子监校长去拜访他,到了门前,竟不敢进去,在门外拜了四下,走了。

尽管吴与弼持守心中的那份理念,并咬着后槽牙坚持了下来,但他为石亨写文章赞颂盛德、自称门下士的这段历史还是成了他被人讥议的焦点,他的不就职也被人说成是他嫌官小,不愿屈就。

还有清代人写笔记,说吴与弼父亲吴溥让吴与弼回去成亲,他成亲后带着媳妇到京见了父母才与媳妇同房睡觉,这都是矫饰。后来吴与弼受召见,到了文华殿见皇帝,吓得说不出一句话来(噤不能一语),最后说愿回去给皇帝上一篇文章,于是扭着脸惨然而出,至左顺门,脱下帽,有两个蝎子在里面。原来他脸色大变说不出话是被蝎子蜇(zhē)的,于是连呼"天意天意"而归。

看过清代讽刺小说《儒林外史》的人知道,这个很像这本小说中那个被蝎子蜇的庄征君的情节了。

不管人们怎么看吧,吴与弼就这样在老家无声无息地死了。他死后没有被贡进孔子庙堂。他的辉煌顶峰就是被皇帝特招,耸动了天下。

能在一个严格把控考试做官机会的社会,把皇帝老爷惊动,让他免试给你官做,这官无论你做不做,你都已经算成功了。

吴与弼在这方面成功了,但过得并不舒服。他绝对想不到,那个只跟随他学习了几个月的陈献章不但在这方面成功了,还活得非常滋润,并且这种滋润还成就了明朝历史上一门著名学问,那就是:自在自得的江门心学。

第七十一回

闭关十年江门心学破壁
昙花一现成化皇帝求贤

陈献章是怎么修炼成功的呢?

原来陈献章在吴与弼家里干了几个月的活儿,感觉没什么收获,他的心与外在的理还是融不到一起,用他的话说就是"此心与此理未有凑泊吻合处"。于是他回家后在村子边盖了个小屋,起名"春阳台",每天在里边静坐看书悟道思考,家里人也很少见着他,饿了媳妇就给他送点饭,从一个小洞递进去。

这一坐就是十年,他比老师吴与弼躲进小楼成一统还要孤独。

这就是成圣贤之路,在成圣贤的路上没有风景。

闭关学习十年后,陈献章凤凰涅槃,走出了春阳台。他望着远处的朝阳,一声长啸——我来了。

这时的陈献章才知道,给他往小屋子里送饭的媳妇已在前一年去

世了。

媳妇好久都没有送饭了,就这么不敏感吗?人死了竟然也不通知家属,不给陈献章捎信,难道埋葬时也不用家属到场吗?

看到这里,我也是百思不得其解。吴与弼新婚进京是带着媳妇还是没带着媳妇,陈献章坐春阳台是知道还是不知道老婆去世,都已经模糊难考。

南墙已撞,故事已忘。终是庄周梦了蝶,你是恩赐也是劫;终是悟空别了佛,负了紫霞入了魔。

在理学、心学决斗的交口处,好多事已经扑朔迷离。

但陈献章却说自己从此得道了,他说自己终于找到了成圣贤的方法,那就是"自得"。

关了十年禁闭,出来后媳妇也没了,就弄了这么个心得体会,你说你弄了个发明创造,搞了个小技术革新也好,也算对全世界有个交代,而偏偏只弄出这两个字来,成本也太高了吧!

不过悟出这两个字并不容易,它代表了一种决心,一种转向,那就是决心向自己"内心"的转向。

因为时代不同了,程朱理学已经封死天下,读书人通向心灵的路越来越难走了。

几百年的沉闷的程朱理学教育,在陈献章这里打开了一扇窗户,一扇通向心灵的窗户。

苦修十年,走出春阳台的陈献章从此过上了自由自在的生活,用他的话说就是"以自然为宗"。他以此为教育理念,开始授徒讲学。

财富和名望就像海水,饮得越多,渴得越厉害。

成化二年(1466),陈献章来到京师太学,打算继续考取功名。

这时的皇帝是朱见深,他小时候做皇太子时差点被废,历经磨难,此时刚继位当皇帝。

巧的是,国子监的祭酒是邢让。十八年前,陈献章和他一起踏进会试的考场,邢让考上了进士,陈献章落榜。

如今邢让成了国子监的校长,而陈献章还只是国子监里面的一个普通学生。

邢校长见陈献章来了,想试试陈献章,看看他和十八年前有什么不同,于是让陈献章以"和杨龟山《此日不再得》"为题作诗。

杨龟山是宋朝理学家杨时,他写过一首劝学生们惜时励志的诗,名叫《此日不再得》。

陈献章当然知道这首诗,于是他写的和诗回顾了自己十几年来远离声利场体道的过程,鼓励大家不要妄自菲薄,说"顾兹一身小,所系乃纲常",并满怀信心地号召人们"愿言各努力,大海终回狂"。

这些话鼓动得邢大校长连叫:"龟山不如也。"

可以啊陈献章,锦瑟银筝,霁月光风,就是宋朝的杨龟山境界也不如你啊!

邢让还在朝中扬言,说真儒复出,今天来咱们这儿了。

经过最高大学校长这么一嚷嚷,陈献章在京师声名大噪。

接下来就是朝中当官的登门相见,其中有状元罗伦、给事中贺钦等。

这些人见陈献章身高八尺,目光如星,右脸有七颗黑子如北斗状,宛如当年朱熹,如此潇洒,十分佩服,连道幸会!

微胖才是性感,骨头才是狗喜欢。抬起你的头来,让他们知道你不仅高,还非常俊。

就这样,陈献章一下子声名鹊起,被许多人称为"活孟子""陈道统"。

当时的许多有名之士都很佩服陈献章,说陈献章能鼓动一世,果然是豪杰之才。

给事中贺钦尤其激进,对陈献章佩服得五体投地,当场对陈献章行弟子跪拜礼,做了陈献章的学生,回去后给朝廷上了辞职报告,临走还建议让陈献章进入内阁,参国家大政。

推荐一个没考上进士的人入阁,是不是疯了?

这还不算,贺钦辞职回到老家后还让人画了一幅陈献章的小像,悬挂到书斋里,有大事必在陈献章像前禀告。

在科举时代,同年考上的还互相瞧不起,而一个进士,竟然把一个只考上举人的落榜人士奉若神明,简直不可思议,看来是疯了,真疯了!

陈献章知道后曾经劝贺钦读读佛书,不必对自己这么尊重,贺钦不答。

贺钦的儿子给陈献章写信,说你把俺爹都弄迷了,你弄的这是什么学说?陈献章也不回信。

贺钦等人的行为不禁让人疑惑:你陈献章到底是说了些什么,吸引得人家官都不当了,一个个自毁前程。

陈献章确实让当时的许多人理解不了。他不就说了个主静明心吗?不就是把经书撂了吗?不就是和程朱唱了个小小的反调吗?最终还不敢

公开反程朱,为何当时推崇他的人那么多?

在这个世界上,有看得上你的就有看不上你的。

陈献章受人推荐,进入了吏部当差,由于他只是个举人,没中进士,其实也就是在吏部当个小吏而已。

没想到就这么一个小吏的工作也没法干,陈献章就是在这儿得罪了官员尹旻(mín)。

事情起因据说是尹旻几次三番想让儿子跟陈献章学习,陈献章都拒绝了,因此尹旻怀恨在心,对陈献章实行报复。

陈献章很快遭到了质疑:你参加殿试了吗?你排名老几?

你不是学习比试来了,你是玩来了,我严重怀疑你是混吃混喝来了。

陈献章干了一阵儿,不顺心,又回去了。

看来还是参加考试才算正途,不久陈献章又进京参加了会试。

陈献章的名声早已在京师传开,但据说是有人捣乱,这次陈献章还是名落孙山了。

在朝中都有了这么大的名气,却还考不上,还真是没戏了。这叫人怎么说你呢?说你行吧,你又考不上进士;说你不行吧,你还在京城弄了个小轰动。干脆别丢这个人了。

陈献章从此再也不参加进士考试。

你不是讲心吗?不是讲自得吗?那就不要自己为难自己,不顺心的事就不要做,哪怕前面一片繁花似锦、花团锦簇,也不要跳进去找不自在。

那不是你发呆的地方。

陈献章又回到了家中修炼身心。

没想到,十三年后,他又受到了两个大人物的赏识,一个是两广总督朱英,一个是广东左布政使彭韶。这两位分别是当地分管军政、民政的最高长官,他们又向朝廷推荐了陈献章。

本来以为人生没戏,然而陈献章在明代的大戏才刚刚开始。

陈献章又一次到了京师,但倒霉的是,这时掌管人才录用的吏部尚书又是当初那个看不上他的尹旻。尹尚书说,你想当官,那行,咱还得按组织程序走,你得先通过考试,来,先答份卷子。

吴与弼当年受到了英宗皇帝召见,陈献章却一直没有受到皇帝召见。吴与弼虽说是国子监司业的儿子,但他只是儒士,没有考上举人、进士,无功名,相当于一个隐士,把他召到朝廷是按荐举聘来的。把人家大老远聘来,理应受到皇帝召见。

而陈献章虽说是平民出身,但他是举人,这是有功名的,是仕途上的人士,所以实际应该按"听选"例来,由吏部安排,皇帝不召见是不违背礼的。

陈献章没想到这次来又要考试。在那个年代,试卷又没有客观题,更没有电脑这样的机器判分,说你写得好就写得好,说你写得不好就是写得不好,憋屈死了多少蒲松龄。

咱先别说你是什么蒲松龄,你就是什么铁龄、铜龄,千年的王八万年的龟,只要不是机器阅卷,在科举考试中玩死你也是分分钟的事。

有过多次科举考试经验的陈献章明白这里面的猫腻——怎么掉下来

也是坏,我不如烂在树上——于是说自己有病,说什么也不参加考试,并且给皇帝写了封奏疏,说身体有病,家中又有八十岁老母,乌鸟私情,愿乞终养,请求回家。

据说乌鸦在鸟类里最孝顺,乌鸟私情就是弘扬孝道。

这是成化十九年(1483)的事。

明成化年间的历史读起来并非都冷冰冰的,还是有温馨的一面的,这首先跟成化皇帝有关系。成化皇帝朱见深原来也是个苦命人,小时候当太子时一度被废,陪伴他的只有一个宫女万姑娘,谁也想不到几乎万劫不复的朱见深还能当上"万岁"皇帝。

陈献章的申请书奏上后,朱见深读了之后沉默了一会儿,拿起笔来批示道:"陈献章与做翰林院检讨去,亲终疾愈仍来供职。"

什么意思?让陈献章到翰林院做检讨,检讨完了再来?

开个玩笑,这个检讨不是写检讨。朱见深虽说不是个好皇帝,朝中乌烟瘴气的,有点乱,但他也不是个坏人,在对待陈献章这件事上,还是很有人情味的。他反复读了陈献章的"陈情表"后,决定让陈献章免考,直接授予翰林检讨官职,让他回家先侍养老母,等老母没有了、他自己的病好了再来上班。

陈献章终于一步登天,跨进了多少读书人魂牵梦萦、做梦都想去里面看看的翰林院。

明朝翰林院这个机构很不一般。这里一般的编制是设翰林学士一人(正五品),翰林侍读学士、侍讲学士各二人(从五品),五经博士五人(正八品)。

不过翰林院的五经博士这个职位一般是给孔子、颜回、朱熹等圣贤的后人的,可以世袭,别人就别想了,一般人只能参加考试,凭考试成绩做官。

参加科举考试考上前三名的可直接授五经博士下面的修撰（从六品）和编修（正七品）这两个职位,头名状元授"翰林修撰"一职,二名榜眼、三名探花一般会授予"翰林编修"一职,剩下的进士通过考选后则会被选进翰林院当"庶吉士"。

庶吉士是明代朱元璋设立的,取自《尚书·立政》中的"庶常吉士"一词。做了庶吉士的就都是国家的重要后备官员。庶吉士在翰林院学习三年后经过考试毕业分配,叫"散馆"。

在明朝,"非进士不入翰林,非翰林不入内阁",你要是不是进士就别想入翰林院,你要是没进过翰林院就别想进内阁当大学士。

明太祖朱元璋杀宰相胡惟庸后,废除宰相,依靠内阁办事,而内阁大学士其实就是实际上的宰相。

陈献章那个翰林院"检讨"呢,略低于翰林院编修,是从七品。一个举人奋斗了多年都考不上进士,却一下子被皇上亲授翰林检讨一职,这事一时间又轰动开来。

在清代官方编纂的《明史》这部书的《选举志》一章里,有这么一句话,说:"至成化十九年,广东举人陈献章被荐,授翰林院检讨,而听其归,典礼大减矣。"

这是对照着吴与弼老先生来讲的。吴与弼被明英宗（**明宪宗朱见深的父亲**）授予左谕德（**从五品**）,赐宴文华殿,还让吏部尚书李贤作陪,走的时

候派遣行人送归,给足了吴与弼面子。

而到了陈献章,吏部尚书还要为难他,让他参加考试,最后总算得宪宗皇帝特批,授予官职,但却听任陈献章一个人回去,并没有派个朝廷大员举行个仪式送送,所以说是"典礼大减"。

虽然礼数大减,但对于陈献章来说,被授职已是天上掉馅饼了,后来被荐的几个人,连陈献章的待遇都没有。

在当时,人们对陈献章的看法分成两派。对陈献章不满的人说他不过如此,纳闷为何标榜他的人这么多,甚至笑话说陈献章被授官后,称病辞朝,沿途士兵护送,拥驺(zōu)从列,刀枪棍棒,义槊(shuò)扬扬,后车数十乘(shèng),从者数百人,得志而去,见到的无不掩口而笑。

上次对吴与弼被征不满的尹直这时也发表了议论。尹直是个人前说一套背后做一套的人。吴与弼走后,他当上了吏部尚书,当时大太监汪直当政,尹直身为官员之首,带着众官见汪直。当见到汪直时,这位自负才气高的尹直腰板腿肚子再也直不起来,扑通一声就先跪下了。别人一看吏部尚书跪了,也都跟着跪下。

尹直这一跪,顿时抬高了宦官的气焰。堂堂一个吏部尚书,却带头给太监下跪,那你选拔的人是不是都如此下作?

尹直跪汪直成了后人的笑谈。

这次陈献章的到来在尹直看来也是和吴与弼一样取巧。

这个陈献章,不过是个考场上的菜鸟,倒充起大尾巴野鸡来了。

你现在翅膀硬了,烤起来应该很好吃。

于是尹直对人说陈献章考进士屡次中不了,没办法,最后跑到国子监学习,学完后国子监里的那些怪魁们还给他写诗赠行,陈献章喜得此名,更加专务诡异,高谈阔论,借道学以欺人,后来被征举到京,得了个检讨回家,路上轩轩然自以为荣,乘轿出城,张盖开道,再无故态,这岂是知道道义的人做的事?也可以说是贻秽青史了!

兄弟,回家路上别忘了买份交通意外险啊,你这么嘚瑟,是要出事故的。

我真的不是嫉妒!

尹直和尹旻都看不上陈献章,讽刺的是,二人下场都不妙,都被弹劾贪污受贿,奔竞无耻,被勒令退休。

尹直、尹旻是当时著名的"二尹"。尹直和奸臣沆(hàng)瀣(xiè)一气,靠奸臣引荐入内阁,世称"寡廉鲜耻"。他和尹旻也互不相让,在回忆录中他对尹旻极力诽谤,被人讥刺为"同丑相攻"。

不巧的是,尹直、尹旻这两个小丑都让陈献章遇上了,当时就有人为陈献章打抱不平,说陈献章卓然一代人物,就是有所短,也是白璧微瑕,尹直等人不仅看不上人家,还大肆诋毁人家,这就是所谓的小人无忌惮了。

城里的渣男让你流泪,村头的二狗还在盼望你回家。

陈献章谢恩而回,四年后,明宪宗朱见深死了,陈献章得信后,大哭一场,如丧考妣,比死了爹娘还难受。

朱见深死后,他的儿子朱祐樘(chēng)即位,改元"弘治"。

这是明朝中叶政治最清明的一段时期,而陈献章却与此无缘。皇帝让他回家养母,他的母亲直到弘治八年(1495)才去世,享年九十一岁。

陈献章去世时七十三岁,这时已经六十八岁了,推荐过他的朱英、彭韶都已经死了,"亲终疾愈"再来上班这句皇帝发的上谕也成了一句空话,入京为官也早已成了陈年旧事,早没人提起了。

荷塘依旧当年景,岸上再无连理枝。

并且更丧的是,他的心学还遭到了同门兄弟胡居仁的强烈反对。

第七十二回

传心法陈献章上善若水
学圣人王阳明穷物格竹

明朝总共四个从祀孔庙的,其中吴与弼的学生就占了两个,一个是陈献章,另一个就是胡居仁。

陈献章是和胡居仁同一年来跟吴与弼学习的,但胡居仁和吴与弼都是江西人,胡居仁在余干县住,吴与弼在崇仁县住,离得不算远。在地理条件这点上胡居仁比陈献章天生优越,不用翻山越岭跑来学习。

陈、胡二人同窗这一年陈献章二十七岁,胡居仁二十一岁,但陈献章只跟吴与弼学习了几个月就受不了跑回去了,回去后弄了个"江门心学"。

胡居仁后来对陈献章鼓捣的什么心学很不满。你在老师吴与弼这里刚学了几天就出去胡咧咧,才学会打狗刨,就想掀起千尺波吗?于是写文章批评陈献章说:"就是世上最愚蠢的人,也晓得个天地、父母、妻子,也晓得有个己身。陈献章自以为天资过高,结果入于虚妙,最后与正道背驰。他也要学佛徒一样尘微六合,小视天下,难道不是愚蠢最甚的吗?"

在那个理学、心学争霸的时代,夸你天资过高并不是好事,因为这句话往往意味着你在成圣贤的路上跑偏了,不去刻苦用功做工夫,而是滑入了佛教顿悟的深渊。

对于陈献章常说的那句"为学须从静中坐,养出个端倪来",胡居仁认为简直就是禅悟,你陈献章不提倡朱熹的"主敬",却去提倡陆九渊的"主静"了,这不是修禅打坐是什么?你闲着没事瞎鼓捣啥呀!朱熹的"敬"字你一辈子学都学不完,又闹一个什么"从静中坐,养出个端倪",你这是坐月子吗?你也可以说是坐月子大王,一坐十年不出春阳台,出来后你倒更不像话了。

胡居仁对陈献章进行攻击,陈献章没有回应,甚至无任何反应,依旧自在自得。

天地我立,万化我出,宇宙在我……

这就是陈献章的世界观:君子只要有心,什么理也就都具备了(君子一心,万理完具)。先有心方有你们说的理,理和道都是我心所有,万理万事归根到底都是我心的产物。

错把陈醋当成墨,写尽半生纸上酸。胡居仁骂的话虽然都打到了棉花包上,但他骂了半天陈献章也没有白骂。胡居仁死后被贡进了孔庙,被认为是明朝薛瑄之后,守朱学最醇正的。

还说学究胡居仁老先生,他小时候也有一个做圣贤的梦,跟随吴与弼学习后,也放弃了科举考试,回家以教书为生,终身不仕。

老师吴与弼穷,学生胡居仁更穷。吴与弼好赖还有个当官的父亲,胡居仁家世代务农,又长期患病,家里就更穷了。可他虽穷,却终身恪守天理性命,绝口不谈"利禄"二字。

不管你是谁,群发的我不回。

我就孤独地过自己的穷日子,怎么了?!

但比穷还可怕的不幸还是来临了。他四十六岁时丧了妻,这对他打击不小。五年后他也死了,刚刚五十一岁。

不一定非要喝老母鸡汤,心灵鸡汤也挺好的。

陈献章在胡居仁死后十六年才死去,他用心学潇洒地过了晚年。

老同学,我还是从前那个少年没有一丝丝改变,播种在心中信念丝毫未减。

如今赏识陈献章的皇帝死了,陈献章看来注定是出不了山了。不过无所谓,因为在前一年,他收了一个好学生。

这是个让陈献章的心学在朝中继续发酵的学生。

这个学生名叫湛(zhàn)若水,是广东增城人,他中举后考进士没通过,可能也和当年陈献章考进士落榜一样,有点儿失落,于是前往江门来跟陈献章学习。

湛若水此时和当年去找吴与弼学习的陈献章岁数差不多,但他在陈献章这里幸运多了,没有像陈献章当年学习时先当牛马干那么多活儿。他一见陈献章,立即被陈献章"自适自得"的心学学说吸引。在这儿上学这么舒服啊,原来还有这么好的寄宿学校,学习很是惬意。分别三年后,他给陈献章写信,提出了自己总结的"随处体认天理"的观点,那就是提倡以自然为本体,以心灵的勿忘勿助为工夫。

这个观点是一种新的心学修炼方法。

陈献章当年是跟吴与弼劳动学习半年后,又回家在小屋里坐了十年才悟出自己的道来,如今心学闸门已经打开,湛若水不用再像老师陈献章那样钻到屋里苦苦思索了,他轻轻松松、快快乐乐地就提出了"随处体认天理"这个心学观点。

有时候简单的事重复做你就是专家,重复的事认真做你就是赢家。

陈献章大力表彰了湛若水的修行理论,说"真要是这样,还怕到不了古代圣贤的境界吗(着此一鞭,何患不得到古人佳处也)",并把他的江门钓台这座小屋传给了湛若水,作为传授他心情自得之学衣钵的象征。

江门钓台是陈献章在家乡河边盖的一座小屋。陈献章过的日子比吴与弼好不了多少,他没钱去盖什么好房子,江门钓台也就是个小屋子而已。

虽然是座破小房,但这就像佛家的袈裟,是传承的信物,这才是它的最大价值。

记住,老物件都是拿来看的,不是拿来用的。

陈献章死后,湛若水给老师服丧三年后,经过母亲等人的劝说,踏上了进京赶考的路途。

湛若水这次很幸运,他考上了进士,名次还不低,被选进了翰林院当庶吉士。

这时他已经四十岁了,如果名次靠后,这个岁数也就是去底下当个县太爷了;前程嘛,也就最多在地方上混个退休就差不多了。

湛若水中进士这一年是弘治十八年(1505)。这一年,好皇帝朱祐樘死了,他是中国历史上唯一一个实施了一夫一妻制的皇帝,这对夫妇一共生了两个儿子、一个女儿,但只活下来了一个儿子。

只有一个儿子对于一个皇帝来说显然属于"低产"。在朱祐樘死后,他未满十五岁的调皮捣蛋儿子朱厚照毫无悬念地做了皇帝,年号"正德"。

少年皇帝不久就和底下的臣子们玩起了台上台下的互动大戏。

还说我们的湛若水,他考上进士后在京城遇到了后世赫赫有名的一位大人物,这位大人物的名字叫王守仁,他在本书后面的几章中将成为主角。

王守仁是浙江余姚人。像一切大人物一样,王守仁同学也有个能写进小学课本的不一样的童年。王守仁十岁时,他的父亲王华中了状元,把他带到了京城念书。小王守仁常常对着书发呆,一天,他突然问塾师:"什么是第一等事?"

塾师说:"当然是读书考进士登第了。"

小王守仁说:"考进士登第恐怕不是第一等事吧,第一等事应是读书学圣贤吧。"

塾师为此大吃一惊,这孩子口气这么大,是头脑发烧了吗?

记住,不是每个人都能挂小黄车售货的。

父亲王华知道后笑问:"你想做圣贤了吗?"

小王守仁并不知道,此时有一个叫陈献章的,因为扬言要做圣贤,打出了"心"字旗,正在受到一些人的追捧。王守仁此时也树立了圣人必可学的决心,绝对是无师自通。

随着年龄增长,王守仁做圣贤的心越来越强烈——那就动手干吧。青年王守仁于是叫来了一个姓钱的朋友和他一起到自己家的后院里格竹子。

为什么要格竹子呢?因为朱熹教导我们,做圣贤的一条必由之路就是格物致知。

二人于是开始对着竹子格物。到了第三天,那位姓钱的朋友吃不消,走了,王守仁还在竹子前继续格。到了第七天,王守仁也病倒了。

格竹一事宣告失败。

王守仁从此对通过格物致知做圣贤的路大为不满。

假如这事让朱熹知道了,朱熹估计会怒斥无聊,说你王守仁损人也没有这么干的吧!我的格物致知也没有告诉你在物前不动。你真要是想格物致知,拿块砖头把竹子砸开,仔细研究它的纹理、成分也早成竹子专家了。

王守仁格竹的这个故事确实无聊,他当时要是通过动手剖开竹子来格物,那他重视实证这一点将比十六七世纪英国的那位"现代科学之父"弗朗西斯·培根还早一百年,那样他就不是简单的心学老师,而是中国的近代实验科学之父了。

既然格物做圣贤的路行不通,那还是先念书吧。二十一岁时,王守仁中举;七年后,在第三次会试时,他考上了进士,名次是二甲进士第七人。

也就是说,加上一甲的状元、榜眼、探花那三位,王守仁考了全国第十。

王守仁虽然没有像他老子王华那样考个状元,但也相当了不得。王华中状元时是三十六岁,而王守仁考上进士时才二十八岁,如果再补习几年,考个全国第一也不是完全没有可能。

但即使会试考了全国第一,也未必一定能落个状元。能不能中状元受很多人为因素影响,主要还是看运气。比如你长得丑,没有颜值,这状元的大帽子也不会给你。像戏里唱的那样动不动就考个状元,也就是戏台上才有的轻松事。

虽然王守仁考上了进士,但接下来,他并没有被选入翰林院当庶吉士去进修,而是早早服从分配参加了工作,具体什么原因没进翰林院我们就不去考究了。王守仁在工部、刑部转了一圈,最后到了兵部,当了一个主事,为正六品。

也就在此时,王守仁遇上了湛若水。

湛若水是弘治十八年(1505)的进士,比王守仁晚考上六年,却比王守仁大了整整六岁。

与湛若水同年的进士中,还有后来大名鼎鼎的奸臣严嵩,他此时还没发坏,正在翰林院里老老实实进修,做他的庶吉士。

王守仁和湛若水一见如故。湛若水虽说刚踏上仕途,但已经在做圣贤的路上大踏步走了许多年了,他此时背后的身份是陈献章江门心学的传人。

王守仁此时还在心学圈外,在这点上,湛若水又是大哥。

江门心学虽说影响不大,但在士大夫中还是有一定名气的,这对王守仁不能说没有吸引力。他在做圣贤的路上探索，在此终于找着了点儿感觉。

在遇到湛若水之前，王守仁曾一度告了病假回老家养病。他在绍兴会稽山上的一个叫"阳明洞"的洞中提神炼气，行导引术，并给自己起了个号：阳明子。

他的大名王阳明就是自此而来的。从此以后，我们可以叫他"王阳明"了。

但此时的王阳明还十分苦闷，他不甘心像一般文人那样写些古诗文了此一生，和湛若水的相识使他脑洞大开，原来圣贤可以这样做！陈献章已经开始教人怎么做了，他可以先到陈献章的江门心学里小憩，在里面仔细研修。

王阳明自以为从此将在成圣贤的路上前行，但是一场突如其来的变故打断了他的美梦。

第七十三回

死去活来阳明龙场悟道
同心同德若水订立同盟

明武宗朱厚照上台后,在太监刘瑾等人的挑唆下开始不理朝政,变本加厉地玩,这惹起了朝臣们的不满。有官员弹劾刘瑾,刘瑾把弹劾他的那些人打了一顿。

有人为这些官员鸣不平,王阳明也热心肠地上了一封奏疏。没想到奏疏刚上,他就被下了诏狱。挨了四十大棍廷杖后,他被贬到贵州龙场驿做驿丞,也就是到贵州一个叫龙场的驿站当小站长。

王阳明身体本来就不太好,他被这四十大棍揍得死去活来(既绝复苏),醒来后擦干了身上的血迹,还得收拾行装赶路。和湛若水相约做圣贤的路是不能一起走了,先踏上南下的路再说吧。

处在高处,就举目远眺;跌到低处,也静心欣赏。

没有比人更高的山,没有比脚更长的路。

据王阳明后来说,在行进到钱塘江时,他为了躲避刘瑾的刺杀,使了一计金蝉脱壳。他把衣服撂到江边,丢下一封遗书,说不想活了,做出一副投江的样子,趁机迅速跑了。

这个故事也就是个故事而已。只要抛开对王阳明的盲目崇拜,仔细想想,就会发现这个故事的漏洞。刘瑾要杀王阳明,不一定非要等到他走到钱塘江,路上像结束林冲性命那样的野猪林多得是。再说王阳明的目的地是贵州龙场,那里人烟稀少,更是刺杀他的理想场所,杀完了再弄个火烧草料场的场景,给王阳明扣个玩忽职守的帽子,能让王阳明死了都无人替他喊冤。

事实是,刘瑾此时不会想去杀王阳明,小小的六品主事在他眼里也够不上威胁。他更恼火的是王阳明的父亲王华。状元王华在朝中声望很高,他是先帝弘治皇帝朱祐樘的讲课老师,时任礼部左侍郎,正三品,这才是个大块头,假如明孝宗朱祐樘不死,将来入阁为相也非常有可能。

刘瑾两次想拉拢王华,王华都不为所动。刘瑾正在羞恼时,王华的儿子王阳明找上门来,自然挨了顿胖揍。王华也被弄到南京,当了个吏部尚书,正二品。

在明朝,到南京当官都是闲职,尽管你是二品尚书大员。

王阳明千辛万苦到了龙场。在万山丛棘、蛇虺(huī)魍(wǎng)魉(liǎng)、蛊毒瘴疠的包围下,他在一座小山丘上找到了一处洞穴。安定下来后,他开始静下心来思考:圣人处此,更有何道?

那一晚,看了看远处的山峦后,他在洞中静静躺了下来。

是啊,我怎么走到这里来了,要是孔圣人落到我这个地方,他又该如何?

圣人孔子和贤人颜回等当年在陈蔡绝粮,差点饿死,难道做圣贤的路就这么难求吗?

看看湛若水,他意气风发,似乎找着了圣贤之路,他坚信,只要沿着他的路走下去,就能成圣贤。

他告诉我要"随处体认天理",说这是他的学道心得。

这个天理是要按二程、朱熹说的去做吗?

不,程朱说"性即理",这是我们一下子感受不到的,心和性还隔着一层,说性即理是隔靴搔痒。

绝不能再沿着程朱的老路走了。

陆九渊早已另开了一条路,那就是从自己的内心着手,但他还没发挥好就死了。

湛若水说他的老师陈献章已参透了,要从自己的心抓起,心情自得,效法自然。

"随处体认天理",好一个潇洒的湛若水。

是啊,圣人之道,吾性自足,难道还要绕远路去向外求吗?

力量就在这里,在自己的身上,在自己的心中。

仿佛找到了内心的答案,王阳明一阵狂笑:"哈哈哈……"

这声长笑划破夜空,像紧绷的钢丝突然断裂。月明星稀,乌鹊南飞,绕树三匝,何枝可……

洞中跟着睡的仆人吓得一骨碌坐起来望着王阳明发愣:洞主大人,您没事吧?

回家的梦可以做,可千万别出声啊!

这里可是有回音的啊!

这就是著名的王阳明龙场悟道的故事。

这个故事肯定是真的。为什么说是真的呢?在这里我们先说说大师是怎么炼成的。

第一,得有丰富的学识。这不用说了,不念书肯定是不行的,我们这里不是说伪气功大师之类的玩意儿。

第二,要走在时代的思想前列。要么是自悟,像王弼、周敦颐一样;要么是经人领上道,像朱熹一样。

第三,要有一定的地位和影响力。这就要参加科举做官,或者像程颐一样接近过皇帝,或者像王通、吴与弼一样让皇帝接见过,再不行也要像邵雍、陈献章一样经人给皇帝推荐过。

第四,要有故事。像我们的王阳明那样,经过百死千难等许多曲折才悟出道来。

第五,还要有口才,有胆量,嘴皮薄,能掰乎,像陆九渊小时候写的词里说的那样:"从来胆大胸膈宽,虎豹亿万虬龙千,从头收拾一口吞。有时此辈未妥帖,哮吼大嚼无毫全。朝饮渤澥水,暮宿昆仑巅。连山以为琴,长河之为弦。万古不传音,吾当为君宣。"

这就是大师。

不是手里有根木棍,你就能当乐队指挥的。不具备以上任何一条,你都当不了大师,最多被人称呼个老师。

不过在此提醒读者,王大师的心学理论建设之路并不平坦,围绕着他的心学的争论也将就此展开。

好多事都是当初有多轰轰烈烈,后面就有多少鸡毛,要做好心理准备啊。

好了,底下该王大师布道了。

在此之前,王阳明已收了几个徒弟,但可能由于他那时的理论并不新鲜,没多大突破,徒弟们更像是冲着他通过科举考试得到的官职和地位来求教的。

这一次,也就是王阳明悟道后第二年春天,贵州龙场来了个大官——是个官职比王阳明大多了的官。王阳明当时做的贵州龙场驿站站长和孙大圣做的弼马温一样,只能叫没品。这一点王阳明是清楚的,他不会像孙大圣那样傻乎乎地乐呵:"没品,想是大到了极点!"

来者是贵州提学副使席书,他不但官比王阳明大,岁数也比王阳明大十一岁。

席大人是来问"朱陆同异"这个老问题的。

朱陆有什么相同和不同是个扯不完的老问题,没想到王阳明没跟他谈这个,而是把自己的心得所悟告诉他。席书听了怀疑而去,第二天又从贵阳赶来了。和王阳明反复辩论了几次,席书最后豁然大悟,说:"没想到圣人之学复见于今日。"

但凡你说得少一分漂亮,我也不会夸你。

王阳明就这样被请进了贵阳书院,席书率领学生们正式向他行拜师礼。

王阳明的妹夫徐爱也来看望王阳明,王阳明没跟他谈老一套的理学,而是给他讲起了"心即理",大谈"知行合一"。

徐爱是个很有才华的人,他是状元公王华看上的女婿,王阳明说要"知行合一",这个理论新发明把徐爱吓了一跳,他瞪着眼发呆,骇愕不定,说"心即理"我还听说过,陆九渊当年也这么说,可是"知行合一"就让人想不通了,朱熹也只说过个"知先行后",先知道了再去行动,这还比较符合人们的常识。

大舅哥,你这是离经叛道啊,吓死爱爱了。

王阳明于是给他讲了一番道理,但当时徐爱仍旧将信将疑,三年后又和王阳明探讨起了这个问题。

下面这番话是后来徐爱做的探讨记录,先用在此处。

对于心即理,王阳明开导他说:"干什么事我们总不能去这些事上找理,这些理都在我们的心上,因为心就是理。我们的心如果没有私欲遮蔽着,就是天理。一个坏人做了伤天害理的事,那是他的心被私欲盖住了,所以他成了坏人。如果没有私欲,按我们的心所发出来的去做,干出来的就都是好事。"

对于知行合一,王阳明说:"只要说一个知,就已经自有行在里面。只要说一个行,就已经自有知在里面。过去人们把知与行隔开,那是他们不懂得知和行的本体,知道了还不行,那只是他还不知。"

不怕音乐太好听,就怕歌词入了心。

愿你们只听曲中意,莫做曲中人。

徐爱最后说他明白了,开始相信这才是孔门嫡传,别的都是傍溪小径,断港绝河。

"傍溪小径,断港绝河",这是宋明心学和理学争吵时常用的攻击对方路子窄、走不通的几个字。

王阳明接着又告诉徐爱,说在心学的修炼工夫上,格物是诚意的工夫,穷理是尽性的工夫,道问学是尊德性的工夫。

这番话又把深受朱熹理学思想教育的徐爱弄蒙了——这是造朱熹的反啊!

朱熹谈格物,王阳明把格物下降到了只是诚意的工夫。

朱熹谈穷理,王阳明把穷理下降到了只是尽性的工夫。

朱熹谈道问学,陆九渊谈尊德性,当年二人争论不清,王阳明在此又把道问学下降到了只是为了尊德性的工夫。

工夫只是实现本体的手段而已,和本体不是一个档次。

徐爱说自己当初刚听到时感到落落难合,后来思考了很长时间,不禁手舞足蹈。

明白了,大舅哥,你这是要反朱熹而行之啊!

王阳明微微一笑,朱熹说"知先行后",我今天说个"知行合一"怎么地?

我就是要培养人们的行动意识。世风日下,不能光说不练呀。

走出龙场的王阳明将把这些心学心得撒向人间,从此他将变得无比强大,所向披靡。

明代最大的学术思潮——心学,将席卷开来。

心学,无论说得对与不对,都不重要,它告诉我们要相信自己的内心,它使我们变得强大自信,这就是它的现实意义,胜过当时已经变得苍白的程朱理学教条。

正德五年(1510)春,王阳明由龙场驿丞升任江西吉安府庐陵县知县。

这一年八月,刘瑾以谋反罪下狱,被凌迟处死。

刘瑾的倒台很利索,他被张永、杨一清设计除掉也就在几天的时间内。在此之前,他要是想阻挡王阳明升当庐陵知县这个七品芝麻官,是不费吹灰之力的。

这充分说明,刘瑾并没有杀王阳明之心。说刘瑾要杀王阳明,是王阳明这边的人在王阳明发迹后有意吹风,编造故事吸引人。

刘瑾一死,王阳明的机会来了。十一月,他到北京朝觐(jìn),住在大兴隆寺。

这一天,黄绾(wǎn)来见。

黄绾是浙江台州人,他的祖父官至南京工部右侍郎。黄绾借着祖父的荫光进入国子监读书,一开始还想参加科举考试,后来逐渐对举子业感到厌恶,便放弃了科考,有了学习圣学成圣贤的心,对陈献章的江门心学开始感兴趣,拜了陈献章的弟子为师,但学了一阵后还是感觉不能满足。有人告诉他有个叫王阳明的也正在搞心学,于是他特来拜访。

王阳明高兴地出来见他说："这个心学已经绝了好久,你为何想到这儿来啦？"

黄绾说："我虽粗略有志,但还没有用功。"

不好意思啊,近年来主要的成功只有三种：登录成功、下载成功、支付成功。

王阳明说："人只怕无志,不怕无功。你听说过湛若水没有？改天你见见他,我们三人订个终身共学的联盟。"

湛若水是陈献章的学生,黄绾听说过。就这样,王阳明、湛若水、黄绾三人共拜而盟,相约要倡大圣学。

二人同心,其利断金。三人成众,那是不是更厉害了？然而现实的走向却并非如此。

这时王阳明已接到调令,要到南京当刑部主事。湛若水和黄绾商议,托熟人乔宇向吏部尚书杨一清说话,把王阳明留在了北京。

还不错,这一次是让王阳明到吏部当主事,他从此在仕途上坐上了快车,第二年升任员外郎,第三年又升任郎中。

这升迁节奏漂亮,支持！

王阳明在三年内连升三级,但还没完,第四年,他又到南京当太仆寺少卿,正四品,管马政。第五年,又升任南京鸿胪寺卿,正四品,管礼仪。又过了一年,王阳明又升任都察院右佥(qiān)都御史,正四品。

这两年内,官职虽然都是正四品,但都察院右佥都御史这个正四品了不得,比那个鸿胪寺卿厉害多了。

都察院院长为左、右都御史,正二品,副院长为左、右副都御史,正三品,左、右佥都御史是都察院的第三把手,底下就是分管各地的十三道监察御史一百一十人,负责纠察各地的官员。

六年内就当上纠察百官的都察院右佥都御史大人,对于一个曾经被贬到深山老林的人来说,是够快的了。

火箭发射啊!

但王阳明这个以火箭速度提拔的都察院右佥都御史却是不用到北京都察院上任的,他即将被发射到偏远地区高爆,因为任命状上后面紧接着还有一句话:巡抚江西南安、赣(gàn)州,福建汀(tīng)州、漳州等处。

这是让带衔领兵打仗去呀,也就是说,不是让他到京城都察院纠察百官,而是到深山老林里去"剿匪"。

从孔夫子以来,学术思想界的大师们大都和那些三公大爷一样,坐而论道。只有唐朝的韩愈和军事沾了点边,在讨伐藩镇的军队中当过督察官——行军司马,后来又当过一年兵部侍郎,但也没有带兵打过仗。

到了宋朝,那些理学思想家们也没有带过兵的。朱熹曾被宋孝宗任命为武学博士,他觉得委屈,没意思,不干;后来又被任命为兵部郎官,他说脚疼,也不干。对于打打杀杀的历史他更是讨厌,说这是一群人拿着刀互相砍,有什么好看的。他和程颐一样,喜欢的是当皇帝老师一类的官。

至于王阳明的心学先驱陆九渊也就在当知荆门军时备了备战,砌了砌城墙头,也没带兵打过仗。

先驱大师们都没干过的事,现在却要王阳明来干了。

而此时的王阳明周围已经围了一大圈学生。自从他在贵阳让席书折服拜师以后,在吏部当主事科员时,又令吏部员外郎方献夫折服,让他心悦诚服地拜自己为师。

方献夫比王阳明小十三岁,是王阳明的上级,前程远大,听了王阳明讲的课后,甘拜其为师。

至于其他来拜师的学子就更多了,这样下去,王阳明安安稳稳当个心学大师还是很有可能的,如今朝廷却给他出了一道难题,让他去"剿灭"那些在深山老林里盘踞了十余年的土匪。在此之前,已有多名官员因"剿匪"失败而落马。

而一旦失败,大师的面子往哪儿搁?还谈什么学?可要是不去,平生建功立业的志愿岂不又落了空,还谈什么"知行合一"?

谈"心即理"的初级阶段已经过去了,什么程朱理学,我的心已经把你们怼过了,你们僵硬的"性即理"已经过时,你们的"知先行后"也已过气,现在是我"知行合一"快活的时候了。

这种热死人的天气最适合向心仪的对象表白了,成功了可以约会喝冰水,要是失败了也没关系,至少自己的心也已经凉了半截,不用花钱买冰水降温了。

借坡下驴啊。

王阳明的心开始飘扬,慢慢地飞向了远方。

第七十四回

运心机书生立不世之功
梦日月灶丁求千秋大业

但纵使心在飞扬,也得先谦让谦让吧。

王阳明于是写了封辞职疏,说这样的巡抚重任,我这点儿才能何以堪当。现在请陛下可怜我,也别给我加官了,就让我还干鸿胪寺卿,在这个位子上退下来吧,免得我误了陛下的大事。我小时候母亲就死了,是奶奶把我养育长大,如今她已经九十七岁了,您要是放我回去照管她,我不胜受恩感激!

王阳明拿出了李密《陈情表》中的原始内容,把九十七岁的老奶奶也搬了出来。这在封建社会是很有理由的。在那个年代请假辞职说要回去孝顺老人,皇帝看了都会感动的,别人也说不出闲话来。陈献章当年得了翰林院检讨后也是使的这个理由。并且王阳明奶奶九十七的岁数也绝对是重量级的,比李密写《陈情表》时祖母的年纪还大。

没想到让了两次后,兵部发话了,说现今盗贼劫掠这么厉害,王阳明你就别假托辞免,玩这种让来让去的游戏了,再这样下去,岂不更加误事?现在发布命令:王阳明不准退休,着紧上前去,用心巡抚,钦此。

那时的兵部尚书是王琼,他看上王阳明了。

翻过岁月的不同侧脸,猝不及防闯入你的笑颜。

能破天荒讲出"知行合一"这样话的人,肯定非同一般,肯定是有想法的,肯定不是书呆子。

王琼断定王阳明是个奇才。

王阳明,你别天天跟人宣讲只说不练了,建功立业的时候到了。

王阳明朝北方一笑,王琼大人,你这是想让我立德立言再立功,来个三不朽呀,那就接旨吧。

王阳明的时代到来了。

有了知,我们才开始强大;有了行,我们才能够强大。

这一年是正德十二年(1517),王阳明已经四十六岁了。

在底下的一年里,王阳明运用灵活机动的战术,用极小的代价,镇压了盘踞两省十几年的"山贼",升任都察院右副都御史。

王阳明打仗的最大特点是灵活机动、奇谋百出,这和他心学的活泼灵动有很大关系。

但心学只是王阳明的学问思想,懂心学的人不一定会带兵打仗,会带兵打仗的人不一定懂心学。硬把王阳明的心学说得那么伟大,神乎其神,也没必要。

我们现在学习了辨证唯物主义,回头再看历史上的唯心主义哲学,脑子里也就有了判断力。

不过在王阳明的时代,心学是透着它的灵动气息的,这也是它当时最吸引人的地方。

当初雪来临时,每一片雪花看上去都是美丽的;当雪崩到来时,你说哪一片雪花又是无辜的?

时代造就英雄!

任务完成了,这时也传来了王阳明一百岁的奶奶病危的消息,《陈情表》中的"情"在王阳明这儿又有了新的分量,又一份重量级《陈情表》来了,一百岁!!

王阳明继续请求退休,没想到这次依旧不好使,兵部又不让走,说福建出叛军了,快去戡处。

每个人的人生里都会遇到一场措手不及的大雨。如果你身陷雨中,愿有人为你撑伞;如果没有,也愿你有听雨的心情。

王阳明接令后只好丢下一百岁的奶奶往福建赶,刚走到半路,忽然迎头传来霹雳消息。有人报告:"南昌的宁王朱宸(chén)濠(háo)反了,大人您不要往福建赶了。"

朱宸濠造反这事在当时是个重磅新闻,对于正往前赶路的王阳明是闷头一棍。这不是山中的贼寇,这是个重大恶性政治事件,对于刚刚说出"破山中贼易,破心中贼难"的心学大师来说是个严峻考验!

这么一个天大的事件，确实如同晴空霹雳，震得全国上下都有点蒙，可有一个人知道后却高兴不已，那就是当朝天子——正德（生前年号）皇帝明武宗（死后庙号）朱厚照。

朱厚照早就想出去玩玩儿，他之前已经去过北方的蒙古前线宣化一带，后来又想故地重游，便把自己封为"总督军务威武大将军总兵官朱寿"，要亲统六师，肃清西北边境，工资都给自己拟定好了，岁支禄米五千石。

皇帝封自己为总司令，自定工资标准，自己给自己开工资，真是滑天下之大稽，朝臣们哭笑皆非。朱厚照表示自己不能白拿工资不干活，要出去找点儿活干。

这一次，大臣们极力拦阻，说什么也不让他去转悠，他一气之下命人用板子打了一百多人，现场血肉横飞，当时就死了十几个人。

这十几个人可不是小耗子、虮(jǐ)虱(shī)臣，他们都是朝中的官员。

这一下又是一番大哭大喊，满朝血雨腥风。君臣正在僵持时，消息传来——朱宸濠叛乱了。朱厚照脸色不由得又欣喜起来，春风化雨，真是转角遇到爱啊。

好啊，朱宸濠，你想来北京夺我的位子，跟我玩，那咱就玩玩儿吧！

终于有出门的理由了，那就换个方向吧。

我南下找你去。

王阳明听到朱宸濠叛乱的消息时第一反应是想跑，想一走了之，毕竟他此行没有被委派和朱宸濠直接干仗的任务，但他很快冷静下来，开始积极应对。国难当头，匹夫有责，我心中的四十五米大刀何在？他当机立断，临时拼凑了一班人马,和朱宸濠干了起来,只用了三十多天,就生擒了表面上声势浩大的朱宸濠。

曾经有人问王阳明:"你这么会打仗,是用兵有术吗?"

王阳明说:"只要此心不动,这就是术。胜败只在此心动与不动之间。"

可见打败朱宸濠的不单是王阳明的用兵之法,还有王阳明心学中的主体——本心。

人们回忆说,王阳明当年与宁王交战于鄱阳湖上,南风转急,探马急报前军失利,坐中人都惶恐不安,惊怖失色,只有王阳明神色自若,出门打发走了探马;一会儿,探马又飞来急报,贼兵大溃,坐中人都有喜色,只有王阳明面不更色,出门打发走了探马,归来依旧神情自若。

这就是王阳明所说的始终不动心。

我心即理,此心已定,妖魔魍魉请退行。

这场战争只用三十天就打完了,不仅干掉了朱宸濠,还打扫了战场,是奇迹吗?

假如没有王阳明,朱宸濠也照旧会被干掉的,因为他不是当年的朱棣,他没有朱棣的武功水平,他的部队也不是朱棣手下的百战雄兵,而是一群乌合之众,被干掉是早一天晚一天的事。

但是,假如没有王阳明,战争的火焰会烧得更广,老百姓遭受的荼毒将会更深,无数人将会在这场无谓的朱家财产争夺战中死去。

正如朱宸濠被王阳明逮住之后对王阳明说的,这是我的家事,何劳你费心!

狗逮耗子，多管闲事！

王阳明此时不知道的是，这也是他让皇帝朱厚照这只猫不爽的地方。我朱厚照还没玩朱宸濠这只耗子呢，你就给我叼来了，不行，放了，让我再逮一遍玩玩儿。

当时朱厚照正高兴地带队出发，要亲自去收拾朱宸濠，可是他的大队人马刚走到涿州，王阳明的捷报就已传来，说朱宸濠被擒住了。

真扫兴，戏还没开始呢，你就把台子给拆了。

曲终人不散，江上数峰青。

朱厚照继续往南进发。

接下来就该王阳明焦头烂额了，他既要应付闹腾皇帝对当地的进一步破坏，又要防备皇帝身边的小人的攻击，这一系列事件让王阳明身心俱疲。但同时他也正在紧张地思索：这一切都是为什么？

他的心学理论又一次升华，揭出了他心学的最后一张王牌，上面赫然刻着三个大字：致良知。

这是千古圣贤相传的一点骨血，他说，是我从百死千难中得来的一个心得，一语之下，洞见全体，真是痛快！

从刚出道时提出的"心即理"到后来的"知行合一"，再到现在的"致良知"，这是只有王阳明这样从万死千生中走出来的人才能悟到的。

走得太远，往往忘记了为什么出发。

道学从北宋开始，鼓捣了几百年，也没弄出一个最高道德行动本体词来。朱熹的什么性啊理啊，陆九渊的什么心啊命啊，都没有提出怎么去行动以解决人心不古、道德沦丧的尴尬局面,直到王阳明这里才真正指出了怎样去实现,这个办法就是:致良知。

王阳明是个很聪明的人,他没有和程朱公开叫板对抗,只是说自己心的本体就是朱熹所说的天理,而只要把我们心的良知拿出来致力于事事物物,事事物物就会都得到理。

这就是"致"字的魔力。

人间值得,万物可期。

这就是"致良知"三个字的功力。

推出这三个字后,王阳明终于长出一口气,说:"我今天才信得这良知真是真非,信手行去,更不用藏藏遮遮,做了一个真正的狂者。"

王阳明毫不隐晦他心的张扬,自认为是狂者,然而更狂的人到来了。

和朱宸濠的战争结束了,这一天,正在南昌做善后工作的王阳明迎来了一个身穿古服、头戴怪帽的人,他手持木简,说自己也姓王,并拿着两首诗做见面礼。王阳明见此人穿着古怪,相貌却不俗,不觉很是好奇,亲自走下台阶迎接。

二人落座后,开始了一场旷世趣谈。

王阳明问:"你戴的是什么冠?"

来人悠悠回答:"有虞氏冠。"

有虞氏是古代舜的名号,果然旷世。

"穿的是什么衣服?"

来人又慢条斯理道:"老莱子服。"

老莱子是春秋时的一个人物,是有名的大孝子。他为了让父母高兴,七十岁时还穿着儿童的花衣服,在父母面前装作跌倒,蹬腿抹泪逗自己父母笑,让父母仿佛又回到了往昔。

老莱子牌儿童服装,果是趣谈!

王阳明笑了:"你这只学了他穿衣服,没学他上堂装跌、掩面啼哭呀。"

怎么着,给装跌一下哭一个,让人乐乐吧。

不要整天在网上秀你的身材、你的颜值,你得多学习。来,我考考你地理,你家在哪儿?

来人被巡抚大人的玩世不恭逗得坐不住了。

人家可是费了半天工夫正儿八经来的,你倒开起玩笑来了。

此人名叫王银,江苏泰州人,出生在一个八辈贫困的灶户家庭。

灶户是明朝划分的军、民、匠、灶四大户役里的最后一种,世代以煎盐为业。

王银七岁入私塾,因家庭穷困,只念了四年就不念了,回家跟父亲学习制盐,后来出门经商,由于头脑灵活,渐渐积累了一些钱,摆脱了贫困。

有一次,王银到了山东曲阜孔子老家。这是一次改变他生活轨迹的旅行。他望着孔庙里高高端坐的孔子像,最后深有感触地说了一句:"圣人也是人啊(圣人亦人耳)。"

孔子也不过是个人罢了,他也吃饭打嗝喝凉水激牙,他是圣人,我也能做圣人。

有钱时任性,没钱时认命,商人也并不都是这样的钱串子,也会有一连串的梦想。

王银从此立志要做圣人。

普通人要做圣人,这和项羽、刘邦见秦始皇后发出自己以后也要做皇帝的感叹颇为相似,都是一种心血来潮大脑兴奋时冒出的雄心壮志。

和所有的大师一样,王银也说自己有一个梦想,一个成圣梦。

所以各位要当大师,必须要先学会做梦。

那一天晚上,王银说他做梦梦见天塌了。哎呀,你看天塌后那个乱腾劲儿,万人奔号求救。梦里王银自己也被天压住了,他奋力用胳膊把天推开,起身一看,日月星辰都乱了次序了,他又努力起来把日月星辰整理好,这才坐下来休息。

把日月星辰整理好,说得多轻巧,仿佛这些天体在他手里不过是夜幕上镶嵌的几个发光的珠子。

正在这时,梦醒了,他感觉汗如雨下,分明是刚干完活儿的样子。他恍然大悟:啊,上天原来是让我来拯救世人的,我的未来不是梦。

从此,王银感觉自己心体洞彻,认为自己已经开了窍,悟了道了,于是开始讲学,招收起了学员。

二十九岁这年,一心要在学术界"C位出道"的王银开始展示自己的才能,气贯长虹地提出了自己的理论,说:"万物一体,宇宙在我之念。"

听上去多么像陆九渊的"宇宙就是吾心,吾心就是宇宙"。

这说明王银一开始也是从自我内心悟起,走的是心灵路线。

但这还远远谈不上心学。

王银三十七岁时，一位塾师听了他的悟道讲解后，认为他的观点和江西巡抚王阳明的观点类似。王银听了也感到惊讶，莫非世上还有一位和我一样的心灵悟道者吗？

这个王阳明是个什么样的人呢？他也有成圣的理想吗？他也会做圣贤梦吗？他也谈格物致知这些成圣的话题吗？

虽然都吃糖，但小孩子都懂，能分享的并不是最亲的，想独占的才是真爱。

他是他，我是我，他怎能和我重叠！

怀着好奇心，王银前来拜访王阳明。

第一次谈话后，王银服了，感觉王阳明说得简易直截，是比自己过去悟出来的高，于是当场低下了他高傲的"王子"头颅，跪地下拜称弟子。可是第二天他又后悔了，跑到王阳明那里说他思索了一晚上，发现王阳明说的有和自己不合的地方，就这么折腰屈膝拜他为老师，太轻易了，自己也是想当圣人立一摊的人，也想有自己的事业，不能这样轻易拱手称学生，于是又和王阳明辩论了起来。

王阳明对王银大为赞叹。好，有心气儿，有我家师心自用的傲劲儿。二人又辩论了几个时辰，灶户王银到底说不过学者王阳明，初中生谈话再灵巧也理论不过博士生，毕竟你没写过博士论文。

这次王银彻底服了，还是王阳明悟道高，于是再次跪地下拜。

王阳明起身把他拉了起来。后来他对别人说，我擒朱宸濠都一无所动,今天却被这个人打动了。

好险啊,还是沾了学历高的光,理论思维严密些,要不败在一个没上几年学的制盐灶户手上就完蛋了。

接下来是拜师仪式中的训话环节。王阳明正襟危坐,对王银说,我重新给你起个名字吧,别叫王银了,叫王艮(gèn),字汝止,如何?

《周易·艮象传》里说:"艮,止也。时止则止,时行则行;动静不失其时,其道光明。"

艮就是止的意思。你也收敛一下,停止闹腾吧。

王银高高兴兴地接受了这个名字。能让王阳明老师给起名字,无上光荣啊!

王阳明也没想到,本来他想通过起名字给活泼乱跳的王银贴个休止符,没想到改名"王艮"后的王银非但没有时止则止,还能行就行,又出门给他闹出了笑话。

| 第七十五回

大礼议嘉靖帝为父争名
再出征阳明子病逝他乡

在外玩了近一年后,明武宗朱厚照这次亲征最后以在校场表演擒拿朱宸濠收场。可是实际生活却不像演戏这么美好。朱厚照在返回途中继续玩,但这一次船翻了,人也掉进了水里。随从们急忙跳下水把他托出水面。在他出水的那一刻,大家还不忘恭维他,大声欢呼:"万岁龙也,龙狲水!"

然而这一声也没能唤起武宗。可能由于惊吓过度又喝了一肚子水,武宗从此身体虚弱,精神一直不大好,回京不久就死了。

对于武宗来说,世上最无奈的事是心在宫墙,人在天上。

人生每天都在直播,没有彩排,后悔无用。

由于没有儿子,首辅杨廷和选了兴献王的儿子朱厚熜(cōng)即位,这就是嘉靖皇帝。

王阳明的人生开始翻篇。

王阳明这时已升任南京兵部尚书。他打了省亲报告,回到老家,这时百岁奶奶已经去世,回家没几个月,父亲王华也去世了。

　　王阳明实在太累了,他病了一场,但他的武功已经使他声名大振,来问学的人越来越多。

　　王艮见老师的队伍越来越壮大,老师却还窝在老家一角,于是有了想法。有一天他问王阳明,孔子当年周游列国时坐的是什么样的车子,怎么制造。

　　这猛地一问把王阳明也给问住了——他又不是学车辆制造的,这王艮是不是又想出了什么幺蛾子?于是他笑而不答。

　　过了几天,忽然有人赶来向王阳明报告说,王艮自己造了个小车,跑了。

　　无师自通,逆天了。王阳明急问:"跑到哪儿去了?"

　　"跑到北京去了。"

　　王阳明这一下大惊失色。

　　原来王艮不满意王阳明受冷落,他要光大圣学,于是自己制造了一辆小车,上面插上写着"光大圣学"一类标语的旗子,上了北京。

　　还没等他走到天安门(那时叫承天门)照相留念,他的小车就被王阳明的学生拦下了。

　　王艮兴致勃勃地问:"你们拦我做什么?我刚到京城,就有一个老头在崇文门外迎接我,说他刚做了一个梦,梦见一条没有头的黄龙,到处行雨,行到崇文门时,变成个人,于是他就到崇文门寻找,正好我也到了,他说他找的就是我。他听我讲了半天,心悦诚服。这几天京城里听我讲学的人越来越多,形势大好!"

总之,他要龙行致雨,点拨天下苍生。

王艮兴奋无比,同门兄弟却气急败坏地告诉他说:"你还美呢!你知道老师多着急吗?你知道你穿着这身古代的奇装异服,京城里的人都把你当怪物看吗?你知道现在朝中有很多人对王老师讲学不满吗?你知道宋朝时禁止程颐讲学的事吗?你知道会试考试的题目都批评王老师吗?你知道我们同门中有和程颐弟子尹焞一样考试不答题就退场的吗?你不当官不考试的,知道这里面的复杂事吗?"

王艮被问了个目瞪口呆,他没想到演出后台还有这么多演技。城市套路深,俺想回农村。王艮不得已只得听从了劝告,乖乖回到浙江老家去见王老师。

可让他更没想到的是,他一连去了三天王阳明府上,王阳明都不见他。直到第四天,王阳明开门送客,王艮长跪在道旁,见王老师出来,立即大声喊道:"艮知道错了。"

哪知王阳明仍旧不理他。王艮也不是吃素的,赶紧起来跟着王阳明跑到了院子里,跪下大声说:"仲尼不为已甚者。"

孔子不做过分的事,我已知道错了,您就原谅我吧!!

您老人家是孔子,难道孔子就永远不原谅做错事的学生吗?

我的表情包已经用尽了,演艺之路即将停摆,我王艮还能怎么办?也只能到此为止了!

碰到这么难缠的学生,王阳明也是感动得不要不要的,于是给他回了一揖,将他拉起。

哎,你这个王艮呀,我何尝不知道你是好心,但你想得太简单了。

光大圣学,得一步步来。

学生们围住王阳明,向他报告说现在毁谤您的议论甚嚣尘上,有嫉妒您功高官大、势位隆盛的,有讽刺您和程朱理学唱对台戏的,有说您招摇天下学子、身子不干净的。

怎么办,我们反击不反击?

对,老师,怎么办?学生们如众星拱月,围了王阳明一圈。

王阳明思考后慢慢地说:这要是放在过去,我还和他们较较真,可现在经过这么多曲折,我已从《孟子》里找着了两个字:良知。

今天我把它总结成三个字:致良知。

过去的儒者多不曾悟到"致良知"这三个字,所以他们阅读注解的书再多,也只是陷于支离外道而不觉。

记住"致良知"这三个字,这是千古圣学不传的秘密。

人什么时候都要讲良知,让他们看着办吧!

我只凭自己的良知做事,让他们看着办吧!

王阳明这么聪明的一个人,最后为什么单单重重提出"致良知"三个字呢?

其实这才是王阳明的聪明之处。

建立一个学说,你得有"体"有"用",也就是说你怎么用"体""用"去解释这个世界。这里面首先得树立起"本体"来。程朱等人用理来解释世界,说理是宇宙的本体;陆九渊用心来解释世界,说心是宇宙本体。

王阳明继承了陆九渊的心本体,他一开始也大谈心,说心就是理,后来又提知行合一,要人们把知和行统一起来,最后一看这样还是不够深厚,于是提出了致良知,其中的良知既是心的本体,又是宇宙本体,一举两得。

并且更绝的是,王阳明在"良知"前面还加了一个"致"字,"致"就是努力做到,它凸显的是一种工夫,也就是说去实现我们的良知,把本体与工夫巧妙地结合起来,知行合一。这比二程、朱熹、陆九渊等人单标一个"理"或者"心"字更加生动,更加有内涵。

"致良知"的提出可以说是石破天惊。从宋朝起就谈道德性命的学问,到了王阳明这里达到了新的高潮,推出了"致良知"。

你们这些儒生,口口声声道德性命,说了半天性即理,你们的人性何在?性命是不错,那么你们的良知在哪里?

既然知道了良知,那你们都去行动,都去努力实现了吗?

心若不动,风又奈何。

风若不伤,岁月无恙。

正在家乡严密完善自己学术思想的王阳明此时还不知道,朝中这时正乱哄哄的,原来是嘉靖皇帝遇上麻烦事了。

嘉靖皇帝朱厚熜是接堂哥朱厚照的班的。朱厚熜当了皇帝,为了给自己死了的父亲也争个皇帝的名分,与朝中以杨廷和为首的大臣顶了起来,他几乎遭到了大臣们的一致反对。

就在嘉靖帝感觉势单力孤的时候,张璁(cōng)、桂萼等几个小官站了出来支持他。

双方展开了激烈辩论,这就是明代著名的"大礼议"事件。

支持嘉靖帝议礼的人中有五个是王阳明的学生,他们是席书、方献夫、黄绾、黄宗明和霍韬。

席书不用说了,是王阳明龙场悟道后刚出道时收的老学生,当时是王阳明的上级。

黄绾初见王阳明时,只是个七品小官。这么多年过去了,王阳明建立了不世之功,被封为新建伯,正一品,黄绾才刚混上个六品的南京都察院经历司经历。他听了王阳明提出的致良知学说后,大为叹服,拜王阳明为师,由朋友变成了弟子,这次也加入到了议礼中。

方献夫、黄宗明、霍韬都是王阳明晚收的学生。此时这些人的官位都不高,他们都想通过议礼给自己一个机会。

首辅杨廷和一看小年轻嘉靖帝非要争这个名分,还搬来了一帮子新进。他不想和这些小屁孩小牛牛官们争论,于是请求退休回家,告老还乡去了。

几个月后他的儿子杨慎又跳出来闹议礼,挨了一顿棍子后被贬到云南,从此一辈子没有出头之日。

嘉靖帝没想到的是,他把杨慎这位状元才子赶去云南,让杨慎从此有了时间看看夕阳,感悟人生,写出了后来被引用到《三国演义》里作打头的那首著名词作:"滚滚长江东逝水……"

万丈高楼平地起,辉煌只能靠自己。著作等身的杨慎并不崇拜王阳明。当王阳明的心学弥漫时,他在云南一角撰文猛批王阳明心学欺世乱民,并对明代心学的始作俑者陈献章也提出强烈批评,说陈献章写的诗句"六经皆在虚无里"这句话,把儒家六经都看作虚无,这是要干吗?这是要率领天下人遁入佛门,这哪是一个儒者应该说的话!

这两个人成功把我逗笑了,他们说话时心虚的样子竟然承包了我一年的笑点。

既然虚的不好,那什么是实的呢?杨慎认为考证才是实学,于是他通过考证来和陈献章、王阳明的心学虚学对抗,闲着无事就考证经史,就这样,几十年下来,最后著述丰富,被推为"记诵之博,著作之富,明代第一",是明朝仅有的几个大考据家之一,成了明清考据学的开端人物。

最是人间留不住,朱颜辞镜花辞树。在朝中纷纷扰扰七嘴八舌议礼时,王阳明一直在家,此时还挂着个南京兵部尚书的闲职。他对大礼议的态度如何,有点儿让人摸不清。他这时发的感慨诗"无端礼乐纷纷议,谁与青天扫旧尘"也让人闹不清大礼议的哪边算新土,哪边算旧尘。

王阳明在大礼议中什么表现史书上没有明确记载,推测起来,他肯定也会持变通态度,因为心学就是一门很灵动的学问。反对嘉靖帝议礼的主要是信奉朱熹理学的那些认死理的人。

但其中也有心学人士,王阳明的学生邹守益等人就因反对嘉靖议礼,挨了不少棍子。

当时围绕着大礼议这件事,朝廷开始分化开来——有的跟年轻的嘉靖

帝跑,有的跟老相杨廷和跑。各路人马都蹭大礼议的热点,给自己狂加戏,确实有点乱。王阳明的学生黄绾就曾向王阳明请教,王阳明似乎表示支持黄绾议礼,但他没给嘉靖写过一个支持的字,如果写过,后来就不会在嘉靖帝那里落个费力不讨好的结果了。

席书因议礼当上了礼部尚书,他极力向嘉靖帝推荐王阳明。嘉靖帝并不了解王阳明,他也向人打听过王阳明,但没听到多少好话。

直到嘉靖六年(1527),广西有乱,他才想起王阳明,让王阳明带兵出征广西。

在王阳明出发前一天的晚上,他的两个学生王畿(jī)和钱德洪为他提出的"知善知恶是良知,为善去恶是格物"这句话争论起来。

王畿说:"先生说知善知恶是良知,为善去恶是格物,这恐怕不是他的最终意思。"

真金不怕火炼,好友不怕嘴欠。咱们今天就好好理论理论吧。

钱德洪说:"又怎么了?你有什么想法?"

你还有什么不开心的,说出来让大家开开心。

王畿说:"心体既然无善无恶,那么我们常说的意也应该是无善无恶的,并且知也应该是无善无恶的,物也是无善无恶的。若说意有善有恶,心意相连,那么心也不是无善无恶的了。"

钱德洪说:"心体原来是无善无恶的,但习染既久,心体上有了善恶在,为善去恶,正是恢复那本体工夫。要是按你说的,只说无工夫可用,这恐怕不对吧。"

二人为了一个心到底有没有善恶争论不下,于是去请教王阳明。这时已经半夜了,客人才刚刚散完,二人站在庭下。王阳明累了一天了,见他二人有了问题,顾不着休息,立即和他二人移席天泉桥上讨论。

时当九月,金风习习,王阳明听了他们的争论后很高兴,说:"正要二君有此一问。我明天将要远行,我走后,王畿,你一定要用钱德洪的工夫;德洪,你也一定要参透王畿说的那个心的本体。你们两个要是互相吸取对方的观点,必有益处。如此,我的学术就没有让我挂念的了。"

王畿、钱德洪请老师多解释一下,王阳明说:"王畿,你要是见得心体无善无恶,有了此意,你以后只好默默自修,不要拿出来教人。因为上根之人,世上也难遇。像你说的无善无恶,什么都是无,这就是一悟本体,就见工夫,这种说法那是物我内外,一齐尽透,就是再厉害的颜回、程颢等人也不敢承当,你岂可轻易指望别人也像你一样看透?所以你以后默默自修就行了。

"德洪说的为善去恶,虽然慢点,但却是我们普通人都能做到的。所以德洪你以后多下工夫就行了。

"你们俩以后和来向你们学习的人言说起来,务必依着我这四句宗旨:无善无恶是心之体,有善有恶是意之动,知善知恶是良知,为善去恶是格物。你们依此自修,就能直上圣位。以此与人相处(*以此接人*),就没有差错了。"

王、钱二人当时拱手受教:"老师,知道了,您放心走吧。"

就算您讲的是个毛线,我们将来也能将它织成毛衣。

以上就是著名的"天泉证道",也叫"阳明四句教"。

歌声治愈,歌词入心,唱得真好听,必须单曲循环:无……

王阳明没想到,他留下的这四句话本来是想统一思想认识的,后学却为这四句话争论了上百年,直到清军入关,明朝灭亡,大家才停止了这一场争论。

一年多后,王阳明软硬兼旋,平息了"匪乱",完成了任务。此时他已身患重病,感到身体快不行了,赶快给嘉靖帝写了报告,不等北京的报告批复下来就往回赶。

当时是嘉靖七年(1528)十一月,寒风凛冽,雨雪交加。狐死首丘,叶落归根,王阳明归心似箭。

车辚辚,马萧萧,行人弓箭各在腰。

都走了,都走了,战场已远去,涛声已无息。

当晚,舟船夜泊。王阳明问是何地,侍者回答说是青龙铺。

王阳明不说话了。

是啊,从龙场到青龙铺,走过了多少曲折艰难惊险的路。虽然历经艰险,我的心始终在飞扬。这个世界我来过,我的心学搅动了世人,传给了他们,给他们带去了活泼生机。

如今虽然故乡遥遥,可生命的旅途却要到站了。

第二天,他告诉身边的门人:"我走了。"

门人泪如雨下,问有何遗言。

王阳明微微笑了笑:"此心光明,还有什么可说的(亦复何言)?"

说完,瞑目而逝。

王阳明因病不等朝廷批准就擅离两广总督任,嘉靖帝听说后大怒。他原来也不知道王阳明心学,起用王阳明后,还曾经问杨一清王阳明鼓捣的啥玩意儿,如今听说王阳明把自己交付给他的职务辞了,不等批准下来就离开,立即命令朝廷开会处分王阳明。

谁都看出,这嘉靖帝明显是对心学不予采信,车轱辘直冲着创办人的脸去了。

一个月后,会议结果出来了,大致是说王阳明不守旧规,事不师古,言不称师,想标新立异造名声,就说朱熹的格物致知论不正确,后来一看众人并不附和自己,就著了《朱熹晚年定论》,号召门徒互相唱和,传习转讹,悖谬日甚,门人们甚至夸大其词,说王阳明大杖打不死,江上杀不死,上渎天听,疯狂到几乎没有忌惮。

制造口水,引导情绪,这个王阳明明明就是找抽来了。

嘉靖帝看了这个讨论结果,基本满意,批示道:"王阳明放言自肆,诋毁先儒,用诈任情,坏人心术。近年来士子们传习邪说,都是王阳明倡导。至于朱宸濠之变,王阳明仗义讨贼,功劳还是可录的,所封伯爵姑且保留,今后如果敢有再学王阳明非毁圣人的,重治不饶。"

都给我记住,一次两次心动也许是鬼迷心窍,一直心动的话就叫在劫难逃。

心学从此开始倒霉。

| 第七十六回

谈天理湛若水理中掺水
说心事罗钦顺心内不顺

嘉靖帝对心学是早有警觉的。早在嘉靖元年(1522),就有人上疏说近来有些人提倡鼓捣异学以坏人心,应该立即禁革。那时候嘉靖帝刚上台,还顾不着去管这些文人讲学,只是说:"近年来人们学习的东西多诡异,从今以后教人取士要全部依程朱的话,不许讲那些妄为叛经离道的书。"

王阳明死前因为着急回家而擅离职守这件事出来后,嘉靖帝对王阳明看法大了。弄什么心学?你首先问问你有没有人心!在一次朝会中,嘉靖帝对大臣们说出了憋在内心的话:"王阳明窃负儒名,其实并没有方正的学术。朱宸濠反叛时,他一开始是坐观胜负,后见我皇兄亲征,知宸濠必为所擒,所以才举事。后来到两广平寇,见了那些难攻破的,就屈为招抚,损我威武;不难攻的就乘机杀戮,自说是奇功。这难道是人心吗?"

先别给我扯什么心学,你们先拍拍自己的心口窝子,看看到底有没有良心,对得起我发的米吗?

以上就是嘉靖帝对王阳明的盖棺论定，但嘉靖帝想不到的是，他死后仅仅十年，王阳明就被他的孙子万历帝贡到了孔庙里。

除了嘉靖帝在上面敲打心，同人也在打磨心。

虽然都在心学战壕里，但湛若水和王阳明早就互相心存芥蒂，起了争论。

王阳明从心上总结出来了个"良知"，说这是内心本有。湛若水还是坚持"天理"这两个字，主张随处体认。

王阳明对湛若水老是提朱熹等人常说的"理"字不满，讽刺他留着尾巴，说："你说的随处体认天理，是真实不诳语。然而你不如把话说得简易一些，给人们略指一下路径，让人们自己去思考，更觉意味深长。"

湛若水三十二岁就悟出来了"随处体认天理"理论，并且得到了明朝心学祖师陈献章的高度认可，够吹一辈子的了，如今却让心学后来者王阳明说三道四，自是不让步，说："千圣千贤都是随处体认天理，东海、西海、南海、北海有圣人出，也不能外此。非但圣人不能超出这个理，就是东西南北海的人也不能超出这个理。为什么呢？因为没有第二个天第二个性第二个心。"

我以为吕布已经是天下第一了，这是何人，这是何人？

就这样，二人打起了嘴架，王阳明说湛若水的随处体认天理是只管向外追求，湛若水说王阳明是只顾向内发展，二人互相指责对方偏心眼儿。

湛若水对王阳明说："现在跟你学习的这些人，说只依良知就行，而全不讲怎么去致良知。没有下工夫，怎么去致良知？不去下工夫体认行吗？

有你这样教人的吗?"

对于儒家常说的"格物"二字,两人的解释也大不相同。

程朱解释格物是到物上一件件去研究,陆九渊认为这种方法很笨,说我心就是万物,万物就是我心,物的道理都在心中,能明了自己的心,就是明万物,不必像朱熹那样支支离离地去格物。

王阳明年轻时在竹子前站着格物得了一场病,自然支持陆九渊谈心的简洁,对朱熹的格物说大力讨伐,说:"有人说格物是去格天下物,天下的物如何格得?要是说一草一木都有理,让人如何去格?就是你最后格得草木来,如何反来让自己去诚意?所以最终我们还是要用心。"

都是多年前你的一句"保重",让我至今没有瘦下来。

所以只有真正用心,才能取得最后的成功。

他把格物归结到了用心上,说格物是"正念头"。

湛若水对王阳明的格物说不满,认为格物就是体认天理,写信给王阳明说:《大学》里说格物致知正心诚意,老兄你把格物的格解释为正,把物解释为念头,说格物就是正念头。而《大学》说的是格物致知正心诚意,要是按你那样把格物解释为正念头,那下文的正心诚意不都是正念头吗?这不文义重复了吗?"

记住,是用心去经营,随处体认天理,而不是一见面就说心心相印,糊弄小孩儿啊?

来点儿实在的吧!

王阳明一直在前线打仗,还没有来得及和湛若水展开论战就死了。

仇人三千奈我何，天逍地遥自成佛。

若从平安长寿说起来，上善若水，王阳明没有湛若水的福气；若从人生立的事功说起来，善于做事莫过于阳明，湛若水只能甘拜下风了。

虽然没有了王阳明这个心学论敌，但湛若水的心学之路也遇到了麻烦。

原因是湛若水不仅自诩为心学老大，还心痒难熬。在他后来的游宦生涯中，他走到哪里当官都必建书院，来祭祀他的老师陈献章。

嘉靖帝对此都是睁一只眼闭一只眼。

嘉靖八年（1529），正在南京做官的湛若水又撞在了年轻皇帝的枪口上。

原来湛若水心里高兴，忘了所以，他给嘉靖帝献上自己撰写的一本书，名叫《二礼经传测》，想展示一下自己的心学成果。没想到这本写礼的书在礼部就首先通不过，礼部尚书夏言说他立论与孔子的话相违背。

嘉靖帝批示道，"既然乖戾孔子之言，怎么能传示后学"，便把湛若水的书撩在一边，也没搭理他。

嘉靖十一年（1532）十月，有个御史上书说湛若水带领生徒鼓捣道学，教人随处体认天理，不合人心，那个王阳明讲的还是有用的道学，湛若水说的都是没用的道学。

也活该这个御史倒霉，这篇奏章没把话说到正点上，他说湛若水无用，王阳明有用，嘉靖帝见他虽然攻击心学，但在对比中夸了王阳明，很不高兴，命令左右把这个御史逮到监狱里暴打了一顿，并把御史所说的这位无

用的湛若水由南京礼部侍郎升为南京礼部尚书,三年后又让他转任南京吏部尚书。

别瞎说,看看吧,谁说湛若水无用?用他他就有用。

没多久,有一个叫游居敬的御史又弹劾起了湛若水,洋洋洒洒写了一大堆,无非是说湛若水这么狡猾,快把他收了吧。

嘉靖帝这次没有揍游居敬,但对湛若水起了一点儿波澜,下令拆毁湛若水私建的书院,职位先留下。

心里一旦有了阴影,总有下雨的那天。

到了嘉靖十八年(1539),湛若水转任南京兵部尚书(王阳明也担任过这一职),又被弹劾到了嘉靖帝那里。弹劾他的人说他学术偏僻,志行邪伪。这一次,湛若水的官场生涯到头了。第二年,七十五岁的湛若水被批准致仕(退休)。

湛若水从南京兵部尚书的高位上退下,回家后继续乐哈哈地随处体认天理。人有睡不着觉来问的,湛若水告诉他说:"睡不着觉,没做亏心事的话,那就是你没有体认天理了。"

告诉你们吧,长寿的秘诀就是不停地呼吸。

等于废话。

虽然人们都还尊敬退休老头湛若水,但嘉靖帝却对他越来越不喜欢。在湛若水九十寿辰来临之际,广东抚按给礼部打报告说湛若水今年九十岁寿辰,按例应该存问存问。

嘉靖帝此时已经快五十岁了,最怕的就是死,天天在宫中和道士之类的人焚修炼丹，求养长生，报告打上去后，嘉靖帝的第一反应就是：这湛若水还没死啊，挺能活的。

他没有搭理湛若水，对他的存问无人进行。

五年后，九十五岁的湛若水终于死了，家人上书朝廷请求给予恤典。什么是恤典呢？就是大臣死后朝廷对他的褒奖，比如辍朝示哀、赐祭、配飨、追封、赠谥、树碑、立坊、建祠、给点儿抚恤金、给孩子个荫职等。

你想想官至尚书这么高的职位，去世了让皇帝辍朝不上班咱不想，但赠个谥号总可以吧，树个牌坊立块碑也不为过吧，给点儿抚恤金小意思吧，建个祠堂供奉一下也不出格吧。

没想到嘉靖帝看到他家人的请求后憋了这么多年的小宇宙终于爆发了，怒斥湛若水"伪学盗名"，竟然还要恤典。

这么多年你鼓捣什么心学，以为我不知道啊？

给你恤典，给你个头！

小心眼的嘉靖帝终于给湛若水的心学盖上了图章。

什么心学，就是一堆无用的口水。

鉴定完毕！

当时心学有王、湛两家，王阳明和湛若水争论，不过是内部纷争，心学学生们不是跟湛若水学习就是跟王阳明学习，天下不归湛就归王。

如果王、湛的矛盾是自家内部矛盾这一点还让王阳明感到心里轻松的话，那外部敌对势力就不能不让王阳明小心了。在王阳明活着时，就有人不满意他的学说。对王阳明来说，在这些反对者中，最可恨的是罗钦顺，他是直接来拆心学台的。

罗钦顺是江西人,他比王阳明大七岁,弘治六年(1493)进士,比王阳明早六年考上,二人都是二十七八岁考上进士的,但罗钦顺的考试成绩比王阳明厉害多了,他考举人全省第一,考进士全国第三,中探花。

罗钦顺有兄弟二人,也先后成进士,当时人们羡慕地称他们为"罗氏三凤"。他这两个兄弟一个为按察使,一个为都御史,加上罗钦顺吏部尚书这个高官,可以说是一门显贵,羡煞世人。

在学术取向上,罗钦顺是尊程朱的,但又和程朱不尽一样,他推崇物质的"气",认为"气"在程朱的"理"前。早在王阳明还活着时,他就看不上王阳明那些心学鸡汤文。在读到刚出版不久的《传习录》时他就致信王阳明,质疑他把格物致知中的"格物"解释成"格心"是忽悠人。

原来王阳明认为格物就是用意念去格,说"心的所发便是意","意的所在便是物"。罗钦顺说,意所在就是物,你厉害,你试着把我们的意放到正在流的水上、正在飞的鸟上、正在跳的鱼上,你让它们怎么能总归于正(试以吾意着于川之流、鸢之飞、鱼之跃,若之何?正其不正以归于正邪)?

字幕君已阵亡,吹吧,没人知道。牛皮谁不会吹?

王阳明耐心回信解释说他并不是只专顾自己的内心,罗钦顺看了不信,说你这是说了个啥呀,你还是在为你把格物扯到格心上辩解。

二人争论了半天格物,谁也不服谁。后来王阳明干脆将自己写的《朱子晚年定论》送给罗钦顺,在书中说朱熹晚年对自己说的话痛悔极了,打算改正过来。

罗钦顺想,你就胡编吧,我实在受不了你了,回信说:"我不知道你所说的朱熹的晚年应该以哪一年为定。我看你是决心要和朱子闹不同、搞异论了,是不是?"

老王,咱别一心把人往沟里带啊!

王阳明回信道:"朱熹晚年那些定论,也是不得已说的。我平生对于朱子特别崇拜,与他背驰,我的心也是实在有所不忍,实在是不得已才这样的啊。知我者说我心忧,不知我者说我何求。我不忍和朱子抵(dǐ)牾(wǔ)对抗,这是我的本心啊!你说我决心要和朱子闹不同,我真的不是这样的。我敢自欺欺心(不是自欺欺人,原文就是心字)吗?我虽不肖,也绝不敢以小人之心来对待朱子啊!"

你罗钦顺老不听我解释,我的爱心还能被消费几次?

罗钦顺见王阳明一再表白自己的内心,不肯认账,拍着胸脯说咱们都掏心窝子说话,还说知我者说我心忧,不愧是搞心学的,反正我信奉的是我的气学和朱熹的理,你再和我谈心我也不会上当。

罗钦顺一生不趋炎附势,宦官刘瑾掌权柄,他不去投靠,被刘瑾罢斥为民。刘瑾被诛后,又回来做官,一直做到吏部尚书。大礼议时,罗钦顺劝嘉靖帝要谨慎议礼,嘉靖帝也不搭理他,把他迁到南京当吏部尚书。

罗钦顺的牛脾气上来了。老夫一步三千丈,不料掉进河中央。他给嘉靖帝打报告说要回家省亲,嘉靖帝说那你回来当礼部尚书吧。罗钦顺又推辞。嘉靖帝说,那给你改改,当个吏部尚书吧。罗钦顺又推辞。嘉靖帝又下诏敦促,罗钦顺又继续辞。

看不上你手下议礼的那几个跳梁小丑,我什么尚书也不当了,我要回家读书。

二十岁的小年轻嘉靖帝朱厚熜是出了名的拧,可他还是没有拧过六十岁的老头罗钦顺。看来这个罗钦顺也不是个钦定的顺民,最后没办法了,嘉靖帝只好准许他退休。

罗钦顺致仕时是嘉靖六年(1527),这年王阳明又被嘉靖帝起用,到两广"平叛"。

自料青云未有期,谁知白发偏能长。老头罗钦顺对王阳明的心学念念不忘,继续不依不饶地追打王阳明的格物说和致良知,给王阳明去信说:"你说格物是格我们心的物,格我们意的物,格我们知的物,这么说不是把一个物说成三个了吗?你又说正心是正物的心,诚意是诚物的意,致知是致物的知,这物不是又成了一个物了吗?一会儿说是三个物,一会儿说是一个物,那么你所谓的物,到底是什么物呢?你又说致我们心的良知就是致知,真要像你这么说,那么《大学》应当说要想格物只要去致知就行了……"

幸好这封信不等送到王阳明手上,王阳明就死了,要不王阳明又该头疼,在军营里拿起笔来,和闲着没事的罗老头对仗了。

你这么咄咄逼人,像极了丈母娘跟我要彩礼的样子!

都快七老八十了,还这么大劲头啊?

第七十七回

王廷相椎心痛驳阳明学
杨维桢孤诣锤炼铁崖体

　　罗钦顺退休后又活了二十年,中间几次被人在嘉靖帝面前提起,说可以继续起用,嘉靖帝都否决了。当年罗钦顺闹退休和不支持大礼议让嘉靖帝耿耿于怀,说此人并非可用之人。

　　罗钦顺也顾不着去搭理嘉靖帝,他在家一心攻击王阳明的格物说。

　　你嘉靖帝再用我,还能把我用出一朵花儿来吗?

　　我这么多年什么也不干了,我就不信驳不倒王阳明的那个心学。

　　我不是花,我是刺!驳不倒王阳明的那个格物谬论,我不信罗,顺不了气。

　　下半辈子我就指着这个活了!

　　罗钦顺直到嘉靖二十六年(1547)才去世,这二十年里他杜门谢客,足迹不涉城市,直到死前一年,还在修改整理他的《困知记》。

罗钦顺晚年也知道自己鼓捣批判心学是螳臂当车,心学潮流已蔓延开来。一个八十岁的老头子感受到了孤独,但又不愿意服输。

王阳明、湛若水想独霸学坛,没门!

不是我不明白,是这个世界变化快!!

我就是看不惯,我不服!!!

直到死前数日,罗钦顺还说:"我生平独对王阳明、湛若水这两个霸儒不服气,和他们屹立如晋国、楚国对峙一样,取威求胜者绝远。"

罗钦顺显然是抬高自己说气话了。战国时晋国、楚国还不是半斤八两?有本事你自比秦始皇,像灭六国一样,把王阳明、湛若水的心学都击败了,那才是取威求胜者绝远。

后来有人说,罗钦顺从入门到死一辈子都没有走出格物,真所谓困以格物一段工夫。

罗钦顺闭门研学,无人喝彩,但还是受到了老爹的激赏。父亲生日那天,三个儿子都来庆祝。这三个儿子都考上了进士做了官,父亲分赐他们酒,以罗钦顺钻研理学,有功于圣门,独赐他三大杯。

和罗钦顺同时对王阳明心学不满的还有一个王廷相。

罗钦顺的气学专与心学对立,而王廷相的气学是既与心学对立,也与程朱理学对立。

王廷相是河南兰考人,比王阳明小两岁,考上进士后,也是因为上书得罪了宦官刘瑾,正德三年(1508)被贬官,由京城的一个兵科给事中贬到安徽亳州当判官。

而王阳明是这一年到达贵州龙场驿当驿站站长的。

刘瑾倒台后,王廷相才获得了升迁机会。但到了正德九年(1514),王廷相又一次遭贬官,这一次是被贬到了江苏赣榆县当县丞,可以说是又回到了起点。

而这时的王阳明已经在仕途上进入了快车道。

王廷相重新振作,不久仕途又有了起色,但直到正德皇帝死时才熬了个山东提学副使。

而这时的王阳明已经打败宁王朱宸濠,建立了赫赫功勋,被封为南京兵部尚书。

正德皇帝死后,王廷相的仕途才终于进入了快车道,但这时他已经五十岁了,官运和王阳明还是远远没法比的。

王阳明是弘治十二年(1499)的进士,王廷相是弘治十五年(1502)的进士,你看咱们进士就只差一届,怎么做官的差距这么大啊。

虽然头顶的百会穴周边逐渐荒凉,但依然不影响我豪爽潇洒的气质。

直到嘉靖六年(1527),四川出了个暴动,王廷相的机会才来,他奉命前往镇压,这一年王阳明也被派往广西"剿匪"。

这次暴动很快被平息。虽然王廷相的这次军事行动没有王阳明那么轰轰烈烈,但也不错,他和王阳明一样立了军功,受到了嘉靖帝表彰,升任兵部右侍郎。

嘉靖九年(1530),王廷相升任南京兵部尚书,这时王阳明已经去世了,王廷相终于坐到了当年王阳明平宁王朱宸濠之乱后升的位置上。

如果说南京兵部尚书还是个闲差的话,到了嘉靖十二年(1533),王廷相升为都察院左都御史,开始执掌督察百僚,这可是个大官。

第二年,王廷相又升任北京兵部尚书,这可是真正的实权派,不像王阳明那个南京兵部尚书,大多时间只能闲着喝茶聊天。

嘉靖十八年(1539),王廷相又加升太子太保荣誉头衔。

如果再进一步,王廷相大人是不是还要入阁为相啊,这可是要甩王阳明一条街的节奏啊。

但嘉靖二十年(1541),王廷相因郭勋一事让嘉靖帝不满意,在内阁前止步,被革职为民,回家,三年后去世。

以上就是王廷相大人的仕途经历,他名叫廷相,却止步于廷相前。

看来还是罗钦顺老头看得开,该撒手时就撒手,眼前有路早回头。

万丈红尘三杯酒,千秋大业一壶茶!

咱啥也不说了,喝酒,喝酒!

王廷相没有够着和王阳明当面交锋,但不妨碍他看不上王阳明和湛若水说的那一套。他曾对人说:"近世有些好高迂腐儒生,提倡讲求良知来体认天理,使后生小子澄心白坐,聚首虚谈,整天谈什么玄妙的心性,都不在实践处用功和从人事上体验,往往遇到事来,气无素养,事未素练,还谈什么心学?到时候只有心动色变,举措仓皇,他不误国家大事才怪哩!这比南宋以来程朱这些人讲的学又下一等。"

王廷相说王阳明让学生们澄心白坐,王阳明要是知道了会和你王廷相急的。我心学中的知行合一、致良知就是教人们行动的,不能那么断章取义呀,廷相大人。

可不管王阳明叫屈不叫屈,后来社会的发展到底印证了王廷相的话。

毕竟,把人们引到谈心说性的份儿上,往往会造就一批只会空谈的书呆子。他们没有什么本事技能,碰到国家有难,只能无事袖手谈心性,临危一死报君王。

性命一丢,一了百了,一死解千愁,对得上心性气命了吧?

和罗钦顺一样,王廷相最推崇气。在唯物论的气上,他比罗钦顺还彻底,说气生万物,包括天理都是气所生,而不是朱熹等人所说的理生气。为说明这一点,他还讲了一个古老的故事,说:"天地未判之前,只有一气而已,那时也没有什么可以叫的,所以给它起了个名字叫'太极'。太极实际上就是混沌未判的气,所以叫'元气'。又不知道该怎么描写太极,所以叫它'太虚'。南宋以来,儒生们只说理而不愿意涉及气。朱熹这些人说理在气先,理能生气,这就好比老子所说的道生天地,都是胡扯!"

总之,王廷相认为,不管你再吓人的"太极"、再高明的"太虚"、再受人尊崇的"理"、再普遍的"性",都是由物质的"气"所生。

朱熹、陆九渊这些人说虚道极,尽弄些看不见的东西,玩幽灵场,搞虚假宣传,谁不会啊?

王廷相和王阳明一样都是搞哲学的,但他不只是哲学家,他还是文坛"前七子"之一。他中进士后进了翰林院深造,在翰林院期间,与李梦阳、何景明、康海、王九思、边贡、徐祯卿等人来往,开始探讨写诗作文。这几个人后来被人称为"前七子"。

有人的地方就有江湖，这里我们借哲学家王廷相大人说说当时明朝的文坛状况。

先说王廷相所在的"前七子"，他们是有自己文学信念的一群人。

当时李东阳是文坛领袖，王廷相等"前七子"反对的就是这个李东阳。

不过明朝诗坛，在著名的李东阳之前，还有厉害的"三杨"。

"三杨"是指杨士奇、杨荣、杨溥三位内阁大学士，他们的诗文一般都歌咏太平，抒发自己为官作宰的情怀，读起来没有违和感，被人称为"台阁体"。

比"三杨"稍后的是李东阳，他是明孝宗弘治帝的托孤大臣，因为老家在湖南茶陵，所以以他为中心形成的诗派叫茶陵派。

李东阳小时便被称为神童，四岁就能写一尺大的书法，受到当时的皇帝明代宗的嘉奖。十八岁时，李东阳中进士，成绩二甲第一（全国第四），此后仕宦五十多年，光当内阁大学士就当了十八年。

李东阳为人正直。刘瑾等人心狠手辣，对人毒螫狂撕，独不敢对李东阳下手。可以说，明朝大臣以文章领袖群伦的，除了"三杨"，就是这位李东阳。

李东阳也很崇拜"三杨"，他和"三杨"都是内阁大学士，按说李东阳的诗也是台阁体，但李东阳看到了台阁体的一些不足，他尊崇唐人写的诗，试图把山林诗引到台阁，让山林的野气来冲淡一下台阁的俗气。

"三杨"中，杨士奇死后得的谥号是"文贞"，杨荣得的是"文敏"，杨溥得的是"文定"；而李东阳死后得了个文人的最高谥号——"文正"，超过了三杨。

如今李梦阳等人想超越李东阳,他们有这个实力吗?

越是符号化的存在,越应经得起上热搜。

实际上,这"前七子"也不简单。

"前七子"中为首的李梦阳是弘治七年(1494)进士,虽然考进士时名次没有进入前几名,但他考举人时是乡试第一,解元,这个可以吧。

王九思、边贡是弘治九年(1496)进士,尤其是这个边贡,中进士时刚刚二十一岁。这个岁数就中进士的人很少,边贡当时就惊艳了世人,但这还不足以与十八岁就中进士的李东阳相比。

到了弘治十五年(1502),"前七子"中的康海也考上了进士,并且得的是头名状元,这个牛了吧,和李东阳有得一拼了吧?

和康海同年中进士的还有前七子中的何景明、王廷相。

何景明虽然不是这科的状元,但他考上进士这年刚刚二十岁,也非常了得。他八岁就能作诗文,宗藩贵人争着派人把他背来观看,简直就是当地的童星;十七岁又考上了举人,轰动一时,所到之处聚观如堵,成了明星;如今又年少得志,成了朝廷的新星。

我就是我,是不一样的烟火。"前七子"来者不善,对李东阳的诗文摩拳擦掌,跃跃欲试,尤其是康海考中状元时皇帝对他的表扬,更是成了"前七子"拿来炫耀的资本。当时弘治皇帝见了康海殿试写的文章,夸奖说:"我明朝一百五十年没有此佳作,可以变今绝古了。"

这简直是鼓励变革文风的信号,康海同学当仁不让,果然不负众望,冲锋在前。

李梦阳俨然是这群人里的小太阳。他不仅是个文人，还是个猛人，弘治十八年(1505)，曾当街用马鞭杆打掉张皇后弟弟寿宁侯张鹤龄的两颗牙齿；到了正德皇帝时，宦官刘瑾当权，李梦阳又弹劾刘瑾，为此二进监狱。

刘瑾死后，李梦阳任江西提学副使。按规定，副使归总督管，当时江西官员见了江西军务总督都双膝着地跪拜，唯独李梦阳像树干直立。他非但不跪，还命令手下学生们见了地方长官也长揖不拜。淮王府校尉和他的学生相争，李梦阳抓住校尉又痛打一顿。

李梦阳给人的印象就是一个天不怕地不怕的主。

太阳系就是一个大哥带着一群小弟在流浪。攻击李东阳最狠的就是这位李梦阳，他揭起的是复古大旗。

既然是复古大旗，那么李梦阳找谁来做复古形象代言人呢？

元末明初有几位名人可做备选，他们是杨维桢、王冕、高启。《明史》的《文苑传》是以杨维桢开头的；清朝人吴敬梓写的《儒林外史》是以王冕开头的；而明朝初年最有名的则是高启，他是明初"吴中四杰"之一。

这里面杨维桢是资格最老的，他是浙江绍兴人，元朝进士，写诗崇尚险怪，名满天下，门人众多。

"吴中四杰"是高启、杨基、张羽、徐贲(bēn)，其中和杨维桢关系最铁的是杨基。

杨基第一次见到杨维桢时还是在元朝。杨维桢诗才奇谲(jué)，写的诗歌如飞川大石，力压群雄。因他家乡有铁崖山，他那种气势雄健的诗体也被人称为"铁崖体"。这一年他到苏州,携宾客放浪山水,以诗自豪。杨基当时才二十多岁,在座中赋诗《铁笛歌》一首,赞扬杨维桢,说:"铁崖道人吹铁笛,宫徵(zhǐ)含嚼太古音。一声吹破混沌窍,一声吹破天地心……莫邪老铁作龙吼,丹山凤舞江蛟吟。"

把老杨吹成了老铁,套用了唐朝鬼才诗人李贺的"老鱼跳波瘦蛟舞",写得确实冷艳如铁。杨维桢听了惊喜,对人到处说:"我到苏州,又得一铁。你们都和他学,比和我这个老铁学好。"

他的音色不错,和我对唱简直是铁锹碰铁锄。等哪一天我圆寂后,就播放他的这支曲子,慢摆走过孟婆桥,狂甩升上九重天,震荡南天门,嗨爆玉皇殿,一路摇到佛祖阁,然后双手合十,立地成佛!

就这样,小杨、老杨从此成了忘年交,被人称为"小铁"和"老铁"。

尽管杨维桢才高八斗,进士出身,但他在元朝只做过小官。明朝建立后,朱元璋召他到京修书,他谢道:"岂有老妇行将就木还再理嫁人的事呢?"朱元璋不死心,对他念念不忘,第二年又派人去请。这回倒是请来了,但杨维桢在京才修了几个月书,便乞求归家,回去后没多久就去世了。

看看,是就木了吧,毁材不?

说完了这位杨维桢,再说说小说《儒林外史》中开头的著名画家兼诗人王冕。王冕是元朝人,比杨维桢死得还早,在朱元璋建立明朝前夕就死了,拿王冕做明朝复古诗歌的形象代言人显然不合适。

剩下的就是"吴中四杰"之一的高启了,他是江苏苏州人,被人称为"明初诗人第一",为人清高孤傲。张士诚占领苏州称"吴王",他曾经在张士诚那里干过。明朝建立后,他被推荐去修《元史》,第二年《元史》成书后朱元璋要提拔他当户部右侍郎,他说自己不善理财,年少不敢当重任,请求回去,朱元璋许可,赐银放还。

然而回苏州老家三年后,高启就遭遇了杀身之祸。原来高启和苏州知府魏观关系很好,魏观把苏州府改建在"吴王"张士诚宫殿的旧址上,高启做文章祝贺,被人告发。朱元璋和张士诚是宿敌,朱元璋当年费了老鼻子力气才打败张士诚,见到高启写的文章里有"龙盘虎踞"这些话,不禁大怒——你小子原来就这样心驰魏阙,竟敢说张士诚是龙虎!让你在我这儿干你不干,众生皆草木,唯你是青山?盛怒之下,干脆将高启和魏观一起诛杀。

朱元璋如此痛恨高启,还有一个说法是因为高启曾经写过一首描写朱元璋的大明宫的诗:

女奴扶醉踏苍苔,明月西园侍宴回。
小犬隔花空吠影,夜深宫禁有谁来?

朱元璋戒备森严的大明宫被高启描黑成了猪八戒偷鸡摸狗的高老庄。朱元璋为此暗恨在心。

男人必须舍弃掉的三样东西:不合脚的鞋、心里没你的敌人、逢场作戏的朋友。

不失不得,不愤不启。得了,做了吧。

就这样,高启被拦腰而斩。

高启死时刚刚三十九岁,可以说,中国历代著名诗人中死得最惨的就是高启。

"吴中四杰"高启、杨基、张羽、徐贲都在苏州,住所相近,而且他们都不是元朝进士,可他们在元朝末年都在张士诚那里做过官,这也多少预示了四杰的下场不妙。

幸福的生活个个相似,不幸的人生个个不同。高启被杀后,张羽被投到长江里淹死,徐贲被下狱,死在狱中,就杨基还好一点儿,被人进谗言丢了官,罚作苦役,死在了工地上。

说完了以上这些人的资历,那么这里边谁最能做李梦阳等人的诗歌复古形象代言人呢?

{ 第七十八回 }

李梦阳正直被逮上饶狱
马中锡义愤刻画中山狼

高启被人称为"明初诗人第一",按说明朝初年最有名的诗人也确实是高启,但有意思的是,李梦阳、何景明等人却抬出了一个并不出名的袁凯作旗帜。

"元诗四大家"是虞集、杨载、范梈(pēng)、揭傒(xī)斯,没有袁凯。

明初"吴中四杰"是高启、杨基、张羽、徐贲,也没有袁凯。

那么这个袁凯到底是个什么人呢?

实际上,他是诗歌史上一个非常聪明的诗人,搞笑艺术完全可以吊打戏剧大师。

奥斯卡一直欠他一个小金人。

袁凯是华亭(今上海市)人,他早年在元朝做过小吏,天性诙谐好逗,善于言谈,说话议论起来常常神采飞扬,《明史》中说他"议论飚发",这样说出的话自然携带声势,往往让在座的都服了才罢。

可进入明朝后袁凯就不那么潇洒了。明朝建立后,袁凯被征为监察御史,这时朱元璋已经开始诛杀功臣。有一天,袁凯说的话得罪了朱元璋,朱元璋恼怒不已,把袁凯吓得要死,发际线都高了二寸。袁凯左思右想没有办法,只好装疯。朱元璋一开始不相信他疯了,派探子去看他在干什么。探子回报说看见他匍匐在地上找狗屎吃,朱元璋这才相信这个老头是真疯了。

其实袁老头吃的"狗屎"是他自己预先用面粉烘焙而成的,他愣是用这一招哄过了精明的朱元璋,最后落了个善终。

但装疯卖傻只是表面,在这个"逗帝主"老头戏谑的背后其实是一颗悲凉的心。还是在元朝时,一次在杨维桢家,有个人展示自己的《白燕》诗,杨维桢看了夸好,袁凯微微一笑,当场另作了一首《白燕》诗:

> 故国飘零事已非,旧时王谢见应稀。
> 月明汉水初无影,雪满梁园尚未归。
> 柳絮池塘香入梦,梨花庭院冷侵衣。
> 赵家姊妹多相忌,莫向昭阳殿里飞。

全诗笼罩着故国之思,杨维桢看了大为惊赏,遍示四座,从此袁凯有了"袁白燕"的称号。

为什么杨维桢大为惊赏呢?别忘了这首诗是作在元朝,月明汉水打动了杨老先生。

袁凯的诗是学汉魏的,"前七子"推崇复古的袁凯,那怎么才算复古呢?

无论哪个年代,在评论区的都是大神。

早在北宋时,大诗人黄庭坚就弄了个"点铁成金""夺胎换骨"的诗说。点铁成金就是把古人的陈旧言辞放进自己的文章里去点化,就像灵丹一粒,另创新意;夺胎换骨就是自己去描写形容,把别人的陈言旧句重新改造。

到了南宋后期,有个严羽,他作了一部《沧浪诗话》,说作诗"入门须正,立志须高,以汉、魏、晋、盛唐为师,不作开元、天宝以下人物"。

也就是说,盛唐以前的诗还可以学学,盛唐以后到我这个时代的诗就没什么可学的了。

严羽的这句名言成了"前七子"理论的渊源。

昔年有词客,自命为仙人。落墨惊风雨,下笔泣鬼神。

如今李梦阳等人雄心勃勃,他们需要的是像袁凯这样复古的人物写的诗歌,他们认为这才是超越李东阳、让自己也当上诗歌届太阳的绝佳路子。

康海中状元后进入了翰林院。当时李东阳为大学士,他每写一篇诗文出来,这些翰林院的庶吉士们以为李大学士所作的诗文前无古人,便都去效法模仿,唯独康海不去,而是与李梦阳、王九思几个人混在一起,自作诗文,这让李东阳很不高兴。

说起来李梦阳还被李东阳提拔过,可李梦阳在诗文创作上并不买李东阳的账,对李东阳的诗不满就是不满,绝不掩饰,批评李东阳只是工于写一些浮华靡丽的词,取媚时人的眼光。

正德三年(1508),双方关系开始恶化。

这一年,康海母亲去世。当时翰林死了爹娘,纪念文字都是请内阁这些大佬们写的。康海没有请这些人写,而是请李梦阳这些底层的小官员们给写了。

有人劝康海不要这样做,康海大怒说:"人要是真孝顺父母,在于给父母写的文章必能传于后世,何必计较写这篇文章的人官大官小!"

不仅如此,他请李梦阳等人写完后还刻印出来,送到内阁,让这些大佬们观看。

这些大佬们见了康海送来的东西,无不又怪且怒,大为不满。你们这些小后生们既认为自己的文章这么好,必传后世,又何必送来让我们看!于是内阁大学士李东阳带头讽刺李梦阳这些人的文章是"子字股",因为李梦阳等人喜欢在文章中称自己为"子"。

小伙子们,想当孔子、孟子了吗?我看都是凡夫俗子!

双方从此撕破面皮。

但这时李东阳等人又奈何不了康海,因为"前七子"中的康海、王九思和大太监刘瑾是老乡,刘瑾在上面罩着康海。

刘瑾被杀后,李东阳终于找到了借口,说康海和刘瑾是同乡一党,将康海落职为民,王九思不久也被打发回家。

这里面王九思最生气,对李东阳一直恨恨不平。我又没有冲到前边弄你李东阳,你收拾我干什么?

"前七子"或多或少都在李东阳手下干过,有的还受过提携。在李东阳活着时,他们没有公开和李东阳翻脸。正德十一年(1516),李东阳一死,就遭到"前七子"中一些人的放胆攻击。

李东阳怜才爱士,没有和"前七子"对阵,但李东阳不知道他撑走康海和王九思这一举动,直接让"前七子"中起了内怨。

原来在正德元年(1506)时,刘瑾把持朝政,李梦阳受户部尚书所托,写了封奏疏弹劾刘瑾。刘瑾不知道这封奏疏是李梦阳写的,仅仅将李梦阳撤职,放回老家,三年后知道了,又把李梦阳逮回来,打算处死。

这时大家认为能救李梦阳的只有康海。康海和刘瑾是同乡,刘瑾很想拉拢康海,而李梦阳也在狱中咬破手指血书"对山(*康海号对山*)救我"。于是康海不顾名声去求刘瑾。刘瑾见康海来找自己,大喜,释放了李梦阳。

到了正德五年(1510),刘瑾被诛杀,一大批人受牵连,康海因为和刘瑾有过交往,被削职为民,王九思也被勒令致仕。

康海、王九思二人是儿女亲家,王九思人品不如康海,他是刘瑾的党羽,罢官多少有点不冤枉。而康海就有点儿冤屈了,他只是为救李梦阳而不顾声名去求过刘瑾,没想到康海出事后,李梦阳不但没有救康海,反而议论起康海来更加严厉刻薄,二人从此没有了往来。

早该没心没肺,不用现在撕心裂肺。康海罢官后心灰意懒,忽忽然欲仙去,游玩名山大川,以山水自娱,穷日落月,就这样混吃等喝死了,死时家里穷得没落几样东西,史载"遗囊萧然"。

马中锡是成化十一年(1475)的进士,是康海、王九思、李梦阳等人的前辈,曾经指导过他们。他与康海、王九思关系最密切,当他知道康海的遭遇后，便写了篇文言小说《中山狼传》，讽刺李梦阳忘恩负义。

万丈深渊终有底，三寸人心不可量！这个恩怨到底有没有，回头再看马中锡在《中山狼传》中的话："私自救你这头狼（私汝狼）去犯世卿，忤权贵，祸将不测。"看来真是有所指的。

坎坎坷坷谁陪谁，真真假假谁信谁？康海和王九思后来也都写了取材于《中山狼传》的杂剧本，似乎都和对李梦阳的怨气有点关系。

梦阳啊，你并不知道我流泪，因为你不在时我才哭泣。

不怕虎狼当面险，就怕交人两面心。

除了和康海、王九思的恩怨，李梦阳和何景明的恩怨也是尽人皆知。

李梦阳、何景明都是唐代严羽学诗要"以汉、魏、晋、盛唐为师，不作开元、天宝以下人物"这句开山诗论的拥护者，但二人在怎样学习古人的方法上却起了分歧。李梦阳模拟古诗谨守古法，模仿性多；何景明主张对古人作品要领会神情，学古但不要执泥于古，创造性强。他讽刺李梦阳是刻意古范，铸形宿模，抱住尺寸不敢动的人。

这里面李梦阳首先对何景明发难，可何景明也不白给。他去信提醒李梦阳要自创一个屋子，自开一个窗户，成一家之言，李梦阳看了信说他自大。

二人诗歌主张既然不同，在交情上也就有了裂痕。李梦阳志壮才雄，目空一世，正德八年（1513）因为与自己的上司互相攻讦（jié），被弹劾凌轹（lì）同事，挟制上官，在上饶监狱住了两个月，最后朝廷给了他个"冠带闲住"的处分，将他撵回家去。

李梦阳回家后,负气不服。不经历人渣,怎么能成长?他从此给自己起了个外号叫"空同子",在家里大建园林,广招宾客。宁王朱宸濠叛乱被平息后,他又被御史弹劾,说他和朱宸濠结党。幸亏何景明上书吏部尚书,才救下他。

但李梦阳并不领何景明的情,二人最终没有走到一起。何景明病危时想请李梦阳给自己写死后的墓文,这个小小的愿望也没能实现。

曾经的牢牢不放,现在的念念不忘,人生之路何其跌宕!

天冷不是冷,心寒才是寒。除了和以上康、王、何三人的著名恩怨,李梦阳和"前七子"中的徐祯卿也是始好终弃。

徐祯卿在"前七子"中最后考上进士。他考进士成绩虽然优秀,但因为长得丑,中进士后没有被选上庶吉士进翰林院,而是去大理寺当了一个小官。

但蜘蛛再丑,人家也有一个网站。除了是"前七子",徐祯卿还是当时著名的"吴中四才子"之一。

明朝初年有"吴中四杰",这时又有"吴中四才子"。这"吴中四才子"是徐祯卿、祝允明、唐寅(字伯虎)、文徵(zhēng)明。和高启、杨基等"吴中四杰"一样,这"吴中四才子"也都是苏州人。

徐祯卿是"吴中四才子"中唯一一个考上进士的,他在四才子中岁数最小。蜜蜂虽小,却是个"空姐"。李梦阳如此高傲的一个人,如此目中无人,看到徐祯卿的诗文,也竟然两眼放光,大加惊异,和徐祯卿拍手定交。

徐祯卿见李梦阳后也跟认定了人似的,对过去作诗的路径大为后悔,开始遵从李梦阳的教诲,每日苦吟若狂。

李梦阳大哥夸我了,说我不再是"大力士",不再拖众人的后腿了。

尽管紧紧跟随,但没想到后来二人在写法上起了一点儿分歧。

更没想到的是徐祯卿三十三岁就病死了。人走茶凉,他死后,李梦阳评价他说:"守而未化,所以写得还是不够好。"

这话要是让徐祯卿听了不知该如何感想。李大哥,你原来这么傲娇啊!

长这么大,这时候才知道,原来螃蟹吃饭和我们吃它是一样的画风,都是夹扭着吃。

除了康海、王九思、何景明、徐祯卿,"前七子"中还有二十一岁就中进士的边贡。边贡官当得不小,一直当到了户部尚书,但却是在南京为官,等于一个闲官。这位边尚书喜好喝酒,每次喝醉,就让两个歌伎驾着他的胳膊,在路上唱歌取乐,旁人借问笑何事,笑杀边公醉如泥,惹逗得观者如堵,他也全不为怪,简直是一个放荡的李太白。

明朝要是有网友,不下唐诗三百首。户部尚书大人诗意的街头露天演出最终遭都御史弹劾。边尚书被指责纵酒废职,被罢官撵了回去。

最后说一说"前七子"中的哲学家兼诗人王廷相。他只比李梦阳小一岁,却对李梦阳很敬重,甘愿奉其为老师,这种崇拜后来发展到迷信的地步,竟然说杜甫都比不上李梦阳。

但王廷相后来对诗文没了兴趣,转到了哲学阵营,有了自己的气学思想,以程朱陆王为假想敌干上了。

别了,梦阳,老夫纵横一生,也没跨过如此良驹!

什么湿文、干文，思考的人生顾不着多言。

此时最牛的就是他了。

以上就是"前七子"的苦乐人生，他们和当时的大哲学家王阳明都处在一个时代。

"前七子"本来大部分都和王阳明有交集来往，李梦阳还和王阳明战斗合作，一同弹劾过张皇后的弟弟张鹤龄。后来两人又琢磨弹劾刘瑾，不料被贬逐出京，从此分道扬镳。李梦阳继续搞他的诗文，而王阳明则在经受一番苦难后走上了心学之路。

李梦阳等人可惜王阳明不继续学习写诗。其实当时王阳明已经看不上写诗作文这些文人余事，他要做圣贤，干大的，说："我学韩愈、柳宗元学得再好，不过是个文人；学李白、杜甫学得再好，也不过是个诗人；要是有志于心性学，像颜回那样做个圣贤，这不是第一等德业吗？"

"前七子"中的徐祯卿长相丑，却很活跃，他一开始和李梦阳等人研讨诗文，后来见王阳明悟道，大谈心学，也与王阳明定交，有了重道轻文的意思，对王阳明说，我要是不遇到你，几乎不成人了，成了王阳明的粉丝。

长得丑怎么了，只要不照镜子，烦恼的就不是自己。

心大一点儿，世界就小了。何必和李梦阳这些人纠缠，何必在乎别人看我丑的眼光？我寻寻觅觅寻找一个温暖的怀抱，这样的要求算不算太高？

可徐祯卿命运实在不佳，他刚和王阳明谈心不久就死了，在临终前叮嘱他的墓志铭必须要由王阳明来给他写，王阳明也果然给他的这位死忠粉写了。

徐祯卿死后十八年,王阳明去世;一年后,李梦阳也去世。哲学界和诗歌界两颗大星几乎同时陨谢。

长江后浪推前浪,诗坛新土埋旧壤。李梦阳死后,在嘉靖十年(1513)前后,又出现了以王慎中、唐顺之为首的"嘉靖八才子"。

王慎中比唐顺之小两岁,十八岁就考上了进士。唐顺之也不简单,考进士时会试第一,得会元,

"嘉靖八才子"中的王慎中、唐顺之受王阳明心学影响,不再只是尊汉,而注重宋代人写的东西,感觉宋人写的东西滋味深长。他们对"前七子"的"文必秦汉,诗必盛唐"不满,认为诗文不必非要学汉唐,只要直抒胸臆,信手写出,没有矫揉酸习,便是宇宙间绝好文字。

欲成大树,莫与草争;将军有剑,不斩草蝇。

"八才子"中的王慎中、唐顺之起来反对"前七子"时,"前七子"中的李梦阳、何景明、徐祯卿都已经过世了,剩下的康海、王九思被贬官回家,"前七子"已经七零八落。

以王慎中、唐顺之为首的"嘉靖八才子"此时独领风骚,但不久就受到了重大打击。

原来是嘉靖十三年(1534),王慎中被贬到常州府当判官,临别之日,唐顺之、李开先等人送行,席间免不了发几句牢骚、叹叹诗酒年华,没想到这次聚会遭到弹劾,七年后王慎中又被罢官,从此不再起用。

人生就是疯狂地奔跑,然后利落地跌倒。

这句话拿来形容"嘉靖八才子"太形象了。

"嘉靖八才子"就这样草草零落。

第七十九回

二李子联袂领袖七子诗
三袁道兄弟共创公安派

"嘉靖八才子"后是"后七子",他们对"嘉靖八才子"又提出批评,主张还像"前七子"那样复古。

李攀龙是"后七子"领袖,他才思劲猛、性格孤傲。"前七子"的李梦阳是狂傲,狂到看不起人;"后七子"的李攀龙是简傲,简到目无余子。宾客到门,不管你是大官小官,李攀龙一概谢绝。他写的文章謷(áo)牙戟口,以至于读者不能终篇,可他却批评王慎中、唐顺之是风靡之士,说他们持论太过,已经伤了气格,只推重自己的战友王世贞。

不是一个档次的人,连敌人都做不成。

王世贞也确实了得,他是官宦人家出身,二十二岁中进士,世人把他和李攀龙也并称为"王李"。他批评当时已经故去的文坛学界领袖李东阳、王阳明,说李东阳写诗学秦汉太过,已经偏离大道,堕落到了小径上,而那个搞心学的王阳明站到高处吆五喝六,据高收广,挟声起听,简直就是一个霸儒。

除了批评死去的"王李",王世贞还大批"嘉靖八才子"中的"王唐",说王慎中、唐顺之这些轻敏的家伙,乐于宋诗文的浅显易构好作和名声的易得,一窝蜂地成群去学习宋人,引逗得那些只靠耳朵观看的后生小子们蝇袭若狂。

对于来势汹汹的"后七子",王慎中、唐顺之自是不服。李攀龙当学生时受过王慎中赏拔,有人说李攀龙批王慎中是忘恩负义;唐顺之也对李攀龙提出严厉批评。但他俩又对李攀龙无可奈何,因为李攀龙此时已经成了文坛大树,根深叶茂,撼不动了。

但"后七子"不久就开始了窝里斗,只是不像"前七子"中的康海、李梦阳闹出"中山狼"戏剧那样激烈。

这里面突出的是吴国伦和宗臣的事件。

吴国伦入诗社最晚,却想快点儿进步,早日凌驾于众人之上。可李攀龙、王世贞、谢榛(zhēn)是老社员,资历最深,剩下的四人虽说都是同年进士,但徐中行是吴国伦的入社介绍人,梁有誉在吴国伦入社一年后就死了,这里面只有宗臣和吴国伦旗鼓相当,适合做踩踏对象,于是吴国伦就和宗臣争论起来。

问题是宗臣也是个狂生,不甘落后,并不是好惹的。于是宗臣就和吴国伦争论起来。吴国伦伶牙俐齿,舌灿莲花,宗臣争论不过,就把酒杯反扣到桌子上,用牙咬裂,血流满地,大呼:"我难道做不成项羽吗?我是不能做项羽才当上刘邦的。"

自从进了这个群,我每天都在笑死的边缘。两个人就这样发生了争执,争多了就开始打斗。本来能靠口才,偏偏要靠实力。吴国伦一气之下动手揍了宗臣。宗臣哪能受得了这个?你这么好动手动脚,你的诗文是武术老师教的吗?宗臣就把这件事告到了李攀龙那里,说吴国伦是个无赖。李攀龙以家长自居,训了吴国伦几句,告诉他不要小看宗臣、徐中行、梁有誉等人。

如果你从八十楼往下看都是美景,从二楼往下看也许就是满地垃圾。人若没有高度,看到的都是问题;若没有格局,看到的都是鸡毛蒜皮。

各位能不能站位高点儿啊!

李攀龙虽然以家长自居劝架,但"后七子"中还是内斗不断,并且他也是挑事者之一。

这里面闹得最厉害的是谢榛被赶走一事。

谢榛和李攀龙、王世贞都是"后七子"中的元老级人物,三人常常在一起谈诗论文。"后七子"中除了谢榛外,其他人都是进士出身。这些人大部分是年轻人,才高气锐,互相标榜。李攀龙、王世贞等人刚结社时,对于写诗方向并不明确,老江湖谢榛告诉他们:"我们只取李白、杜甫等人的诗,先熟读来夺他们的神气,歌咏来求他们的韵味,玩味来集他们的精华,得此三个要领,所写的诗自然造乎浑沦,无人能比。"大家这才有了目标。

谢榛在"后七子"里文凭最差,连个秀才都不是。除了文凭最差,他还岁数最大,比李攀龙大近二十岁,比最小的王世贞大了三十一岁。

李攀龙一开始想借重谢榛已有的江湖名声给自己积攒人气,和谢榛还很投合,但不久就起了矛盾。

起矛盾的原因,一个说法是李攀龙对谢榛的观点开始不满。李攀龙认为文章自西汉、诗歌自中唐以后,都不值得一看,于本朝独推崇李梦阳。他尊崇的是盛唐的华丽格调,而谢榛推崇的是盛唐的真实性情。

还有一个说法是李攀龙生性严冷,在刑部任职时不和人打交道,杜门写作,谢榛则四处以诗为见面礼,交结名流,不但和娼妓、侠少之类的人来往,甚至还和严嵩的党羽们交游。李攀龙看不惯,认为谢榛不老实安分,下限被不断刷新,给谢榛写了绝交书,说谢榛实有猪心,有什么事都不和我商量。

谢榛瞎了一只眼,是半个盲人,李攀龙说他实有猪心,小看他,他心里不服,加上性格倔强,好骂人,就和心高气傲的李攀龙争论起来。王世贞这几个人自然袒护李攀龙,李攀龙更加声势浩大,给谢榛写了绝交信,对人吐诉说:"难道能让一个瞎了一只眼的人肆虐于二三君子之上吗?"

龙争虎斗,必有一伤。谢榛的名字最终被削出"后七子"。

李攀龙和谢榛相争,谢榛被打得大败。此处不留爷,自有留爷处。谢榛于是离开了"后七子",开始和其他藩王交往。很快,人们又大早起的被撒了一脸的狗粮,原来是有一名藩王把一个年轻貌美的歌姬赐给了谢榛。

虐心啊,我一个独处多年的单身汉为何偏偏听到这个?

走过南闯过北,高粱地里没吃过亏。谢榛拥美高卧的消息一经传出,让无数文人艳羡不已,轰动一时。接下来,谢榛又和山西的藩王晋王、沈王等交往,黄河南北都尊称他"谢榛先生"。谢榛名利双收,情实交至,比跟着"后七子"混强多了。

在风口上,一只猪都能上天。

这可能是李攀龙先生此时最想吐的话了。

李攀龙、王世贞排斥谢榛,有一个人最看不过去,他就是大才子徐渭。

徐渭没有考中进士,和谢榛一样都是布衣。他对李攀龙、王世贞这些进士出身的官员排斥谢榛的行为始终十分愤恨,写诗骂道:"乃知朱毂华裾子,鱼肉布衣无顾忌……回首世事发指冠,令我不酒亦不寒",说这些穿华服坐好车的所谓文人的行为让他怒发冲冠,不喝酒也不觉得寒冷。

徐渭没有参加任何诗派,他对"前七子""后七子"这些人也没有好感,说:"鸟学人说话,学得再像也是鸟。现在这些写诗的弄什么'文必秦汉、诗必盛唐',剽窃别人说过的话,即使说得再像,也不过像鸟学人语。"

什么"前七子""后七子",都是一群鹦鹉学舌的鸟人!

徐渭后来被胡宗宪招到幕府,出奇谋帮助胡宗宪打败倭寇,也曾风光过一阵子。然而胡宗宪下狱死后,徐渭惧祸,开始发狂,拿巨锥刺耳朵、碎肾囊,弄了一系列自残行为,最后杀妻下狱,被人保释,悲惨了局。

不经清贫难识人,未经打击老天真,成长就是你将哭声调成静音的过程。徐渭这位特立独行的大才子从此销声匿迹,直到死后多年,他的诗文才被人偶然从旧书堆里扒拉出来,惊艳世人。

李攀龙、王世贞这些人没有了内忧外患,此时似乎天下独步了。不过他们很快就遭到打击,被人绊了一下子,重重摔了一跤。

把"后七子"绊倒的不是布衣徐渭。徐渭不过是一个小土坷垃,没有这

个能力,绊倒他们的是块"大石头"——严嵩。

严嵩那时也是一个著名诗人,和"前七子""嘉靖八才子"中的许多人都有来往,李梦阳甚至还很推崇严嵩。

比如严嵩写的诗,"幽泉树杪飞残滴,瑶草岩中吐异芬",读了确实感到很美,李梦阳当时就评价严嵩的诗"淡",众人也评价严嵩的诗"清"。

看到了严嵩后来的所作所为,人们才知道在严嵩清淡诗的背后原来那么"阴"。

仗义每多屠狗辈,负心多是读书人。读书人一旦坏起来会坏上加坏,因为他的坏是花式使坏,一般人看不懂。

严嵩执政后开始做坏事,"后七子"从此与严嵩公开对立,结了仇。

鸡蛋再强势,砸向石头也是伤害自己。嘉靖三十四年(1555),严嵩开始收拾"后七子",把他们或贬官或外放,并且把王世贞父亲也杀了,弄出了当时的著名血案。

严嵩后来权力达到了顶峰,但在嘉靖四十一年(1562)终于倒台,被人评为:"失其本心,终以致败。"

本心就是你内心最初的那点儿善良愿望,是你做人做事的启动资本。忘了本心,你就会膨胀到不知道自己几斤几两,迟早要败。

王世贞在李攀龙死后又主盟文坛二十年,成了复古运动的领袖,一时,士大夫和山人词客、和尚道士都奔走门下,后来又有了"前五子""后五子""广五子""续五子""末五子"这些说法。

别的子就不说了,单单说说这其中他最欣赏的胡应麟。

胡应麟在科举考试的路上命运不济,只考了个举人。万历八年(1580),胡应麟见到了比他大二十五岁的王世贞。王世贞一见他就很喜欢,说"我前面有李梦阳、何景明、李攀龙,后面就是胡应麟吧",把他列入了"末五子"的行列。

胡应麟作诗论《诗薮》,提出作诗的两个重点:一是体格声调,二是兴象风神。王世贞很欣赏,大加赞扬,说:"你的这部书让古今谈艺家尽废了,你必将凭借此书不朽。"

胡应麟也大夸王世贞,把他比作诗家里面的孔子。到了万历十八年(1590),王世贞病危时,胡应麟驾小船飞驰过江,来见王世贞最后一面。王世贞把自己刚写的诗集交给他,请他校对并作序,说这样死也无憾了。

文坛领袖王世贞临终前请一个无名小卒给他的诗文作序,显然是把他当成了自己的接班人,希望胡应麟将来能接替他做文坛盟主。

胡应麟自此名声大起。

但胡应麟还有一个重大缺项,那就是没有中过进士。就算你才高写过惊人《诗薮》,但以一个举人身份厕身才墨渊薮,前面的进士一大堆,显然也当不了诗坛班首。

《诗薮》再好,也不能成为你不考进士的逋(bū)逃薮。

胡应麟于是后来又参加了两次科举考试,然而造化弄人,总是中不了。

谁也不知道明天和意外哪个先来,来日方长总是抵不过世事无常。怀抱雄心壮志的胡应麟在五十二岁时遽(jù)然含恨死去。

再说那位诗坛班首王世贞的结局。在王世贞生前,"文必秦汉,诗必盛唐"的口号提的次数就已经减少,逐渐归于平淡,在他病危时,有人去看他,见他正在读苏轼的文集,诗必盛唐的盛气也早已没了。

看来还是"嘉靖八才子"早年说的对,宋人的文章难道不香吗?

"后七子"之后,对"后七子"不满的还有"唐宋派",这一派的主要人物是茅坤和归有光。

"唐宋派"这些名称都是后人贴的标签,现在一般把"嘉靖八才子"中的王慎中、唐顺之等人也列为"唐宋派"。

"唐宋派"中的茅坤是浙江人,中进士后到江苏丹徒县当县令。唐顺之因为得罪了权贵,被罢官回家,经过丹徒县时,和茅坤见了面。唐顺之劝茅坤多看唐宋人的诗文,茅坤听了表示不服,和唐顺之辩论了起来。

唐顺之后来又写信劝他,茅坤在反复比较后终于恍然大悟,原来宋人的诗文也很好,于是编选了一部《唐宋八大家文钞》,没想到这本书一经编成就盛行海内,"唐宋八大家"的名字由此被定格,成了当时的文坛显词,乡里小儿也没有不知道茅坤这个人的。

茅坤活了九十岁,他自己提出的诗歌理论虽然不如他活的岁数显眼,但他编选的这部《唐宋八大家文钞》对"后七子"有极大冲击,相当于否定了他们的"文必秦汉,诗必盛唐"。

除了茅坤,"唐宋派"后来的干将还有归有光。

归有光与"唐宋派"的王慎中、唐顺之没有来往,和茅坤也无来往,他几乎是单打独斗开出了一片天,最后才被归到"唐宋派"之列的。他看不上"后七子"的复古风气,说这些人是"妄庸巨子"。

虽然没有指名道姓,但大家一看就知道是说谁。当时文坛的巨子就是王世贞、李攀龙。王世贞听说后自我解嘲,说:"我狂妄可能还有,平庸就没有了。"

归有光说:"只有狂妄才平庸,没有狂妄而不平庸的。"

我刚办了手续,准备出院,医生见我一个人傻笑,叫我再留院观察两天。

别入戏太深,出不来了啊!

这个归有光又是何许人也,如此有胆儿,竟敢去批评当时的文坛盟主?

原来归有光是江苏昆山人,他和"后七子"中的王世贞老家相距不过几十里地。但归有光在功名路上就差王世贞远了。王世贞二十二岁中进士,归有光三十四岁才考上举人,此后连续参加了八次会试都没有考上,直到嘉靖四十四年(1565)第九次考试才中进士,授长兴知县。

归有光这时已经快六十岁了,这个年龄我们现代人都要退休了,他却刚刚上班。

归老太爷到了县里,人们来打官司告状,他断完案就把人打发走,能不投监狱的就不投监狱。上边有了命令,他觉得不合适的,就搁起来不执行,结果上司很讨厌他,把他调到别处当通判,专管马。

在明代,进士当了县令后没有这样调动的,这是讽刺人,纯粹是让人当弼马温啊。

你想不到的是,归知县沦落到去管马这事还真和《西游记》的作者吴承恩有很大关系。

吴承恩是江苏淮安人，他的科场生涯比归有光还要惨，考到了四十多岁也没有中举，五十多岁时到南京国子监做了一名老太学生，六十三岁时被选派了一个浙江长兴县丞的职位。

嘉靖四十五年(1566)，吴承恩到长兴县上任，负责管理马政粮政这些事(要想知道吴老爷子此时的心情，大家可以读读孙悟空刚到天庭履职时的那段牢骚)。花费数十年谋取功名，却落得个管马管粮的末流小官，就这还是上边有人才给弄来的——这时吴承恩的老友李春芳当上了内阁大学士，特地照顾吴老生员，才给他找了这么个差事。

我有一筐的愿望，终于等来了一颗流星，多谢多谢！

这时的长兴县知县是归有光，他也刚刚到任。二人这时都是五六十岁的老人了，还都是老了得官，都干劲儿十足。他们打击豪强，让大户纳粮，革除了许多弊政。

这些措施惹起了当地大户的仇恨和上司的不满，最终吴承恩因交公粮一事被撤职查办，被调到湖北荆王府当掌规谏讽喻的纪善官(八品)，归有光则被调到顺德府(今河北邢台)当通判，专门负责马政，当起了弼马温。

老夫一生只行善事，不问前程，走到今天这一步也在情理之中。

吴承恩的《西游记》早在二十多年前就完成了初稿，然而吴承恩没有拿这个事出来和归有光说。

归有光当弼马温后，大学士高拱、赵贞吉等人知道他的才华，推荐他升任南京太仆寺丞。后来，归有光又被首辅李春芳留在内阁，做了一个写诏书的正六品官。进北京本来是好事，可是谁想到归有光这个官当得很憋屈。因监察御史找碴子，归有光悲愤交加，病死了，还不如当弼马温自在呢!

被调到湖北荆王府当规劝人做好事的纪善官的吴承恩干了两年也不干了,回家又写了十几年书,于万历十年(1582)去世。

随着年龄的增长,我开始有了八戒的心胸、悟空的眼界、沙僧的权衡再三和唐僧的于心不忍,更重要的是,很多以前在意极了的东西,我慢慢拿得起放得下了。

《西游记》如果果真是吴承恩所写,那归有光当弼马温的这段日子在他书中也是有影子的,大家可以回去看看上面是怎么写的。这里只问一句,孙悟空撂下弼马温不当跑了回去,你说他是当归不当归?

除了归有光,当时反对"后七子"的还有"三袁",他们是湖北公安县人,被称为"公安派"。

"三袁"分别是袁宗道、袁宏道、袁中道,三人是亲兄弟。兄长袁宗道万历十四年(1586)会试第一,进翰林院。又五年后,二弟袁宏道中进士。小弟袁中道万历三十一年(1603)就中举了,但直到中举十三年后才成进士,这时他两个哥哥都已经去世了。

老大袁宗道和老三袁中道都对"前七子""后七子"提出过批评,但老大袁宗道刚刚四十一岁就去世了,这里面对"公安派"的形成做出更大贡献的是老二袁宏道。他在万历二十四年(1596)任吴县知县时就提出了自己的文学主张——独抒性灵,不拘格套,说:"我弟弟袁中道的诗文,大都独抒性灵,不拘格套,不是从自己胸臆流出,不肯下笔。"

接着袁宏道大声呼吁:"诗文到了现代卑弱到了极点,有的人提倡作文章必须学秦汉,写诗必须学盛唐,却不知,作文章以秦汉为标准,而秦汉人又何尝字字学六经了呢？写诗以盛唐为标准,而盛唐人又何尝字字学汉魏了呢？"

有时候要想超过别人,只要各走各的路就行了。自从袁宏道的"独抒性灵"理论一出,李攀龙、王世贞等人的理论影响荡然不存,天下文士这才知道写诗应该去抒发自己的心灵,模古仿古的陋习一时被荡然消除,"三袁"的理论学说在那时可以说是振聋发聩。

然而"三袁"批评"后七子"复古,举起"性灵"旗帜,自以为打倒了"后七子",但螳螂捕蝉,黄雀在后,到了钟惺(xīng)和谭元春这里,又弄了个"竟陵派",他们既看不上"前七子""后七子"里李梦阳、李攀龙等人的复古,又看不上"公安派"三袁所谓的性灵,主张追求书写人的性情的真诗。

钟惺是竟陵人(今湖北天门市),人长得难看,身材又干瘦干瘦的,性格孤僻,为人严肃冷淡,不喜欢接俗客,三十七岁才中进士,中进士后又仕途不顺,三个弟弟、一个妹妹、两个儿子都在他活着时就去世了,家境并不好。

弱弱地问一句:长这么瘦又这么聪明,是筷子成精了吗?

不过不要太在乎自己的长相,因为能力不会写在脸上。

早在万历三十六年(1608),钟惺去访问袁中道,就知道了"三袁"兄弟的文学主张。然而仅仅两年后,钟惺中了进士,便开始反对袁宏道等人的理论主张,说:"学袁宏道比学李攀龙弊病还大。眼见今日牛鬼蛇神,遍满世界。"

主张独抒性灵的袁宏道这时刚刚去世,你看这事弄的,刚死就让人牛鬼蛇神地说起来,多让人尴尬啊。

但"三袁"的理论毕竟已经名声在外,钟惺孤掌难鸣,他找来了比他小十二岁的同乡书生谭元春。

谭元春此时还是个秀才,考了多少次举人都考不上。钟、谭二人此时地位学问都不高,但他俩却别有怀抱,编了一部《古诗归》,提出了自己的文学主张,说现在好多人学古人写古诗,都是取一些极肤浅、极狭窄、极熟练的来学,自以为这就是所谓的古人诗,他们二人很是忧心,他们以后只是要求索古人的真诗所在。

那么什么是真诗呢?钟惺和谭元春说就是那些"察其幽情单绪,孤行静寄于喧杂之中,而乃以其虚怀定力,独往冥游于寥廓之外"的诗,也就是用孤独幽静的心灵所作的诗。

如果不能漂漂亮亮美得勾魂,那就文文静静丽得惊人吧。

谁也没想到,这两个名不见经传的小人物的理论一出,立即风靡了文学界,《古诗归》顿时成了畅销书,一时洛阳纸贵,士大夫都以不谈竟陵《古诗归》为俗,钟惺的"幽情单绪"也仿佛成了天外之音,人们争相仿效,积聚在钟、谭二人周围,形成了明朝末年著名的"竟陵派",他们写的诗歌也被人称为"竟陵体",影响持续了近三十年。

"竟陵派"一时压过了"三袁"的"公安派"。

但有意思的是,"竟陵派"虽然名气超过了"公安派",却让"公安派"更加出名。钟惺虽然没有独标"性灵",但在他提倡写真诗之后,袁宏道兄弟的"性灵"却在海内风行,大部分人都知道了"性灵"二字。

虽然《古诗归》风行海内,但钟惺的个人生活并没有因此改善多少。他的家庭生活很不幸,亲人的相继离世让他常常百感交集,写的诗也是满腹

忧伤。"绿满清虚内,光生幽独边",这就是他写的诗。这样有着幽独情绪的诗句还很多,"深幽孤峭"成了他所写的诗的特点。

这个世界上不缺吵闹,在没学会说话之前最好先学会闭嘴。

天启五年(1625),幽独一生的钟惺死了,刚刚五十二岁。身为秀才的谭元春从此更显得深幽孤独、形单影只。他年轻时得钟惺这位老大哥帮助,如今钟惺一死,顿感无依无靠,两年后只好又参加了乡试,不料这一次竟然考了个全省第一。

乡试得中是科举考试的里程碑,进可攻北上广,退可守云贵川。谭元春从此有了周旋余地,顿时春风得意,元气满满,自以为从此将迈向崭新的金光大道。没想到,此后他屡次参加进士考试,却再也没有中过。十年后一次进京赶考时,他猝死于旅店,赴命黄泉,年龄也刚刚五十二岁。

这时已经是崇祯十年(1637),天下大乱。"竟陵派"深幽孤峭的天外之音也成了被人骂的"亡国之音"。"竟陵派"的这些丧气诗歌一度成了明代遗民的批判对象,钟惺的"以其虚怀定力,独往冥游于寥廓之外"这句名言也仿佛成了给明王朝敲的丧钟,余音袅袅,散入霄汉。

　　生命中曾经有过的所有喧嚣,都将用寂寞来偿还。

——《百年孤独》

明朝诗歌的盛况从此结束。

最后还说那个"三袁"之一的袁宏道,他有两件大事我们还没有提到。

第一件大事是他和《金瓶梅》这本书的面世有很大关系。

最早提到《金瓶梅》这本书的就是袁宏道。在万历二十四年(1596)他在给刚从翰林院毕业的大才子董其昌写的信中说:"你的这本《金瓶梅》从哪里得来?我大略翻了翻,云霞满纸,写得太好了!"

把《金瓶梅》赞为"云霞满纸",看上去才华与颜值同时在线,然而这本书的作者却让人难以摸索,一直弄不清到底是谁。有的说是王世贞,有的说是李攀龙,有的说是李开先,有的说是李贽,还有的扯到了徐渭身上。还从来没有一本小说能把如此多的文人扯进去。

到了明朝末年,有一个和吴承恩仕途遭遇差不多的冯梦龙还把这本书和《三国演义》《西游记》《水浒传》并列为"四大奇书",真是越来越神了。

除了发现《金瓶梅》这本书,袁宏道还有一件大事,那就是他为徐渭文章的流传做出了贡献。起因是他有一次游浙江时,在友人家里看到了已经死了二十年的徐渭留下的诗文稿。当时,这份诗文稿已经被熏得烟煤败黑,微有字形。袁宏道在灯下读了几篇,不禁拍案叫绝,激动得大叫,叫完了又读,读完了又叫,一顿串烧下来,把僮仆都吵醒了。从此,他到处搜罗徐渭的文章,找人刻印,徐渭的文章这才大行于世。

说完了当年的文坛概况,还说王阳明心学阵营中的那些大哲学家们。

这里提前告诉大家,当我们还在诗歌的传统思维里苦挣时,人家已经开始用"分享经济"+"倍增原理"+"大数据"+"互联网金融"开始奔跑啦。

第八十回

发扬王学欣喜后继有人
同心亲家遽然节外生枝

王阳明的心学形成一大派后,论资排辈也就开始了。

王阳明生前,最有希望继承他衣钵的是他的妹夫徐爱,但这个妹夫早就死了。

徐爱可说是王阳明的大弟子,他入门早,领悟快。当然,这也是有原因的。他是王阳明的妹夫,王阳明要招生收徒,头三脚难踢,做妹夫的总得先捧捧场,就好像现在的熟人经济,总得先从身边的人开始吧。

徐爱是王阳明的父亲王华挑中的女婿。状元公的眼光确实不错,徐爱才华横溢,二十二岁就考上进士,在任上又很有作为,几年就做到工部郎中,照这样下去,弄个尚书之类的官做也是很有可能的,可惜他三十二岁时就死了,王阳明痛哭失声,把徐爱比作孔子那个早逝的弟子颜回。

时光太瘦,指缝太宽,抓不住的流年啊,我的爱!

徐爱死得早,他死时王阳明还没有被任命去带兵打仗立功,还没有提出"致良知"的学说。徐爱听到的还是王阳明一开始搞的"心即理"这些传统说法。

王阳明死时,王阳明的儿子还小,他长大后也没有对父亲的心学有大的贡献。

把王阳明心学发扬光大的是他的弟子们。

徐爱之后,王阳明又收了两个高才弟子,一个是王畿,一个是钱德洪。王艮由于文化底子不高,在王阳明那里属于另类。

但把王阳明学说做得风生水起的正是二王:王畿和王艮。

王畿别号龙溪,浙江绍兴山阴县人,二十岁中举。这个岁数可以说是不大不小,基本属于青春得志的一类,但接下来他却没有考上进士。正在这时,他遇到了立了不世之功后以南京兵部尚书职衔回到老家讲学的王阳明。王畿本对王阳明讲学不以为然,去听了王阳明讲课后,一下子被吸引住了,甘心拜王阳明为师。

我虽然一般般,但能让我给他交学费的都不是一般人。

此时王阳明手下已经有了一个弟子钱德洪,王畿和他都成了王阳明的得意弟子。拜王阳明为师后,二人同在嘉靖五年(1526)中贡士。

下一步就是殿试排名次授官,没想到王畿对钱德洪说:"这不是我和你出仕的时候。"二人不参加殿试而归。

原来此时王阳明虽然立了擒宁王的盖世之功,但并不招新上位的嘉靖皇帝待见,二人为老师抱不平而归。直到王阳明死了三年后,王畿、钱德洪二人才进京参加殿试。

我们如今都知道大谈王阳明的心学多么高妙,却不知他在当时遭到了强烈的质疑——王阳明的学说是有漏洞的,他借用陆九渊的工具改装的心学机器运转起来并不是无懈可击的。

比如你王阳明既然说心就是天理,那心肯定是善的了,而你死前却又教人说无善无恶心之体,说心是无善无恶的,那心到底是善的呢,还是无善无恶的呢?你解释了半天还是让人迷惑,连你那两个大弟子都争论不清,统一不了意见。

这时心学内部首要的任务是团结,而那个对王阳明心学不满的心学大师湛若水却还在发难。

有多少爱可以重来,有多少人愿意等待。王阳明死后,大弟子钱德洪跑到广州见湛若水,湛若水复仇的机会来了。

此时谈心学的元老莫过于湛若水了。要是从源头说起,王阳明当年还是受湛若水的启发才走上心学之路的。

湛若水于是摆出老大的派头教训钱德洪说:"王阳明说致良知,现在游王阳明门下的,都说良知不用学不要思虑,只要依自己的良知就行了。这些人的知已经进入不良,却全然不觉,这可以说是良知吗?致良知的致的工夫,全不提了,甚至还有纵情恣肆,自信为良知的。立教本旨,果然是这样的吗?"

外面的世界并不平静,这时候最需要的就是心学内部的团结,要妥善管控分歧,以建设性方式处理好分歧和敏感问题。钱德洪非常明白这点,赶紧起身道歉道:"公教诲的是啊。"

湛若水见钱德洪诚恳,比较满意,说:"你说说你的想法吧。"

钱德洪说:"您的勿助勿忘这句话的训导,可谓苦心。"

湛若水问:"怎么是苦心?"

钱德洪说:"今日工夫,既不助,又不忘,常见此体参前倚衡,活泼呈露,这正是天然自得的时机啊。但要是欲揭此体以示人,实在很难形容出来,所以我说是苦心。"

湛若水听了很高兴——这还差不多,你们王门心学还是有懂事的,不像你们那个老师,小时候不给父母省心,长大了不给朝廷省心,老了不给孩子省心,死了还不让我省心——于是看着钱德洪说:"和你十年不见,今日见了,犹如常聚一堂。"

钱德洪鞠躬如也,连连点头,湛若水很满意。送走钱德洪后,湛若水又感觉放不下心。钱德洪钱德洪,得哄就哄,这小子是不是哄我?于是又去信告诉钱德洪说王阳明的知就是行,行就是知,这句话不能无病,我还是看不下去。

钱德洪一看湛若水这老头挺倔,还就得哄着点儿,赶快给湛若水写信说:"王阳明老师说的良知和您说的天理,本来就是一个意思,都是从心上说起。以心的灵虚而言叫作知,以心的文理而言叫作理。"

咱不提他那个知行合一了,我们都是和你一条心的行不行?

钱不会走错路,东西一般是越贵越好。湛若水看钱德洪这么驯顺心里高兴,给王畿写信说:"我平生与王阳明公志向相同,他年我死后当与王阳明同作一传了。"

湛若水显然是想得美了，最后在《明史》里，他并没有够着和王阳明一个传记。王阳明是独传，后面只附了他的一个学生。

除了湛若水平起波澜，王阳明的心学在自家内部也起了裂痕，学生中也有不满王阳明的。

最早向王阳明倒戈一击的是黄绾。

这还要归功于王廷相王大人。

王廷相崇尚气学，他虽然没有和王阳明当面过招，但他知道掺沙子、挖墙脚，他瞄准了王阳明的一个学生：黄绾。

黄绾在大礼议中得到嘉靖帝的赏识，升任翰林院侍讲学士。

翰林院那是进士中的优秀人才深造的地方，而一个靠祖父的荫庇，连科举考试都没有参加过的人竟然成了翰林院的侍讲学士，有资格给皇帝讲课。要知道，这原本是进士中的佼佼者才敢想的，连作《明史》的那些清朝作者们都惊呼："就凭爷爷和老爹留下的做官指标就进了翰林院，真是没有过的事啊（以任子官翰林，前此未有也）。"

黄绾深得嘉靖帝信任，官至礼部尚书，而他在政治上给人的印象是反复无常。起初他和张璁联合起来斗首辅杨一清，后来又和首辅张璁起了矛盾，见夏言深受嘉靖帝重视，又和夏言联合起来斗张璁。当时的人都说他"倾狡"，是个喜好反复又狡猾的人。

嘉靖七年（1528）六月，有人上疏说正在广西带兵打仗的王守仁是贿通了礼部尚书席书，才得见举用的，这事牵扯到黄绾和大学士张璁。黄绾此时仅仅是个小詹（zhān）事官，詹事詹事，还是少沾事为好，于是赶快上了一篇奏章为自己辩白。

嘉靖帝见了黄绾的奏章,表扬黄绾学行才识众所周知,把上疏的人贬官。

黄绾终究咽不下这口气——今天我终于领悟到一个事,那就是:我的钱虽然不是大风刮来的,但很像被大风刮走的。两个月后,他给嘉靖帝上了一封奏疏。

这封奏疏是黄绾受张璁主使写来攻击首辅杨一清的,可他不点名不道姓,骂得那叫个文辞漂亮干净,说朝臣之中有饕(tāo)餮(tiè)无厌像狼和猪一样不极的,张胆无忌像贲(bēn)育一样敢往的,狡狯(kuài)闪倏像鬼魅一样默运的,甜软诱惑像狐妖一样媚人的,变幻是非像化人一样莫测的,机矢中伤像射工一样密发的,沦化士习像点丹砂一样必变的,谋宠固身像饮九还一样起死的,趋利避害像挟灵犀一样入水的。开始我以为他是个人才,现在才知道他原来是个这样的人。

为了传达詹事大人黄绾这篇文章骂人的神韵,我们这里就不翻译得那么彻底了。黄先生骂得文辞高妙,什么"贲育""鬼魅""射工""灵犀"的一通议论风发,当场就把嘉靖帝给弄蒙了。嘉靖帝拿起笔来批复道:"人臣对君主说话,应当直接说实的。今说得这么朦胧浮泛,不是对我忠爱之意。我本来应当好好究治一下,问问黄绾为什么这么说,今天先姑置不问。"

第二天,首辅杨一清就坐不住了,被黄绾的奏疏勾了出来,承认黄绾骂的是自己,说"黄绾和张璁是同乡,张璁给他找了几个好职位,我都没批准,所以他怨恨我。我以老病之躯,处嫌忌之地,求皇上可怜我,放我回老家吧",闹着要辞职。

原来如此。杨一清本来已退了休,是嘉靖帝又请他出来做官的。小年轻嘉靖帝只得说了半天好话,把杨一清劝住。

这一年黄绾还不到五十岁,正是朝中的中年官员,老家伙杨一清这才知道黄绾的厉害。

不服,收拾你!

王阳明去世后,黄绾升任南京礼部右侍郎,两年后,他见到了刚升任南京兵部尚书的王廷相。

王廷相与黄绾此时同在南京做官,他任的兵部尚书在南京算是最有实权的,而黄绾此时仅仅是个礼部侍郎,还靠右(*右侍郎*),在官位上差了王廷相一大级。

王阳明当年打败宁王后也被授过南京兵部尚书的职衔,王廷相此时担任的就是这一要职。

黄绾此时又成了新任南京兵部尚书的小迷弟。

王廷相此时正在著书批评王阳明心学,他把自己的著作《慎言》赠给了黄绾,这相当于做了攻心工作,给王阳明埋了一颗定时炸弹。

黄绾收下了王廷相的《慎言》,思想起了变化,但他并没有全盘接受王廷相的气学思想,只是对王阳明的心学有了看法。

温柔的小刀最扎心了,大家不久就会看到,黄绾同学将抱着"火药包",亲自来一次王炸,对王阳明心学发起攻击。

王守仁老兄,你已经死了,并不是我不跟随你而去听信王廷相的,是你王守仁说的也不全对啊!

绑不住我的心就别说我花心。

在学术上,黄绾给我们的印象确实有点儿反复。

他起初寻找圣贤之学不得要领,后来碰见了王阳明、湛若水,三人一见定交,相约共倡圣学,大有桃园三结义之势。

王阳明学术武功名满天下、官至一品后,黄绾还是个小小的六品经历,位卑职微的他表示对王阳明新发明的"致良知"一说实在佩服,立即大胆满仓引入,从此不敢与王阳明以兄弟相呼了,对王阳明下拜称师,自称弟子。、

王师啊,多想你的一颗心,现在就请送给我。骑上我的小骆驼,和你同看日不落。

不久他因议礼成了嘉靖帝眼前的红人,王阳明死后,他在南京当礼部侍郎时和王廷相交往频繁,多少受到王廷相的影响,对王阳明的学说产生了怀疑,于是"腾笼换鸟",提出了自己的"艮止"说。他说"艮"就是止,"艮止"就是知止。知止就是要知道你是干什么的,能吃几碗饭,这样你的心才能定、才能静、才能安、才能虑,才能有所得。

对于王阳明,他说王阳明的"致良知"听上去挺高大上,可是天天嚷嚷着致良知,弄得心无所止,和和尚谈禅一样,有什么用?王阳明那空虚的弊病,误人非细!我的"艮止"二字才是千古作圣的心学秘诀。

王阳明说什么"致良知是千古圣学之秘",别听他忽悠人。

黄绾偏离师门,让王学弟子一片哗然。良知是人与人之间相处的最大

公约数。违背良知,肯定不行。王阳明另一个弟子王艮当时要是听了黄绾的话,肯定会和黄绾辩论。我的名字"艮"就是老师王阳明给起的,艮止艮止,艮就是止,谁不知道?我老师王阳明早跟我玩过了,就你聪明,另立一摊,你说致良知就行了,说艮止艮止,扯啥呢!

可王艮只是个平民百姓,他够不着和嘉靖帝跟前的大红人黄绾辩论。

虽然都是王门弟子,但黄绾这个大官也没拿王艮这个草根当回事,要不也不会提出个"艮止"来和王艮撞衫。

交代一下:在名分上,黄绾和王阳明既是兄弟,又是师生,还是亲家。

王阳明死后,他唯一的孩子王正聪刚刚三岁,由徒弟们相互照顾。黄绾当时任南京礼部侍郎,愿以自己女儿为王正聪妻,这样可以以岳父身份保护王正聪。

于是王畿、钱德洪到南京操办这桩婚事,王艮还前往黄绾家下聘礼。

本来皆大欢喜,谁知道后来却起了不同。

黄绾抚养王阳明遗孤,看起来挺暖心的。他最让人感到不舒服的是他被弹劾时,自己陈述说他议礼有功,背上刺着"精忠报国"四字,不信我脱下衣服让你们看看。

黄绾此举被后人评为"丑甚",比当时人们评价他的"倾狡"二字还难听。你议礼这点儿破事,不就是为了讨好现任主子嘉靖帝图个将来荣华富贵吗?却给自己脸上贴金,想和岳飞学,跟精忠报国联系起来。扫地打跟头,成心起哄是不?

{ 第八十一回

淮南格物草根大谈保身
莫名入狱聂豹觉悟归寂

王阳明走出了龙场的山洞,他俯视天下、仰望上苍、傲睨一切的时代开始了,心学成为他强大的思想武器。然而他死后,他的学生们却钻到了心学的卵翼下去随意孵化。他做梦都没想到,心学造出了一群师心自用的学生。

由于王阳明身在外地,死得突然,没来得及挑选指定接班人,他死后,学生们就各从各的角度阐释他的心学。那位在他生前就活蹦乱跳的弟子王艮更是没有了束缚,开始独立讲学,自立门户。

王阳明传二王——王畿和王艮,王艮是不能和王畿比的,他不是进士,连举人都不是,甚至连秀才都不是,没有太高的文化。

可当时一开始弄得红红火火的恰恰是王艮和他的那些学生。你猜不到这位草根王艮那时候有多厉害。他讲学盛时,升堂谈道,万人聚集,讲完后,人人意满,如怀宝而去。

每一个生命都是美丽的,再小的花也不拒绝开放。

王艮草根讲课很接地气,他把学术娱乐化了。他说:"我们的人心本来就是乐的,乐是乐此学,学是学此乐。不乐不是学,不学不是乐。天下的乐哪个比得过此学?天下的学哪个比得过此乐?"他又大力提倡"活泼"二字,说:"天性的本体本来就是活泼的,鸡飞狗跳、鸢(yuān)飞鱼跃便是此体。"

树叶过河全靠浪。王艮把"活泼"提到了"体"的高度。有什么样的"体"就有什么样的"用"。"体"既然是活泼泼的,那"用"起来自然就万紫千红总是春、鸢飞鱼跃任我行了。

王艮草根讲课接地气,他还有"满街都是圣人、百姓日用就是道"等金句。人们一开始听到多不信,后来都突然省悟:这是鼓励人做好事的正能量啊。

王艮还说圣人之道,不过是百姓日用。王阳明说"致良知",我今天给大家说一个"良知致"。

从"致良知"到"良知致",我在发挥王阳明老师的心学上也没有什么突出的,如果有的话,也是这个"腰椎间盘",中间发挥几个字而已。

管天管地,管不住我为良知造句。

这是一个思想蠢蠢欲动、寻求解放的时代。

小草未关注,依然绿自来。苔花如米小,也学牡丹开。

在王艮的众多观点中,以"淮南格物"最为著名。

在以前,朱熹说格物是即物穷理,在物上找理;王阳明说格物是正念头,在心上穷理。

王艮则说格物就是安身立命,他说:"格就如格式的格,也就是规矩的意思。格物就是知本,立本就是安身。只有安身了才能家齐,只有安身了才能国治,只有安身了才能安天下,从而天下平。"

把"格物"的格解释为"格式"的格,够可以的,脑洞大开啊!

你要是把"格物"解释为"格局"不就更胸怀天下了? 还是格局不够大啊!

因为王艮家在淮河以南的泰州,所以他的格物论被称为"淮南格物"。

王艮把格物扯到了安身上也是个奇迹,八竿子打不着的两个词硬是扯到了一起。是不是当年王艮独自闯北京,被王阳明弄回来后,吸取了教训,知道不能鲁莽行事,所以才明白了安身立命最重要?

确实,王阳明死后,王艮老实多了,再没有了独自穿着奇装异服闯北京的事。年少不知微胖好,错把骨架当成宝。反思后的王艮常常对人说:"身与道原本就是一体的,至尊者是此道,至尊者是此身。不知道安身,便去干天下国家事,这就是失本。吾身不能保,又何以保天下国家呢?"

这话没毛病。

王艮还有更大彻大悟的,比如在"四书"的《大学》里有这样一句话:"大学之道,在明明德,在亲民,在止于至善。"这就是著名的"三纲领"。

王阳明用"体用"二字给这三纲领作了高度概括,说明明德是立"体",亲民是达"用",体用一致。

而王艮则觉得不过瘾,需要更进一步,他说:"王阳明说了半天,也没有把下面的'在止于至善'这句话安排落实。孔子说了这么多,也就说了一个安身。自尧舜以来,无非明明德、亲民这些学问,孔子悟透了这个道理,所以在明明德、亲民后又说了一个'在止于至善'。安身就是止于至善,止于至善就是安身;知道止就是知道安身。安身才是立天下的大本啊。所以《周易》上说'身安而天下国家可保也'。"

平心而论,王艮说的都是大实话。先安身再说别的,否则性命不在,一切都是空谈。

但王艮这个草根把现实的人性太理想化了,他说知道安身的人必然知道爱人敬人,事实上往往恰恰相反。那些知道安身的人往往太过自私,只知道自己安身而不管他人,让这些人在关键时刻站出来去为生民立命,那是幼稚的幻想。

不过王艮虽然狂,但还是知道守规矩的。他最后没有受到什么迫害。

淮南格物,你喜欢吗?

王阳明心学比朱熹理学更能让人心智大开,欲望大增,食指大动。像王艮这样没多高文化的人还有自己的一套主张,其他人就更别说了。

可王阳明偏偏五十多岁就死了,他没能更多地发挥自己的学术。

雪崩的时候,每一片雪花都在勇闯天涯。

王阳明死后,首先是亲家黄绾起来和王阳明标新立异。黄绾之后,又有聂豹、罗洪先起来和王阳明弄意见。

聂豹是江西人,中进士后在嘉靖五年(1526)到福建做巡按,过杭州时专程去拜访王阳明。此时王阳明并不受嘉靖帝喜欢,有人劝阻他,聂豹不

听,坚持去拜见王阳明。

王阳明一见聂豹很高兴,和他谈心道学。但聂豹这次并没有当场拜王阳明为师。

王阳明死后一年,聂豹升任苏州知府。嘉靖十一年(1532),王阳明的两个学生王畿、钱德洪进京参加殿试,路过苏州,聂豹表示对王阳明心学钦佩得五体投地,当着钱、王二人的面拜了王阳明的香案,成了王门弟子。

然而几年后,聂豹就对王阳明的"致良知"有了看法,提出了自己的"归寂"说。

生命中总有一些人,在喧嚣中发了一条不起眼的朋友圈,然后被怼成筛子。

这还要从聂豹任苏州知府说起,那一年,他认识了刚刚中了状元回乡的罗洪先。

罗洪先当时二十七岁,中状元刚刚一年。

在明朝历史上,江西吉安府有两个罗状元,一个是永丰县的罗伦,一个是吉水县的罗洪先。

罗伦我们前面已经提过了,他中了状元后去拜访刚刚轰动北京城的陈献章,对心学还有点儿小心动,但后来受打击,回家教书育人去了。

罗洪先出身于官僚家庭,十五岁时,听到王阳明讲学,就想去找王阳明学习,他的父亲不容许,这才没有去成。

嘉靖八年(1529),也就是王阳明死去的这一年,罗洪先中了状元。别人向他祝贺,他说:"这算个什么啊!儒者事业有大于此的,这个状元三年

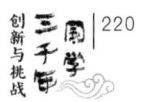

便有一个,有什么可喜的。"

他此时已经志不在此,没想到中状元后告假回家,途中得了一场大病,差点死去,寄宿在别人家里几个月,家里人都在给他准备后事了,谁知他又慢慢转危为安。

小罗,你可别死啊,后面还有好戏等着你呢!

当年的状元郎那可是全国闻名的人物,前途无量,却在回家探亲的路上差点死去。人生的大喜大悲罗洪先全都经历了。

除了肉体上的复活,罗洪先还精神焕发,换了脑筋。因为正是在这次回家途中,他认识了苏州知府聂豹,从此一心开始研讨心学。

嘉靖十八年(1539),王阳明逝世十年后,罗洪先赴京任职,然而落了个和他同乡的状元罗伦一样的下场——罢官。

起因是嘉靖帝很久不上朝,罗洪先就上疏请嘉靖帝让皇太子出来受群臣朝贺。当时嘉靖帝一心焚修,想长生不老,见了他的奏疏大怒,说他"是料朕要死,必不起,所以来讨好皇太子",命令将罗洪先除名。

一个状元高材生就这么废了。罗洪先家乡山中有个石洞,过去是个老虎窝,罗洪先回家后把它修葺(qì)一番,在旁边盖了个茅屋,闭门谢客,默坐一榻,甘于淡泊,三年不出户,锻炼寒暑,跃马挽缰,考图观史,自天文地理、礼乐典章、河渠边塞、战阵攻守、阴阳算数,无不精究。

但学得再多朝廷不用你也没有用。此时罗洪先刚刚三十六岁,正是壮年,多余的精力还是无处发泄。人生心志多燥热,不如平静读心学。那就开课吧。

美丽的心学啊,高三时我就喜欢你,如今三高了,还和当初一样喜欢你。

罗洪先自此沉下心来和聂豹等人讲起了心学。

然而此时聂豹已经有了外心,对心学有了看法,提出了"归寂"说,主张"寂"字为先。

任何人离开你,都并非突然决定。人心是慢慢变冷的,树叶是慢慢变黄的。

聂豹进一步阐述他的学术宗旨"归寂",说:"世界的本体虚寂,人们应该戒谨恐惧,这才是为学的宗旨。良知本来就是寂的,致良知就是致我们心中的虚静而寂。我们学者求道,只要能虚静而寂就可以了,而你们天天徒说什么良知良知的,我不知道你们怎么想的。"

聂豹此言一出,听到的人无不大惊失色。扎心了,老铁们,还有这种操作?这是哪儿来的野路子心学?弘扬了半天心还要归寂,此人什么心态?

大郎啊,别忘了按时吃药啊!

到了嘉靖二十六年(1547),聂豹终于遇到了人生的灾难——他被人告发贪污,内阁首辅夏言不喜欢他,把他直接下了锦衣卫大狱。

聂豹在狱中待了两年,直到夏言被严嵩害死,御史查明聂豹没有贪污,聂豹才被放了出来。

心灰意冷的过程最难熬。一直在修改自己的底线,直到最后人走茶凉,才心安理得。

聂豹在狱中反思自己这一生遇到的灾难,恍然大悟,出来后,见了人就告诉人家要静坐,要归寂。

聂豹的"归寂"说名声越来越大,终于引起了一些王门弟子的攻击,说王阳明老师都给我们设计好良知路线图了,今后只要依照良知做就行了,你聂豹又闹出个归寂,是想干什么?

坚持"归寂"说的聂豹不久就遇到了一个劲敌,那就是王阳明的大弟子王畿。

王畿中进士后,只当了不到两年官就得罪了首辅大人夏言。夏言说他讲的心学是伪学,把他罢了官,王畿就这样终结了做官生涯。

何必非要朝九晚五,我还可以以梦为马。王畿从此开始到处宣讲王阳明的心学。他到台州黄岩县和黄绾争论"艮止"说,如今听说聂豹又闹出来了个"归寂"说,又开始和聂豹辩论。

聂豹说王阳明的良知不过是属于已发的知觉,并不是最高的心体,最高的心的本体应该是寂体。王畿对此愤愤不平,向聂豹指出只有良知才是寂的本体。

聂豹不同意在他的寂体之上还加一体,和王畿吵了起来。

王畿一看聂豹还挺犟,咋啦,你这是要重新起义,是不是?

二人正在辩论时,聂豹接到了朝廷的任命通知。原来他时来运转,被礼部尚书徐阶推荐去对付北方蒙古的侵犯,从而进了北京做官。

王畿只好暂时停止了与聂豹的争论。

嘉靖三十一年(1552),徐阶入阁,后聂豹升任兵部尚书,成了大司寇,掌管天下兵马。

聂豹任兵部尚书后给王畿写信,说王畿议论起学术来有个毛病,就是

陈说的意思过高,好比甘露入口,当不得饭吃,不能饱人,纵使说得天花乱坠,终有什么用?

王畿自然不服,你当兵部尚书了就以势压人,还老说什么寂体,是想推翻我们老师王阳明的良知本体吗?我们老师王阳明也是当过兵部尚书的,没有你想象的那么好撬,于是又和聂豹辩论起来。

这时的朝廷,内阁中有王学弟子徐阶,班列中有兵部尚书聂豹、礼部尚书欧阳德,表面上王学大获全胜,但此时内部的裂痕只有自己人知道。

聂豹本来是被举荐来防御蒙古侵犯的,然而在怎么抵御蒙古上也提不出什么新鲜的招数。史书上说聂豹在兵部整天谈的是心学明心见性这一套,只知道持位保宠,不以政事为意,碌碌无为,不足观。

嘉靖帝开始对聂豹不满,你这干活不出彩可不行啊! 聂豹害怕了,向嘉靖帝请罪,嘉靖帝于是命令他致仕。

聂豹回家后继续和人提自己的王学新发明——归寂。王畿来信劝他,他看了后大动肝火,给王畿写信冷嘲热讽,说你还是王阳明的大弟子呢,简直误人子弟,你讲良知最后把自己讲成了一个说佛谈禅的野狐精,妄称祖师爷三十年,误尽天下学者,你造成的祸害不在洪水猛兽之下。

同时聂豹还给罗洪先写信,鼓动罗洪先起来反对王畿。

罗洪先的家乡和聂豹的家乡相距不远,他起初听到聂豹说归寂时也很纳闷。后来聂豹被逮,罗洪先去送他,流泪告别,聂豹坦然说我会慢慢调理的,不要苦了各位,罗洪先这才逐渐理解聂豹提归寂的良苦用心,于是成了聂豹的支持者,也谈起了归寂。

王畿听说罗洪先反水,和聂豹搅到了一块,义愤填膺,竟然有人涂了蓝眼影,这简直是在侮辱我的黑眼圈,于是去见罗洪先,责问道:"良知我们都能感触到,愚夫愚妇和圣人都是一样的,你还要什么寂?"

罗洪先低头不回答,等了一会儿,感觉腹中饥饿了,向王畿要吃的。王畿说:"你不是归寂吗,你还继续寂吗(是须寂否)?"

罗洪先说:"这和学术有什么关系?我又不是大吃大喝(饕餮与礼食固无辨乎)?"

王畿说:"良知本来就是寂的,用不着再说一个归寂。归寂的人,心就死了,你知道吗?"

心死了你还吃什么!

其实聂豹说的归寂并不是真正的本体,只是一个实现心学的工夫,并没有资格和王阳明的心体分庭抗礼,就这王畿也不赞成。

问题是王畿也不干净,他反对聂豹说"归寂"是本体,而他自己却把"寂"说成了心的本体,说圣学是以"寂"为宗,不专于"归寂",还提出了"现成良知"的说法,认为良知是虚,说:"良知人人都具有,用不着什么工夫,人人都可以为尧舜。"

聂豹心想只能你说"寂"说"虚",我说个"归寂"你就受不了了;你把良知说成是虚的,就是不肯用工夫去致良知。

王畿却认为良知既然是现成的,何必一定要用工夫去实现!他曾经多次到江西与聂豹、罗洪先就"现成良知"进行激烈争辩。

不怕路远,就怕志短;不怕走慢,就怕常站。

这一年,王畿先去和罗洪先、聂豹辩论,告别二人后,听说邹守益病重,又去看望邹守益。

邹守益是王阳明的高才弟子,十八岁中举人,考进士会试第一,殿试第三,绝对是个高才。此后他一边做官,一边致力于宣讲王阳明心学。

聂豹提出他的"归寂"说后,邹守益对聂豹提出批评,但同时对王畿谈什么良知是虚也提出异议。

王畿想再和邹守益好生解释提出良知是虚这件事,但见到邹守益病重也没敢多说话。次日,邹守益就死了。

其实这也是王畿与聂豹最后一次见面了。

人生晚年路上的风就像后妈的手,左一巴掌,右一巴掌,把人往死里抽。

邹守益死后第二年,聂豹也死了,正式归寂,死时家无余钱,以至于不能办丧事招待来客,看来一辈子也是个清官。

聂豹死后第二年,罗洪先也死了。

罗洪先死前,王畿去拜访他,他仍然向王畿说"世间那(哪)有现成良知?良知非万死工夫断不能生",责怪王畿致良知不用工夫。王畿自是不服,依然辩解。

罗洪先由于早年得罪了嘉靖帝,一直没有翻过身来。他和嘉靖帝都活了六十年,但他最终没有活过嘉靖帝。他比嘉靖帝早生三年,故也比嘉靖帝早死三年。如果能扛到嘉靖帝去世,皇太子即位后很可能把他召回,让这位状元郎一展平生所学。

然而一切都归寂了。

{ 第八十二回 }

访求心学汝芳拜师四方
放飞心字心隐遭人杀戮

嘉靖帝晚年,心学人士徐阶斗倒严嵩,成了首辅,王学迎来了发展的黄金时期。

嘉靖帝一辈子看不上王阳明心学,王学却在他晚年开始扩张。更没想到的是,他在晚年还挨了个心学爱好者的骂,骂他的人就是我们熟知的海瑞。

海瑞从小到大读的是理学书,但他对王阳明也很是赞赏,称王阳明是个多才多艺的人。王阳明的知行合一,海瑞也十分赞成。海瑞最恨的就是知行不合一的人,他把这种人叫作"甘草",因为甘草在什么药里都可以加。

理学里的理气性命这些概念虽然谈起来很好,问题是海瑞也不是个"违心主义者",他是说什么就要做什么的人。这样要理的人要是把心和理知行合一,一根筋起来,有时候就要了命了。

嘉靖帝晚年,海瑞给嘉靖帝上了那封著名的奏疏,说:"天下之人已经

不直陛下很久了。你认为神仙可得,一意玄修,二十多年不上朝,而听信服食不终之药、遥兴轻举这些邪说,竭精蔽神,悬思凿想,希望有一天能长生不老,这可能吗?这是理之必无的事!"

你嘉靖帝不是尊奉程朱理学吗?现在你既然想修仙不死,那我就跟你交心说实话吧:你这是做梦,理之必无!

接着海瑞又说了嘉靖帝一溜不好,嘉靖帝不等看完就气得把奏章摔到地上,大叫:"快去捉拿这个人,别让他跑了!"

说什么理之必无,给我随心所欲地扯大道理,说话不敬着点,不收拾你那可真是没有天理了!

海瑞被抓进了监狱。他在写这封谏疏前早就把棺材准备好了,自以为必死,然而嘉靖帝接下来也没有对海瑞宣判,关起来不管了。

凑巧的是,嘉靖帝不久就死了。

看看,我说你求长生不老是理之必无吧!

海瑞又被放了出来,就这样在随心追理的知行合一中,从此步步高升,由一个举人一直做到二品大员,成了明代官场上的一朵奇葩。

嘉靖帝死后是隆庆帝,这时大学士高拱当政。高拱对心学虽然不喜欢,但还能容忍。隆庆帝在位六年后去世,他十岁的儿子做了皇帝,这就是万历帝。

万历初期,张居正拱走高拱,开始当政。他对讲学虽然不喜欢,但还没有把心学打死,王学勉强维持。

万历十年(1582),张居正死后,心学又迎来了讲学高潮。

这时王阳明的几个大弟子只剩下了王畿，王艮早在嘉靖二十年（1541）就死了。

王畿一直活到了八十六岁，也就是说，活泼的王艮死后，王畿又活蹦乱跳了四十二年。

按说王阳明的两个传承人应该是王畿和钱德洪，但王阳明死后，二人为王阳明留下的那个四句教争论了起来。

王阳明说的四句教中前两句是：无善无恶心之体，有善有恶意之动。王畿认为心既然是无善无恶的，那么意也就是无善无恶的，既然都无善无恶，那就不需要用工夫去分辨。

钱德洪反驳说王阳明老师说的是有善有恶意之动，既然意有善有恶，我们就需要运用工夫去为善去恶。

后来钱德洪在当刑部员外郎时，获罪下狱，心理遭到重大打击，被现实毒打得自闭了，心气渐消，逐渐退出，王畿开始独领风骚。

莫笑少年江湖梦，谁不少年梦江湖。钱德洪出狱后虽然淡出江湖，但他晚年对活蹦乱跳的王畿不满，说："我老师阳明先生死后，我们对于本体心字提揭过重，一些人说光有诚意还不足以尽道，必先有悟；一些人说格物根本不够，必先归寂。于是一个个都开始求悟、求寂，自以为得到了圣门的最上乘，而不知自己已经沦入佛家寂灭的教导里去了。"

这里面所说的"悟"和"沦入寂灭"就是批评王畿修心不纯的。王畿听了不服，在钱德洪死后，给钱德洪写行状，为自己辩护说："我们所学贵在得悟，若悟门不开，怎么去求证学术？"

都让人骂作修佛了,王畿还提"悟",难怪遭人责难。

总是自作聪明,不提那个开悟会死吗?非要让人骂两句才高兴是不是?

惹了一身是非的王畿晚年到宣城讲学,在这里又碰见个论敌:罗汝芳。

罗汝芳是江西南城县人,年少时开始学习朱熹的理学,严格按照里面的规定学习,结果生了一场重病。二十六岁时,他到省城考试,没有考上,又有点儿不高兴,这时看到颜山农正在省城一家寺院里举行讲会,演说"致良知",号称可为人急救心火,于是就去求取良方。

罗汝芳不知道,这个卖急救心火良方的颜山农是个狂人。

并且颜山农的这个狂根还是王艮种下的。

颜山农是江西吉安府永新县人,自幼长得体弱,形瘦如柴。一天晚上,他听到哥哥谈论王阳明的圣贤学,从此迷上了,长大后外出拜王艮为师,从此不说变得心宽体胖吧,最起码病没了。回到江西后,他也开始招收学员,贴了个"急救心火榜文"出来,引人上钩。

正好罗汝芳迷迷糊糊前来看榜,要治心火病。他向颜山农谈起自己过去得病差点死了,可是对生死毫不动心,现在考举人没有考上,也拿着不当回事。没等讲完,颜山农就断喝道:"你这是强制自己的欲望,不是体仁。强制欲望的病在心,心病不治,你就死了。"

罗汝芳疑惑地问:"如果我不去克制欲望,怎么能体会到仁?"

颜山农继续喝断他,说:"要想克制欲望必须先放心。"

罗汝芳听了这才如大梦初醒。不是贫穷限制了我的想象力,而是心中的致富欲望膨胀了我的想象力,我想得太多了。

于是心悦诚服地拜颜山农为师。

拜颜山农为师后的第二年,罗汝芳果然开了心窍,中了举,又过了一年,会试也通过了。就在离蟾宫折桂只一步之遥时,他却出人意料地不参加殿试了,说自己学问未信,不可以当官,回去四处访求学术去了。

罗汝芳从此和王阳明的后学弟子混到了一处,先后遍访了王门大弟子王畿、钱德洪、聂豹、罗洪先、邹守益等人。罗汝芳虽没有参加殿试取得进士资格,但有了会试通过证,走到哪儿都不被人小瞧。

就这样十年后,王门心学大会在江西吉安举行,颜山农也高兴地带着罗汝芳这个弟子去见各路王门弟子。当时会中数十百人,大家因罗汝芳远道而来,把他请在前座。

邹守益发问罗汝芳:"你当初不急于仕进(做官)而归,如今已经学习十年了,其志可以说得上是卓然不群了。这十年专工问学,可告诉我们你的所见所闻吗?近来所得如何?"

罗汝芳站起来回答道:"只悟得一个'无'字。"

不参加殿试十年访道只落了个无,一时惹得哄堂大笑。

邹守益也不禁莞(wǎn)尔而笑,道:"罗大人力学十年了,如何尚在门外?"

当年迎风跳三丈,如今还是门外汉,不进反退啊。

哈哈哈!

颜山农听他们奚落自己的学生,站出来愤然说道:"不远千里到此,何

不打点几句好话,却倒了门面。"

当时在场的人听了更是不禁哈哈大笑。

罗汝芳也挺委屈,这十年他总是在寻师访友,最后却被王门弟子哂(shěn)笑一番。这也难怪,罗汝芳访的友不只有儒士,还有和尚、道士,不纯粹啊!最后的心得又只是一个道家的"无"字,怎么交代得过去?心学大会上自然要受到奚笑了。

那还是先考虑做官吧。就这样游学十年后,嘉靖三十二年(1553),罗汝芳参加了殿试,得三甲第六十六名。

这个名次实在不高,但总算取得了进士身份,罗汝芳开始了做官生涯。

罗汝芳绝对是个心学后起之秀。他善于谈说,往往舌战群儒。当时人们就说天下有二溪,一个是王畿(号龙溪),一个是罗汝芳(号近溪)。当初那些笑罗汝芳的人绝对没想到罗汝芳后来还能成为心学大师,和王阳明弟子中的老大哥王畿并列。

罗汝芳对心学有个重大发挥,那就是大力标榜赤子之心。在教学方法上,他和王畿也不相同。他教人比王畿简单,只是强调人们不要丢掉赤子之心,说赤子之心就是人们要找寻的良知;道不是天上掉下来的,也不是地里长出来的,赤子初生之时,第一声哑哑啼哭就是道。

婴儿生下来的第一声啼哭是道,这在罗汝芳看来再有道理不过——婴儿哑哑啼哭多半是因为又冷又饿,这不是婴儿自道是什么?要吃穿怎么了!

但这只是罗汝芳的一家之言,人们还是半信半疑。这时,正好有个人念出来了一句诗——"万紫千红总是春",罗汝芳立即借题发挥,说:"你们都知道万紫千红总是春,你看婴儿也是万紫千红总是春。你从左边叫他,他就看左边;你从右边叫他,他就看右边。他的耳朵是无时无处而不听,眼睛是无时无处而不看,这就是人的良知良能。若有不知,怎么叫良知?我们只要不丢掉自己的赤子之心就是找到了自己的良知,多么简单!"

恭喜你,罗老师,都会抢答了!

罗汝芳上位如此快,他的这个老师颜山农也不简单。颜山农文化程度不高,可以说写的文章不成文章,提的治国理政思想也荒唐可笑,然而周围却有不少人崇拜他。他的言论也大胆,四处对人放风说:"率性所行,纯任自然,便是道。"

在颜山农心目中,罗汝芳这位弟子既有进士身份,性格又温和。

但颜山农这个师父却不让徒弟省心。

嘉靖四十五年(1566),颜山农讲学遭人打击,被逮捕,后又被诬陷盗取官船,罚交赃银三百五十两。罗汝芳卖尽家产相救,颜山农这才出来。

颜山农从监狱出来后,家里更加穷困,就把罗汝芳家当成了自己的内库,想拿什么拿什么。你说你拿走也就算了,还随取随厌,拿的东西不喜欢就发牢骚。罗汝芳当时已经老了,每次颜山农发怒,罗汝芳都跪在榻前。颜山农拿手打罗汝芳,罗汝芳动也不动,直到颜山农怒气下去了才起来。

花钱把你从监狱里救出来,不仅要周济你,还要挨你打骂,真是弄了个大爷,人们都说罗汝芳不值,对他这种行为不理解,说:"颜山农不如你,你拜他为师还对他这么恭敬,有意思吗?他仅仅是个布衣老百姓,你可是个进士啊!"

然而罗汝芳无怨无悔。

颜山农的另一个弟子是何心隐。相比于罗汝芳的温顺,何心隐那才让他头疼。

何心隐本名梁汝元,江西吉安人。他的学历比颜山农高,三十岁考了个乡试第一,然而也就到此为止,他没有再去参加科举考试。

何心隐听说了颜山农的事迹后,就去拜颜山农为师。当时后生来和颜山农学习,必先挨三拳,如果能忍受,才可以成为弟子。何心隐来了说完自己的想法后,也先挨了三拳。你想想何心隐能隐忍得了吗?自己这么高的文化,还没有和你学习,先挨了你三拳,虽说伤害性不大,但侮辱性极强。何心隐有后悔的意思,又幻想以后超越颜山农。他知道颜山农好去村里找人嬉戏,于是藏起来,等颜山农出来后,也上去给了他三拳。

颜山农大不高兴。学生打老师,生产队的驴都干不出这事,于是削去了何心隐的弟子身份。何心隐从此自己单飞,纵游江湖。不久,他就因为反对江西永丰县令强征银两被抓进监狱,经人营救,才得以出狱。出狱后,何心隐跑到了北京,结识了罗汝芳。

罗汝芳还是认他这个同门师兄弟的。由罗汝芳介绍,何心隐又认识了耿定向。

然而罗汝芳、何心隐都没想到,悲剧就是自此开始的。

耿定向是湖北麻城人,嘉靖三十五年(1556)进士。耿定向、何心隐认识后,耿定向又给何心隐介绍了后来的一个大人物——张居正。张居正是个心学反对者,当时正在当国子监司业,还没有掌大权。据说有一次何心隐戏问张居正:"你在大学当官,知道大学之道吗?"

张居正冷冷回答道:"看你的意思是时时想起飞,只是飞不起来。"

何心隐感到有一股杀气,退回去后对耿定向兄弟说:"此人日后必当国,当国必杀我。"

这个故事相当扯。张居正凭你说的一两句话就要杀你?别说何心隐能不能猜到日后张居正当国,就是张居正真说了这句话,那也只是一句讥讽话,看不出有什么杀意。

这时是奸臣严嵩当权,何心隐在北京开始了推倒严嵩的活动,事情败露后,仓促逃往南方,改名何心隐(原来一直叫梁汝元),继续到处讲学。

到了万历初年,张居正果然当权,三年后,下令严禁包括心学在内的一切讲学。

敌人的敌人未必是朋友,可敌人就是敌人。何心隐又开始加入驱张行列。

学心学放飞内心的人多少有点儿狂。心学大师王阳明生前就曾说:"现在的人虽然说我是丧心病狂的人,也无不可,让他们随便说吧。天下的人犹有丧心的,我就不能丧心吗?也有病狂的,我就不能病狂吗?"

王阳明的弟子们更是青出于蓝而胜于蓝,比如王艮就曾经很狂,狂者发展到颜山农、何心隐一派达到巅峰。

在明朝,心学、理学虽然对决,但程朱理学是官方指定的,有背景。王阳明也想攻程朱,但还不敢放肆;湛若水只是随处体认,修正程朱——我走

到哪儿体认到哪儿,这你们管不着吧,我没说过头话吧。

而到了何心隐这里,反对程朱就露骨了,他最终被人抓住了把柄。

张居正听说何心隐要赶他下台,不等他进京,就派人在江西抓捕了他,然后押解到了武昌。

何心隐也是倔强得很,到了巡抚衙门,见了湖广巡抚,何心隐坐不肯跪。巡抚让衙役痛打了他百余下,何心隐一声不吭,只是干笑而已。巡抚见他强硬,最后将他乱棒打死。

司马迁在《报任安书》中说周勃这些出将入相的大人,一到了狱中,见了狱吏都要颤抖,如鼠见猫,这让人知道了狱吏的可怕。而何心隐等人却全然不同,被狱吏苦打,活活痛死,都全然不惧,他们那颗狂放的心早已飞到了野外。

何心隐被逮后,罗汝芳卖田产往救,但无济于事。他和张居正关系早就不好。万历五年(1577),张居正指示言官弹劾罗汝芳,将他免职。

免就免了罢,都六十多岁了,正好出去讲学。

可此时张居正正在严禁讲学。有人劝罗汝芳停止讲学,以免招来祸患。罗汝芳却无所畏惧,说:"人就怕无实心讲学,人要是肯实心讲学,必无祸患。"

但要他此时去救何心隐,他已经没有这个能力了。

此时有能力救何心隐的只有一人,那就是耿定向。他和张居正的私交很好,又身居高位。然而耿定向没有出手相救。他早就对罗汝芳不满。罗汝芳接纳僧人道士,一边讲心学,一边在会上大谈因果报应、善恶轮回,耿定向批评他做这些怪事是不明心。

罗汝芳也反唇相讥,说耿定向只知道理会自己的仕途荣禄,对性命道理并不关心。

现在既然心学阵营已经分化,耿定向自然无心于何心隐,管他是死是活。何心隐就这样惨遭毒手,被活活打死而无人相救。

身边的战友一个个离去了。万历七年(1579),罗汝芳带着两个儿子和一个姓胡的道士游广东,没想到,到了肇(zhào)庆,大儿子在旅店病死,这名胡姓道士见罗汝芳长子病死,自己也饮雄黄、朱砂后狂笑死去。罗汝芳二儿子见哥哥死了,在掌中焚香,把手都灼烂了,加上哭得过了头,毁了身体,也病死了,景况十分凄惨。

耿定向听说后十分高兴,说罗汝芳和道士掺和在一起,两个儿子为人所惑,死时痛苦呻吟,与常人无异。世界上那些为了脱离生死从而有志成佛成仙的人,看了这个该怎么想呢?还学这些没用的东西吗?

罗汝芳两个儿子死前的非理性亢奋难道还不是教训吗?

四个人一块儿去广东,只剩下一个快七十岁的老头子回来,仅有的两个儿子也全都没了,听上去确实是人间惨剧。

而罗汝芳并不说得这样悲观,他说自己的儿子安详瞑目坐化而死,虽然死了,但死后还能显灵,越来越厉害了。

第八十三回

开会议罗汝芳了断生死
进孔庙王阳明万古流芳

虽然内心痛苦,然而罗汝芳绝不回头,说哀莫大于心死,只要心不死,心学必将继续。

万历十年(1582)张居正死后,罗汝芳讲学的声名越来越大,每次讲学,聚会者有上千人,士民云集,观者如堵。

这一天罗汝芳在福建讲学,大家正在讨论生命的意义时,有人说起有一位年事已高的士大夫重病垂危,大家听了都感伤不已。罗汝芳慷慨激昂地说:"诸君不必过于悲伤,死生是昼夜常事啊。"

在座的有人停止悲伤,改容问道:"死生昼夜常事,古代确实有此语,然而夜可以复昼,死又怎能复生?"

罗汝芳道:"你们知道天的昼夜是谁弄的吗?那是天有太阳,周匝不已而成的啊!心在人身,也号称太阳。我们的心昭朗活泼,又怎么会停止呢?所以死死生生,也如环如轮,往来不息啊!"

座中一年高者拊掌笑道:"我平生想得最多的就是生死,常以此系念。今天听了你这话,稍稍放心了。"

虽然生生死死,死死生生,但心就是我们身上的小太阳,如环如轮,往来不息。

不愧为心学大师,把生死都说明白了,大家都放下心来生生死死、死死生生吧,不必悲痛。

心学真能了断儒家不愿意谈论的生死吗?两个儿子都在跟着他讲学的路上死了,谁最难受谁知道,罗汝芳夜深人静时少不了老泪纵横。

我心中的小太阳啊,伟大的心学!

你们继续唱,我继续听,谁都别叫醒我!

此时的心学大师王畿也已经老了。老战友们一个个相继去世,王畿的内心感觉到了前所未有的孤独。隆庆四年(1570)冬天,王畿家中又发生大火,所藏典籍和王阳明的遗墨也一同被烧毁,这让王畿难过不已。回顾自己一生和这个争论和那个辩论,王畿不由得痛心疾首,说:"这都是平生心热,所以招来了这么多人的憎恨。"

王畿没想到老了也不得安心,但让他烦心的还不止这些。不久张居正禁止讲学,拆毁天下书院,王阳明祠也被毁,王畿再闹心也没有办法。

更让人痛心的是耿定向也来找事了,来信说他的"无是无非"的良知学说将使天下人都至于昏昏懂懂,入于顽钝无耻。

罗汝芳也来信反对他只讲"良知",而不讲怎么去"致良知",说他忽略了工夫,让王畿又是一阵闹心。

我整天东奔西跳的,就为了几个赞,我容易吗我!难道同心的就这么少吗?

万历九年(1581),八十四岁的王畿与七十九岁的前大学士徐阶相见。徐阶是心学家,退休前位极人臣。王畿虽然只是早就被勒令退休的小臣,但他是王阳明亲授的心学弟子,徐阶老大人还是不能怠慢。两个老头在席间谈论起王阳明的学术,王畿继续坚持自己的"无是无非"的"四无"说。徐阶对他只是一个劲儿地讨论心体而不去用工夫表示不满,对他说:"工夫不可丢。工夫和本体,原不是两个东西。你若以为工夫可以没有,那本体又怎能得到(毕竟不可复)?"

听着,我强调的不是心的武功,而是它的修为。

王畿说我并不是说工夫可以没有,我只是说工夫可以一点点减掉,减完了就是圣人。

到死都嘴硬!你是不是死心眼!

万历十一年(1583),王畿和徐阶同在六月去世。

都走了,都走了。万历十六年(1588)九月初一,罗汝芳也得了重病,生命垂危。这一天,他梳洗完毕后,端坐堂中,拱手和大家告别,说:"我要走了,你们今后各自珍重、珍重。"

门人们听了舍不得,流泪哭留,罗汝芳不得已答应说:"那我就为你们且再多盘桓一日再死吧。"

于是第二天才死。

预尅(kè)死期,鬼门关留步,心想事成,这就是我们的心学!

高,真的高!

罗汝芳死后八年,嚷嚷着让弟子罗汝芳给自己买棺材的颜山农才死,活了九十三岁。

什么严嵩、张居正,让我住监狱的人今何在?

高寿,让所有的敌人都被时光带走了自己才走,这也是真高!!

一个心学热热闹闹的时代即将过去。如果你疑惑于那时为什么那么多人谈心说理,那你可以把自己想象成一个身处那个时代一心要求取功名、孤独寂寞的书呆子,忽然有一天听到有人谈心,你肯定会被吸引。

在那个年代,没有手机、电视,就是街上有一个说唱评书的,你也会跑出去围着听听。

明朝的这帮心学家由于粉丝众多,不免烧包,发展到最后,一个个都走上了狂放的边缘。

不过他们再狂,也没敢驳孔子,比不上下面这位勇猛。

他的大名叫李贽。

在明朝,有那么三位虽然没有考上进士,但仍把事业做得风生水起的举人。

一个是陈献章,以举人身份得到了翰林院检讨的勋章,死后从祀孔子庙廷,光耀后世。

一个是海瑞,以举人身份官至南京右都御史,位居二品大员,工作起来作风严厉,吓倒无数当时的显宦,名留青史。

第三个就是这位和海瑞同处一个时代的李贽先生。

李贽是福建泉州人,二十六岁中举,后来考了几次,都没有考上进士,从此不再参加科举考试,而是去吏部挂了个名等着求官,二十九岁时,被任命为河南共城(今河南辉县)教谕。

共城是宋朝时邵雍耐心研修学术的地方,可李贽没这个耐心,当时的共城县令也不欣赏李贽。李贽在这里和县令发生了冲突,离开后又到南京国子监当了一个博士官,是从八品。嘉靖四十三年(1564),李贽又到北京补了一个北京国子监博士的官职,没想到在这里又和当过国子监校长的秦鸣雷发生了冲突。

秦鸣雷这个人的科举经历也很有意思。嘉靖帝做梦梦见雷鸣,于是把秦鸣雷定为状元,把原定的吴情挪后,说无情之人怎能做状元。

干掉你的不一定是同行,也可能是跨界。这嘉靖帝也是够搞笑的,望文生义,把吴情解释成无情。难怪后来海瑞在谏疏中骂他这个"嘉靖"的年号是"家家皆净",讽刺他搜刮得国尽民穷,家家干净,原来一切都是有根由的。

李贽对秦鸣雷却没有眼前一亮的感觉,二人话不投机。后来李贽到礼部当了一个司务,这是个从九品的小官,比国子监博士还低一级。

李贽就这么折腾来折腾去,多年过去了还是一个小穷官,吃尽了苦头,四个儿女也在荒年相继病死。他后来对人感慨说:"穿衣吃饭就是人伦物理。世间种种,都是衣与饭。"

千里做官为吃穿,这话对于李贽来说可是身世之痛啊!

四十五岁时,李贽终于在官场有了点起色,当上了南京刑部员外郎。

在南京,李贽还做了一件大事,那就是拜王艮的儿子王襞(bì)为师,进入了心学阵营,同时认识了罗汝芳、耿定向等人。其中最大的收获是认识了焦竑(hóng)。

强者都能互帮,弱者更不能互撕,胸中有什么样的格局都由自己决定。

焦竑是南京人,十六岁中秀才,二十三岁时拜来南京督学的耿定向为老师,两年后中举。嘉靖年间,耿定向在南京建崇正书院,特聘焦竑为老师,给学生们授课。

李贽比焦竑大十三岁。焦竑性格豪放爽直,李贽也是一身英雄气概,二人一见投缘,成了好朋友。

李贽认识耿定向后,一开始对身居高位当大官的耿定向满怀希望。早在万历五年(1577),李贽赴任云南姚安知府,路过耿定向的家乡黄安时,便欲弃官留住。经过劝说,李贽决定还是继续南下赴任,但订下了三年任满后归来的约定。

然而到了万历七年(1579),何心隐被乱棒打死,耿定向却见死不救,李贽从此对耿定向有了看法。

说好一起到白头,你却独自焗了油。

李贽虽说没有和何心隐见过面,但极崇拜何心隐。在给焦竑的信中他称何心隐英雄无比。他对颜山农也很推崇,说:"王艮之后有颜山农。颜山农以布衣讲学,雄视一世。王艮是真英雄,他的弟子也是英雄。颜山农以后有罗汝芳,有何心隐,一代高于一代。"

李贽推崇的颜山农是个搞笑奇才。有一次在讲心学时,颜山农忽然心情亢奋,躺到地上滚了起来,一边滚一边说:"我今日给你们致良知。"

一个正在讲课的老师突然在你面前满地打滚,不吓死你也得笑死你。

颜山农的举动顿时遭到士大夫们的哄笑。

这就是人们所说的:经常被自己蠢哭,又舍不得揍自己。

对于颜山农打滚,李贽表示理解,还称道不已,对人说:"山农打滚,那是山农自得良知真趣。他自打而自滚,与你们有什么相干。当山农滚的时候,内不见己,外不见人,内外两忘,身心如一,真是难得。人世间打滚的人多了去了,大庭广众,谄事权贵;暗室屋漏,奴颜婢膝。任何人都是这样,任何时候都是这样,没有一刻不打滚,为何独独颜山农一打滚便成了笑柄?这都是你们杞人忧天,我独遗憾山农不能终身滚滚啊!"

告诉大家吧,别对皮囊失望,他的灵魂滚烫。

然而耿定向却讨厌颜山农。耿定向把颜山农诱骗到太平府讲学,逮起来重重打了五十大板,几乎把颜山农打死。颜山农始终一声不吭,动也不动。

李贽终于看清了耿定向,认为假如当初耿定向和湖广巡抚说说情,何心隐也不至于被打死,可见耿定向这个人不咋地,虚伪。

你耿定向还讲心学呢!你还自称是王襞的私淑弟子呢!你就是个官僚!既然心扉敞开对于做官并不是好事,那你就别谈心学!

李贽从此对耿定向有了意见,说那些坐视何心隐死而不顾还落井下石

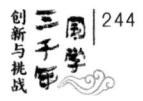

的人,心都让狗吃了。

万历九年(1581),李贽辞去云南姚安知府,来到黄安。

李贽当了二十多年官,走到哪儿都和上司相抵触。在县里当教谕,和县令抵触;到太学当博士,和祭酒、司业抵触;到礼部当司务,和尚书、侍郎抵触;最后当郡守,又和巡抚抵触。

李贽虽然和上级领导都不投合,然而这没有影响他升迁。他一直做到了正四品。李贽当然不能和同时期的海瑞相比。海瑞做到了正二品,但海瑞是靠死谏嘉靖皇帝出了大名才继续升迁的,后来的万历皇帝也有意提拔海瑞;而李贽是早早就从官场上退了下来的,假如不退,可能还会继续升迁。

退下来的李贽不久又和耿定向起了冲突。

起因是万历十六年(1588),李贽将新作《藏书》寄给焦竑,请他作序。焦竑阅读后非常高兴,给这本书作了一篇序。

第二年焦竑第九次进京参加会试,这次中了状元。

耿定向立即驰书祝贺焦竑,同时又对焦竑作序称赞李贽的《藏书》表示极度不满。

万历十八年(1590),李贽的另一本书《焚书》刻成。为什么起名"焚书"呢?让李贽说这是因为这本书打中了一些人的顽固疾病,惹得这些人必欲杀我,也必欲焚烧这本书,将它化为灰烬,所以我起名"焚书"。

在这本书里,李贽公布了他回复朋友们的信件,其中有回复耿定向的七封书信。耿定向在这一年恰好从北京告病回家,他看到了李贽的这本书后,十分恼火。李贽把回复他的书信公开,恰像揭了他的一层皮,他说:"我六十七岁了,三月份回到家乡,六月份毁谤我的言辞就来了。李贽让后生小子承他的风、步他的影,毒流万世,这和禽兽没有什么界限啊!"

小时候家里穷,唯一值钱的就是门口那把大铁锁。一到下雨的时候,我就哭着跑到门口,抱着铁锁,大声喊:"老铁,你别锈(秀)了,你别锈(秀)了。"

不怕老头岁数大,就怕老头会化妆。揭我的短就是剥我的皮,谁能忍受这个!耿定向从此和李贽彻底摊牌,二人的冲突开始白热化。

说起耿定向,他对王阳明从祀孔子庙廷还是有功的。

明代从祀孔庙并不是那么容易的。元代的刘因是个理学家,到了明代有人提议让刘因从祀孔庙,但被否决,理由是他没有著书,说你刘因想攀比颜回,颜回是孔子的学生不著书可以,你不著书行吗?有什么资格从祀?

嘉靖帝死后,隆庆帝在位,如何给王阳明的学术盖棺论定迎来了高潮。

心学传人徐阶此时当首辅,御史耿定向提出让王阳明、薛瑄从祀孔庙,紧接着又有人提议加上陈献章,一共三人。

然而这次只选了薛瑄一人。

薛瑄从祀孔庙也并不顺利,他这时已经死了整整一百年了,明朝的文臣多了去了,凭什么是你薛瑄从祀孔庙?于是有人质疑说薛瑄的文章写得不多,不能入孔庙受供。这就好像我们现在想入作家协会,得有多少字的作品发表才合格。隆庆帝令大臣会议商议,最后议决:"薛瑄是一代真儒。至于有人提出他的著述不多,这个不是问题,因为学贵心得,道在亲自去实行,不是光靠去写。薛瑄著书十余万言,也不能说不多。"

就这样，隆庆帝批准了薛瑄从祀。薛瑄成为明代第一个从祀孔庙的人。

而这在嘉靖帝时代是绝无可能的。嘉靖帝在自己登仙前是不会批准本朝任何人进孔庙配享的。

隆庆帝死后，万历帝在位，又有人提议让王阳明从祀孔庙，这下各种质疑又来了。当时是张居正秉政。张居正素来憎恶讲学的这些人，王阳明从祀孔庙这事也就凉了。

张居正死后，万历帝掌权。万历十二年（1584），耿定向抓住时机，继续向万历皇帝上表请求让王阳明、陈献章从祀孔庙。他把王阳明的"良知"抬到和孔子的"仁"一样的高度，说："良知就是孔子所谓的仁。皇上孝养两宫太后，对祖庙诚敬虔诚，这都是良知的根啊！"

格局决定结局，思路决定出路。耿定向真会说话，把孟子提出的"良知"二字的根栽到刚刚二十二岁的年轻的万历皇帝身上，万历皇帝脸都红了，在孔庙里不给块地方都不好意思了。

耿定向接下来继续轻抚："皇上体念民命，恤念救济的命令连连颁布；看地方贫穷，停止收租的诏书屡下。这都是良知的发越啊！"

把良知和皇恩浩荡联系起来，万历皇帝也是舒服得可以在地上打滚晒太阳了。

接下来耿定向继续加劲儿，连说了几个假如，说："假如当宰相的不昧其良知，那么他就必会以忠良为心；假如治理民众的不昧其良知，那么他就必会以爱民为心；假如主管法律的不昧其良知，那么他就必会以公正为心；

假如带兵打仗的不昧其良知,那么他就必会以同仇敌忾为心;假如负责献言纳谏的(司献纳者)不昧其良知,他就必会以引导君主走向仁爱为心。"

出招飞快如白驹过隙,妈呀,我还是头一次见这么形容出招速度的。

耿定向瞄定方向,全面开花,又是良知又是心的,不愧是心学家。

最后耿定向话题一转,精准发力,对良知做了高度提升,说:"假如普天之下的人都不昧其良知,仰慕学习良知,那么就会人人亲敬长辈,无犯上作乱之心,社会安宁,天下太平!"

天下太平,江山永固,万历皇帝看了都要心花怒放了,对心学的好感大大增强。

对于没有多少功绩可提的陈献章,耿定向也没有少费笔墨,他在疏中说:"陈献章学术以静观默识为务,以深造自得为趣,可以说是最醇的人啊!我们这个朝代的学术知道从复杂的乱糟糟的名理中解脱出来,知道反约而求之于自己的心,实是陈献章开了风气之先。"

千理万理,都比不上善良单纯的心理,好!

大学士申时行等人也上疏请让王守仁、陈献章从祀孔庙,并且还把胡居仁也包括在内。阁老申时行的话起了关键作用,他说:"王守仁说了个'良知',陈献章说了个'主静',这种门户是很有必要开的。至于那个胡居仁,纯心笃行,老老实实地跟朱子学习,也是众议所归,应该一并从祀。我国家二百多年,理学名臣,先后辈出,而从祀的人到现在只有薛瑄一个人,实在是太少。"

装点门面、烘托太平。天黑了而我又这么好看,我最怕的就是别人看不见。万历皇帝听了心中高兴,正好张居正死了,现在是自己独揽大权拿主意,立刻全部批准了。估计除了王守仁这三个字他耳朵里灌满,陈献章这位前翰林院检讨的名字他略有耳闻,胡居仁他都不知道是干什么的。

就这样,没做过朝廷一天官的胡居仁也进入了孔子庙堂,开始从祀孔子。

不料第二年,南京就有官员痛诋王守仁,说得那叫个难听。万历帝看后下了一道严旨痛斥这位官员支离其词,挠毁圣典,都是偏见,吓得从此再没有人敢对从祀者说三道四,这事才算平息。

到了万历十九年(1591)十一月,巡按广东御史钱一本等人又来奏请将罗伦、罗洪先、陈真晟(shèng)、曹端从祀孔庙。这陈真晟是个明朝前期的乡村老儒生,好多人听都没听说过。万历帝这次不批了。非交易时间随便下单,还有完没完啊?如果一个人告诉你某个项目非常有利可图,无非三个目的:一、他想得你的利;二、他想让你帮他得利;三、他想让你来填坑。于是万历帝下旨:"这祀典已经屡次奏请,未有定论,如何又来烦渎。"万历帝把这奏章给他们撂了回去。

就这样,大明王朝只有薛瑄、王守仁、陈献章、胡居仁四个人从祀孔庙。

到了崇祯末年,大明气数将尽,有人说快多选几个进孔庙的吧,但这时已经来不及了,天下大乱,粉饰太平也不好使了。

早干吗去了!

{ 第八十四回 }

愤不平李贽童心著《焚书》
踏海波洋人慕名来中国

在《明史》的《儒林传》里有这么一句话:"嘉、隆而后,笃信程、朱,不迁异说的,无复几人矣。"

意思是说自从嘉靖、隆庆以后,没有几个人再像明朝初年那样笃信程朱了,都纷纷谈起了心学。

万历帝批准了陈献章、王阳明从祀孔庙,到了万历十七年(1589),万历帝也开始随心所欲起来。臣子们在底下鼓捣心性,他在宫中也开始了修炼。万历帝虽然不谈心学,但玩起心字来也是好手。他派内使传话说由于大臣们奏对数多,导致他一升殿就头晕目眩,心神恍惚,不能久坐,不耐劳剧,开始久不上朝。

万历帝不上朝的理由是身体有病,这可能是实情。因为在我们的生活中,若有一天突然发现某个人变了,这和他的身体状况可能有很大关系。尤其是当一个人有一天发现自己迟早要死的时候,他的好多想法就会发生改变。从活蹦乱跳到萎靡不振,从壮志凌云到浑浑噩噩混日子,人生苦短的念头一旦萌发,一切都那么简单。

这一年年底,万历帝终于迎来了他的年度总结。大理寺左评事雒(luò)于仁上疏说万历帝病在酒色财气,并给万历帝开出了药方。万历帝看了气得浑身打战,恨不得立即开除雒郎中。他对大学士申时行等人说:"你们要为朕做个张主。朕就是心,你们是股肱,心要是没有股肱怎么能运动?他怎么能这样说话!"

看来万历帝是铁了心不上朝了,他将理学的静摄工夫把握得很好,他的心学"理论"也很奇葩。你申时行不是忽悠我把王守仁等人搬进孔庙了吗?如今我就是心,你们是我的胳膊腿,给我干活就行了,让我歇会儿。

万历帝还特别叮嘱这些大臣:"尔等以后务要洗心涤虑,率职奉公。"

万历帝常说的一句话就是他头晕。看万历帝那个样子,可能有高血压。他见大臣们不满自己不上朝,闹辞职,对六部、都察院说:"近年以来,人各有心,众思为政,以致闹得现在国是纷纷,朝纲陵替,大臣解体,争着要乞身回家。国家要是无人,谁来治理?今后再有敢说回去的,宪典昭然,定不轻怠。"

到了万历十九年(1591)九月,替万历帝单挑天下的申时行终于心神交疲累趴下了,连上了十一封奏疏求去,万历帝只好批准。申时行走后,万历帝对也闹不上班的内阁大学士王家屏说:"申时行元辅今已回籍调理去了,紧要文书至今在案上堆积如山,你们是要把朕孤立于上吗?你们就这么忍心吗?你们这样做,心可忍乎不可忍乎?"

我有高血压,你们都有心脏病吗?万历帝又是"心"又是"乎"的一番责问后,王家屏第二天就乖乖入阁办事了。

我心学都给你们抬起来了,对得起你们了吧?别拿着我的话不当事啊!大家都得讲良心,咱们都要以心交心才行呀!

万历帝在宫中闹心,民间此时也正闹着"心""理"冲突,耿定向和李贽两个老头为此打起了嘴架。李贽哪里是耿定向的对手?人家耿定向是都察院的高官,手下人众多,这些人纷纷向李贽发动攻击。

李贽不合群,这种"单恋"的后果要么是修成正果,要么是立地成佛,当和尚去。李贽不做官后果然剃了头发,让人以为他果真去当了和尚。

尽管不合群,但这次李贽也做了个聪明人,他知道这些人为长官表达起义愤来比长官还激动。张居正未必想收拾何心隐,可湖广巡抚为讨好他就得动动何心隐;耿定向未必想收拾他李贽,可当地太守为讨好耿定向,却极有可能让他进去待待。

何心隐的案例提供了前车之鉴——再不能像何心隐一样被抓进去让人玩了,于是李贽选择了掉头逃跑。可以想象一个留着胡须的光头老头逃跑的情形:

漫揾(wèn)英雄泪,相离处士家。谢慈悲,剃度在莲台下。没缘法,转眼分离乍。赤条条,来去无牵挂。那里讨,烟蓑雨笠卷单行?一任俺芒鞋破钵随缘化!

万历十八年(1590)的一天,李贽逃到了湖北麻城。他起初在村落野庙里住着，常常提一壶酒，喝得醉醺醺的，说话也是颠三倒四的。

这一天，一个叫袁宏道的举人走了一千多里地来拜访他。

袁宏道这一年刚刚二十三岁，而李贽已经是六十四岁了，能当袁宏道的爷爷了。袁宏道这位年轻举人对老举人李贽十分仰慕，在李贽这里一住就是三个月，与李贽结为了忘年交。不久，袁宏道又带着哥哥袁宗道和弟弟袁中道一同来拜访李贽，弟弟袁中道更是动情，说自从见了李贽，才知道了怎么做学问，才知道一向只知道掇（duō）拾陈言，株守俗见，死于古人语下，一段精光不得披露，今天才浩浩然像鸿毛遇见了顺风，巨鱼跳进了大海里；今天才知道要能为心师，而不师于心；要能玩转古人，而不被古人玩着转。

扎心了，老铁们，原来还可以这样写文章，我怎么一直这么笨！

这一年秋天，李贽把自己写的《焚书》赠送给了袁家兄弟。在这本书中，李贽提出了著名的"童心说"，说天下的好文章，没有不出于童心的。童心就是真心，是我们最初的一念本心。

袁宏道高兴地把李贽的《焚书》放到床头，闲来没事就翻看。第二年，开了心窍的袁宏道中了进士。

攻击李贽的人常常说李贽思想有问题，误人子弟，但袁宏道和李贽见面后第二年就考上了进士，谁说李贽误人子弟？焦竑和李贽认识后甚至还考上了状元。

更重要的是，袁宏道从此心智大开，三年后，在任吴县县令时，作了《叙小修诗》一文，在文中评论袁中道的诗"大都独抒性灵，不拘格套，不是从自

己胸臆中流出,不肯下笔",正式提出了"性灵"的文学主张。

袁宏道"独抒性灵,不拘格套"的诗说,提倡任性而发。差不多与此同时,一生受尽窝囊气的汤显祖也提出了戏曲创作上的"至情说"。

汤显祖也算是个心学中人,他少年时曾经向罗汝芳学习。万历十九年(1591)四月,小小的南京礼部祠祭司主事汤显祖弹劾首辅申时行,申时行气得请假不办公了。万历帝把申时行哄了出来,把微不足道的汤显祖降为广东徐闻县典史添注。

"徐闻县典史添注"这个官名看上去有点长,但其实已不是官,而是吏。汤显祖由一个六品官降为无品小吏,连降三品。而徐闻县大家也可在地图上找找,沿着中国地图一直往南看,在中国大陆的最南端,南面大海,波涛澎湃。

我是不是在做梦,梦到自己被拐去给人家当黑工了?

曾经的汤,如今的渣,后悔也只能认命啦!

万历二十六年(1598),看透官场黑暗的汤显祖终于下定决心,辞官回到了家乡江西临川,终日闭门坐在家中,写起了"临川四梦",开始唤醒埋在人性最深处的"情"。

李贽曾经扬言天理就在人的情内,而汤显祖干脆抛开了天理,提出了震古烁今的"至情说",说情不知所起,一往而深。生者可以死,死可以生。生而不可与死,死而不可复生者,都不是最深的情。

我们不懂什么心性,只知道至情可以通神,生生死死总为情。

这是一个性情开放的时代,草长莺飞,生机勃勃,万物向荣,原来姹紫嫣红开遍,怎能够随便付与断井颓垣!

有趣的灵魂总是心灵相通的。此时在遥远的英国,有一个和汤显祖并世而生的莎士比亚也正在写他心中那至死不渝的爱情:

幽闺中锁住了桃花人面,要相见除非是梦魂来去。

可是热情总会战胜辛艰,苦味中间才有无限甘甜。

——[英国]莎士比亚《罗密欧与朱丽叶》开场诗

中国的杜丽娘为情可以死而复生,西方的朱丽叶为情可以死不顾生。

西行路上的唐僧天天在妖精的油锅边缘徘徊,却说九九八十一难,最难过的是女儿国的情关。

世间文字八万个,唯有情字最动人。

到了明朝末年,又有个冯梦龙在他创作的短篇小说集《三言》中大谈情:

不会风流莫妄谈,单单情字费人参。

若将情字能参透,唤作风流也不惭。

——冯梦龙《警世通言》

宋朝的程朱谈心性要人灭情息欲,压抑人性,但最后什么也没压住,还闹出了个情本主义。可见世界的趋势就是我们人类自己给自己松绑。

明代的王阳明大力说"心",到最后李贽弄了个振聋发聩的"童心",要人们发泄自己的真性情。

从魏晋南北朝笔记小说《世说新语》中的琅琊(yá)王伯禹为情呐喊,到明代戏剧中杜丽娘游牡丹亭寻找爱情,再到冯梦龙小说中杜十娘追求真情,情已突破重重禁锢,喷薄而出。

程朱等人要是活到了明末,见了这些情字的鼓吹,也只能一甩袖子说"我不管了"。他们确实也管不了了。这个局面已无法控制,心统性情也已流于空说,情的熊熊大火已经无法扑灭。情也被认为可以"细(yīn)缊(yūn)化物",成了万物产生的本原。小小的心已经控制不了狂放的情。

惊艳了时光的是朱砂痣,温柔了岁月的是明月光。

曾经有人对我说理学、心学的东西让人看了有点乱,其实,我看了也觉得有点儿乱,什么心性气命的,叫人捯(dáo)饬(chi)不清。直到有一天,我看到了外国这时候的哲学文章,里面的什么经验、理性等词汇,和宋元明清的这些理学家、心学家说的大不相同又似曾相识,我才知道"理智"或"理性"是那时候的人们都在思考的东西。

心啊理啊的,这一切说下去没完没了,您也听腻了,我也说烦了。如果您仍旧没有看明白宋明理学心学,这也不要紧,今后也不用看了。

正德十二年(1517),几声炮响震惊了广州城。

原来是葡萄牙人驾着大船来到了中国。西班牙在海外扩张,打开了东方大门,找到了传说中遥远的东方大国——中国,这个消息传到葡萄牙,葡萄牙国王决定派外交使团去探探虚实。如今走了大老远终于到了,可能是兴奋,后来解释说是一种礼节,这些葡萄牙人朝天放了几铳,那声响就像大白天在空中响了几声炸雷。

这几声炮响震惊了广州城的军民,吓得官员老百姓都跑了出来,急忙一问,才知道是佛郎机国派来的使团,说是要给明朝皇帝朝贡。一群人这才收回魂来。他们对佛郎机这个国家闻所未闻,回去翻遍了整个《大明会典》之类的书也没有找到相关记载,于是赶快向北京打报告。

在郑和下西洋期间,这类小国见多了,北京也没有拿着当回事。朝贡就免了吧,不要以为朝贡送礼我们就要,一般不是什么重要大礼,我们还不要。因为我们是大国,赐给这些朝贡国家的礼物比他们拿来的这点东西贵多了。再说又没有牵扯到什么边防问题,没必要跟你们多谈,所以你们还是回去吧,你们的情意我们心领了。

葡萄牙使团这一下慌了,跑了这么远,连门都没进,空手而回,带的礼品不等拿回去,放也放坏了,于是派人到北京找朝廷大员帮忙。但北京方面迟迟没有回复,一直等了两年,才得到允许,可以进京。

葡萄牙使团喜出望外,立即进京。正高兴着呢,走到半路上,又听说中国的皇帝要征讨叛乱的宁王,去南京了。于是他们兵分两路,一路去北京见内阁各位大员,一路到南京去见皇帝。

这次计划终于实现,他们在南京见到了正在游玩的正德皇帝。这位好奇心浓厚的皇帝对这些洋人问这个问那个,走到哪里还带着转转,让他们看看明朝的美丽山水。

正在使团高兴的时候,到达北京的那一路却出了问题。他们递上国书,正等着被接见,一个叫满剌(là)加的国家的使团也到了。满剌加在今天的马六甲,他们在郑和下西洋的第一年就归顺了明朝,从那之后一直朝贡不断，而今却是落难而来。使团成员声泪俱下地向宗主国大明朝叙述了被佛郎机国侵占的血泪史。

内阁大学士杨廷和等人一看，好啊，我说佛郎机无缘无故来朝贡呢，原来是不怀好意，打探虚实来了。不要相信天上会掉馅饼，对我们鞠躬到底的背后都是有所诉求，这个佛郎机国就是如此。于是杨廷和等人向正德皇帝打了报告。

此时的正德皇帝还在回北京的路上，他正对佛郎机使团饶有兴致。这些外国人在这位爱玩的皇帝看来很是新鲜，管他们是不是虎狼，照旧待见。但老天爷偏不能让人如意，这位皇帝在走到江苏淮安一个叫清江浦的地方乘船钓鱼时翻船落水，从此身体状况越来越糟，回到北京后没几个月就死了。

内阁趁机在他的遗诏里对这事做出了处理，把佛郎机使团赶出了北京。

正德帝走后，在嘉靖帝时代的四十多年里，也就日本那些倭寇常来中国捣乱，欧洲的葡萄牙还没有来惹事。

这种情况一直持续到万历年间。

万历皇帝为了补贴家用，向各地派出了矿监税使去挖矿收税。随着各地金银财宝的陆续到来，万历帝心中乐开了花。

万历二十九年(1601)的这一天，驻扎在山东临清的太监马堂给他送来了一批贡品。这些贡品不是金银财宝，但礼单上面的东西一下子把他吸引住了，它们是自鸣钟、玻璃镜、西洋琴……

这都是些什么玩意儿呀？万历皇帝一下子也弄不清了，他见都没有见过。但这位出了名的懒皇帝一开始没有表现出太多的惊讶。几个月后，他终于抑制不住了。在好奇心的驱使下，他突然提起了这些贡品，问："那座钟在哪里？我是说，那座自鸣钟在哪里？就是他们在上疏里所说的外国人带给我的那个钟！"

在万历皇帝神经质的催问下，这批贡品被急急忙忙搬进了宫里。迟迟钟鼓初长夜，耿耿星河欲曙天。会报时的自鸣钟从此让宫中多了一份欢乐。

可当时看到这个自鸣钟的万历皇帝却着实吃了一惊，他一下子被吸引住了，痴痴地望着这个自鸣钟发愣。这个自鸣钟多么精巧，能报时，比宫中那些日晷和用水箱制作的刻漏之类的计时器强多了。

此时的万历皇帝还不知道，他眼前的这座钟，代表的是怎样的一个文明。

{ 第八十五回

说文明简笔叙写西洋史
话传承泼墨描画科技功

说起另一种文明,我们就得提到当时正在蓬勃发展的西方文明。

在中国的诸子百家思考的同时,在地球的另一端,也有人在思考。人类关于世界的思考几乎同时发生,最后人类的智慧还要集中在一起互相碰撞,这真是伟大的奇迹。

我们熟知的四大文明古国,最早的是古代巴比伦,它位于底格里斯河和幼发拉底河这个两河流域,也就是今天的伊拉克一带。古巴比伦的文明终结于公元前 538 年,也就是我们东周的春秋时期。古巴比伦王国的空中花园建筑群曾经被认为是世界七大奇迹之一。

另一个是古代埃及。古代埃及地处尼罗河流域。古埃及人早在公元前 2500 多年就用大石头修建了约一百四十六米高的金字塔,创造了世界奇迹。

再一个是古代印度。这是印度河和恒河哺育的文明。古印度人创造了"0,1,2,3,4,5,6,7,8,9"这些数字。后来这些数字由阿拉伯人传出,如今通行于全世界,这就是我们现在熟知的阿拉伯数字。

最后一个就是我们的黄河和长江哺育的中华文明。

说完了这些被大河哺育的文明,就该说被爱琴海和地中海包裹着的古希腊文明了。古希腊地区三面环海,它南邻古埃及,东邻古巴比伦。古希腊人积极地跑到这两个地区学习,在此基础上创造了更加灿烂的文明。

我们首先要说的就是希腊神话。打开世界地图,你就会看到希腊。它的触角深入到地中海,这里是欧洲文明的摇篮。

古希腊人留下了气势恢宏的神话传说。传说中有拿着神盾的全能神宙斯、穿着金鞋的神后赫拉、明眸皓齿的宙斯女儿雅典娜、激情四射的太阳神阿波罗、大地的摇撼者波塞冬、眼波撩人的女神阿芙洛狄忒、多才多艺的文艺女神缪(miù)斯、力大无比的宙斯私生子赫拉克勒斯、光荣的快递小哥赫尔墨斯等,关于他们的故事和我们盘古开天辟地、夸父逐日的传说一样古老。

自盘古大神以力证道后,到了公元前九世纪,希腊盲诗人荷马创作了《荷马史诗》。这部史诗包括《伊利亚特》和《奥德赛》两部书,描写了古希腊神人争斗的画面。

> 特洛伊人向城市仓皇逃窜,女神赫拉在前面布下一阵浓雾把他们阻拦……特洛伊人纷纷掉进波涛翻滚的河水里……场面有如无数小鱼被巨大的海豚追赶。
>
> ——《伊利亚特》

你眨一眨眼睛，便能让星河坠落；你微微一笑，人间便多一簇璀璨烟火。

总之，这是一个记述神话的狂欢时代。

除了以上这些气势恢宏的神话，古希腊还诞生了许多哲人，他们开始用哲理思考，而不再用神话解释自然界。

古希腊第一个著名的哲学家、数学家和天文学家是泰勒斯。

泰勒斯生于约公元前624年，几乎和我们的孔子同时，但他钻研科学的劲头更像和孔子几乎同时的墨子。泰勒斯认为世界的本原是水，提出了"万物源于水"的观点。

认为万物源于水，而不是像过去的人们那样认为万物源于神，这是一个包含着科学萌芽的思想，泰勒斯因此被尊为古希腊的"科学之父"。

泰勒斯不仅将一年划分为三百六十五天，还发现每天中有一个时刻，我们的影子与实际身高是一样长的。于是他测量了这一时刻埃及大金字塔的影子，由此推算出了大金字塔的实际高度。他观察天象，发现了小熊星座，预言了日食，把每个月最后那天确定为第三十天。

泰勒斯不像孔子那样参政议政、授徒讲学，他总是孤独一人，离群索居，远离公共事务。他晚年收了一个著名的徒弟，名叫毕达哥拉斯（约公元前580年出生）。

我独自生长，没能成为自己的月亮。能遇见你，是银河赠给我的糖。

泰勒斯收的这个徒弟毕达哥拉斯很了不得,他证明了直角三角形斜边的平方等于两直角边的平方之和,也就是著名的毕达哥拉斯定理(**勾股定理**),还提出了和老师泰勒斯不一样的观点,认为数是万物的本原,是数目产生了点、线、面,并产生了水、火、土、气四种元素。

如果说毕达哥拉斯提出数是万物本原还只是数学家的一厢情愿,那他提出大地是圆形的这个说法就是神一般的存在了。

说大地是圆的这在当时听上去简直是破天荒。

我们中国人最早的宇宙观念是"盖天说",即把天理解为一个盖子,地就像一个盘子。到了东汉,张衡等人才提出了"浑天说",说天体圆得就像一个弹丸,大地如蛋黄。

而古希腊人早早就将大地定性为球体。

泰勒斯死后,著名的赫拉克利特出生(**约公元前544**)。赫拉克利特没有说什么数是万物本原,而是认为火是物质的本原。他说虽然万物是在水中产生,但世界万物源于火,到了一定时间,火会再次摧毁这个世界,万物将又回归为火,因此火是物质的本原。

除了以上对世界的认识,赫拉克利特还说过一句非常著名的话,那就是:"人不能两次踏进同一条河流。"

不用迷恋过去,过去的永远过去了,这就好像我身在江湖,江湖却早已没了我的传说。

他死后二十年,在公元前460年,著名的德谟克利特出生。

德谟克利特对赫拉克利特并不推崇,他倒经常提起毕达哥拉斯,对毕达哥拉斯崇拜之极。你眼中的星河荡漾,是我一生的心之所向。他接过了毕达哥拉斯的宇宙问题继续探索。由于喜欢独处,他常常在墓地里坐着思考。他提出万物的本原是原子和虚空,认为原子是组成世界的基本元素。

在墓地里想到虚空很正常,但能把万物构成由看得见的水火等物质转为看不见的原子,这又是个神级天才的构想。

不过德谟克利特的原子论在当时的希腊并没有多大影响,他死后约三十年,公元前341年,伊壁鸠鲁出生。

他将是原子论的推陈出新者。

伊壁鸠鲁推崇德谟克利特的学说,他继承和发展了德谟克利特的原子论,认为原子数量无限,不仅形状有大小,而且还有不同的重量。

古代原子论到伊壁鸠鲁就结束了,此后人们再也没有提到过原子,直到两千年后道尔顿提出现代化学原子论,人们才发现德谟克利特和伊壁鸠鲁这些古人真是厉害,他们不只从眼前的事物入手,还从看不见的东西出发看到了另一个世界。

紧随着伊壁鸠鲁出生的著名数学家是欧几里得(约公元前330年生),他的几何学我们后面还要提到。

古希腊哲学到原子论以后发生了方向转变,由自然哲学转变为人本哲学,开始关注人的伦理。

前面的泰勒斯等人关注天文地理,就像我们的墨子。

能和我们的孔子相媲(pì)美的应该是古希腊的大哲学家苏格拉底,他是第一个主要关注人自身德性伦理的古希腊哲学家。但由于得罪了权贵,他被扣上不敬神和败坏了年轻人思想的罪名而遭审判,成了古希腊第一个被处死的哲学家。

苏格拉底活的岁数也和孔子相似,去世时也是七十岁左右的年纪。

苏格拉底有一个著名学生柏拉图。苏格拉底死后,柏拉图又继续到处学习。他对老师苏格拉底心怀感激,对苏格拉底的死耿耿于怀,对雅典城邦不满,写了一篇文章《理想国》来发泄自己的不平。

在认识论上,柏拉图反对德谟克利特的原子论,提出了自己的"理念"论。

柏拉图的"理念"和程朱所说的"理"都是高高在上的、绝对的,永恒的存在。程朱要是知道柏拉图的"理念"说,说不定会赞赏这位老前辈。

不过这只是我的想象,程朱的"理"和柏拉图"理念"中的"理"并不是同一个理。

柏拉图死后,又有一个叫着"我爱我师,我更爱真理"的学生起来反对他的"理念"论,此人名叫亚里士多德。

亚里士多德十八岁起跟随柏拉图学习,追随柏拉图长达二十年。比起柏拉图的结实身材,亚里士多德可以说是又瘦又小。他的腿瘦小,眼睛也很小,说话还口齿不清,和能言善辩的师祖苏格拉底相比差了一大截。

不过聪明的亚里士多德实在是人间难得。最早,古希腊哲学只有自然学这个主题,苏格拉底将伦理学引入了古希腊哲学,柏拉图又引入了哲学辩证法,亚里士多德在此基础上又提出了归纳和演绎的科学方法。

除了以上这些哲学思考之外,古希腊人还关注的一个问题就是怎么看待我们脚下这块土地。

苏格拉底死前曾经在监狱中和他的学生对话,说他自打年轻的时候起,就对自然科学这个领域有着特殊的热情,有几个问题让他一直苦苦不得其解,比如生物是如何繁殖的,人是如何长高的,我们是用大脑还是用身上的血液思考的,人体里有没有灵魂……

而其中很重要的一个问题就是我们的地球在宇宙中如何运转,这个问题让他到死都在苦苦思索。

但他始终相信我们所处的大地是球形的。

到了柏拉图这里,也提出了大地是球形的观念,他的学生亚里士多德更加明确了地球的概念。

在当时人们的认识里,大地就是扁平的。古巴比伦人、古埃及人、古印度人都没有提出地球的概念,我们古代中国也没有。我们更多的是认同"盖天说",直到南北朝时人们还沉浸在"天似穹庐,笼盖四野"的诗意中。

从这里可以看出亚里士多德等人的厉害。不过亚里士多德虽然推算出大地是球形的,却认为地球是不动的,所有的行星和恒星都围绕着地球旋转,地球处于宇宙中心。

这个错误的地心说一直流传了上千年,直到被哥白尼的日心说所取代。

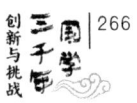

古希腊发展起来后,波斯又成了希腊的劲敌。波斯帝国主要在今天的伊朗一带,它统一了一大片领土,开始扩张。古希腊人战胜了强大的波斯帝国,阻挡住了它的扩张。

伴随着希波战争的胜利,这时的古希腊也出现了一些戏剧家,比如悲剧之父埃斯库罗斯,还有后来和苏格拉底同时的喜剧之父阿里斯托芬。

当没有了外敌威胁,希腊又开始内卷。公元前431年,古希腊的两个城邦雅典和斯巴达开始自相残杀,进行了长达近三十年的战争,最终两败俱伤。

冤冤相报何时了,人在一旁看热闹。这时希腊北部的马其顿军事上开始崛起,国王腓力二世打败了古希腊,在公元前337年,建立了希腊联盟,结束了希腊的城邦时代。

腓力二世想带领希腊和马其顿征讨波斯,大军正要出发时腓力二世却被刺杀身亡,他的儿子亚历山大继承了王位。

亚历山大的老师就是著名的亚里士多德。他给亚历山大讲述了《荷马史诗》,这本史诗级的书对亚历山大的世界观产生了重要影响。亚历山大即位后率领希腊人和马其顿人进行了向东方和南方的征服,消灭了波斯帝国,占领了埃及,统一了欧、亚、非三洲的大片领土,最后往东一直打到了印度的恒河。

生命里总有那个人,惊艳了时光,让人念念不忘,为他哭红了眼眶,却还笑着求原谅。

如果亚历山大继续往东打,越过喜马拉雅山,跨过金沙江,那他将到达我们的中国,去面对秦国、楚国等战国群雄。

正如古希腊人阿里安在《亚历山大远征记》中所说的:"亚历山大雄心勃勃,决不会满足于已占有的一切。即便是在亚洲之外加上欧洲,把不列颠诸岛并入欧洲,他还是不会满足。他永远把目光投向远方,寻找那些他还未见过的东西。"

然而亚历山大大帝没有再往东走,他的止步使眼看就要交会的中西文明没有交会,我们的中华文明继续按自己的思维方式独立前进。

亚历山大大帝死于公元前 323 年,他死后约一百年,三十九岁的秦始皇统一中国。

亚历山大死时刚刚三十三岁,他建立的庞大的马其顿帝国一分为三,它们是马其顿、叙利亚和埃及。

他的老师亚里士多德受到控诉,逃离了雅典,跑到乡下躲避,第二年去世。

亚历山大当年征服埃及后在埃及修建了亚历山大城,这座城成了当时的学术中心,古希腊雅典城邦的欧几里得被埃及国王邀请到了这里。欧几里得在亚历山大城创办了学校,总结了前人的几何学知识,编成了著名的《几何原本》。这本书直到明朝末年才传到我们中国。

欧几里得的几何学非常有名。埃及国王曾问他怎么学习几何最快,欧几里得告诉他:"几何无王者之道。"

什么意思呢?用我们老百姓过日子的话说就是:家里再穷,也不要挂在嘴边,因为没有人无故给你钱。工作再累,也不要抱怨,因为没有人无条件替你干。生命再短,也不要轻易作践,因为没有人为你的健康买单。学习再苦，也不要逃课，因为没有人能把知识直接塞进你脑子里边。

于是，"几何无王者之道"后来演化成了更加著名的一句话：求知无坦途。

公元前287年，著名的阿基米德出生。他青年时在欧几里得创办的学校学习，后来成了著名的数学家、天文学家、物理学家、机械师。他曾经豪气冲天地对人说"给我一个支点，我就可以撬动地球"，显示了科学上升时代人们的智慧和信心。

这时我们的先人还没有地球的概念，如果听了阿基米德的这句话可能会惊奇四顾："地球？你说撬什么球？"

就在这些后希腊国家发展自己的科学时，有一个小城罗马正在崛起，开始征服周边地区。

在公元前200多年，罗马又开始和非洲北部的迦（jiā）太基（位于今天的突尼斯一带）打仗，这时我们的秦始皇正利用远交近攻的计谋消灭六国。

这时的迦太基出了个优秀将领汉尼拔，他率领军队从西班牙来了个大迂回，北上欧洲，翻过阿尔卑斯山，到了罗马的北部本土意大利来和罗马战斗。

汉尼拔和罗马打了十几年，阻挡住了罗马对迦太基的进攻，但罗马派兵直逼迦太基，汉尼拔只得从意大利撤兵回到迦太基。罗马人就这样打败了迦太基，汉尼拔后来兵败身亡。

罗马人一时没有了敌手。它征服了希腊和马其顿，但在攻打阿基米德所在的西西里岛上的叙拉古城时，被阿基米德利用杠杆原理发明的抛石机砸在了城外达三年之久。

公元前 212 年,叙拉古城被攻破,这时阿基米德还在研究几何问题。他头也不抬地对攻进来的罗马士兵说:"别挡道,不要破坏了我的图形。"野蛮的罗马士兵哪听他说,上去就挥剑画了道弧线,砍下了这位大数学家的头颅。

一代科学巨星就这么陨落了。

"给我一个支点,我就可以撬动地球。"多么豪壮的话语,多么激动人心的杠杆原理,却落得个无处实现。但抛石机是利用杠杆原理制成的,也砸死了许多野蛮的征服者,阿基米德死得也不亏。

阿基米德的死虽然可惜,但他的一生也只能这样收尾了。

在罗马征服的众多民族里面有一个犹太民族。犹太人又叫以色列人或希伯来人,由于战乱他们一直到处迁徙。早在罗马时代,他们就居无定所。

犹太人信奉犹太教。罗马人征服巴勒斯坦的犹太人后,立了当地一个人为王,然而人们不甘受压迫,起义频频爆发,当地政府也没办法——这都是你们罗马人惹起来的,还得你们来平息,就把罗马军团请来镇压起义军。

犹太人的起义最终被罗马人镇压,但犹太人的起义也让罗马人大伤脑筋。就这样,犹太人不断起义,不断遭到镇压。

直到大约公元前 4 年时,一个名叫耶稣的孩子降生。他生前到处传教。在他死后,一支不同于犹太教的基督教终于被建立起来。

但基督徒此后一直受到罗马帝国的迫害。直到公元 311 年,罗马帝国根据形势的发展才颁布了敕(chì)令,不再迫害基督徒。

一年后,形势又有了进展,罗马统帅君士坦丁团结军队中的基督徒,取得了胜利,进入了罗马,此后又依靠基督徒,打败了其他对手,成了罗马帝国皇帝。

而后,罗马帝国六个被封为"恺撒"(副皇帝)的人为争夺帝位,大砍大杀,这时正值中国的西晋时代。

东西方此时都处于乱世。

许多人爬到了梯子的顶端,却发现梯子架错了墙。

不久,西罗马帝国灭亡了。

西罗马帝国灭亡是在公元476年,这时我们正处在南北朝时期,那位著名的北魏孝文帝刚刚十岁,已在位五年。十八年后,他将都城从大同迁到了洛阳,开始全面改革鲜卑旧俗。

西罗马帝国的灭亡和我们中国还有关系。汉朝时,中国北部的匈奴人打不过当时的汉朝军队,一部分被赶去了西方。这些匈奴人一路向西,又将原本居住在欧洲北部的日耳曼游牧民族驱赶到了罗马帝国境内。这些日耳曼人占据了当时归属于罗马帝国的今法国、意大利、德国等地,建立了自己的国家。

这些新兴欧洲国家后来大都信奉了基督教。

唐太宗李世民时,基督教的一支传到中国,受到唐太宗礼遇,被称为"景教"。到了唐武宗时,赶上唐武宗灭佛,景教也跟着衰微。

在经历过漫长而黑暗的中世纪后,一场崇拜艺术和科学的文艺复兴运动在西方悄然开始了。

第八十六回

西班牙葡萄牙扩地争锋
哥伦布哥白尼各放异彩

文艺复兴首先出现在意大利,在这里,艺术出现了前所未见的繁荣局面。

公元1275年,意大利人马可·波罗到达中国。这时忽必烈已改国号为"大元",成了皇帝。忽必烈对马可·波罗的到来表示欢迎。

马可·波罗在中国担任官职达十七年。在蒙古军攻打襄阳三年不下时,马可·波罗等人建议制造投石机攻打。襄阳城中众人从未见过这样的"流星雨",以为大患来临,惊恐异常,只好投降。

蒙古人征服南宋路上的这座最坚固的堡垒终于被扫除。

马可·波罗在中国一共待了二十四年,他后来回到家乡威尼斯,常对邻居们讲述中国的富有,说庙宇中到处有金像,官员们都穿着丝绸。邻居们听了,都把他的话当成无稽之谈,并给他起了个外号"马百万",因为他张口就是中国如何富庶，这个百万之多，那个百万之多。

后来在一场威尼斯和其他城邦的战斗中，马可·波罗成了俘虏。狱中的他依旧对人夸赞中国的富庶。监狱中的一个狱友把他说的这些记了下来，编成了书，起名《世界印象》，中译名为《马可·波罗行记》。

生命以痛吻我，我却报之以歌。马可·波罗的书最终激起了欧洲一些人对这个东方神秘国度的向往。

欧洲这时也发生了深刻变化。公元1453年，崛起的奥斯曼土耳其帝国攻陷了东罗马帝国的首都君士坦丁堡，东罗马帝国灭亡。

奥斯曼土耳其将自己的首都迁到了君士坦丁堡，并将它改名为"伊斯坦布尔"。这个新兴国家切断了过去西欧沿地中海到达中国、印度的陆路贸易通道。

西欧诸国与奥斯曼土耳其是死对头，要想去东方贸易，必须另寻新商路。于是，风风火火的海上探险开始了。

走在最前面的是西班牙、葡萄牙这两个国家。

阿拉伯人曾经统治西班牙七百多年，这时已被赶走。西班牙成了独立国家，摆脱了束缚的西班牙人迫切盼望去开辟一条新航路。

欧洲人自古就知道东方有个产丝绸的国家，但不知道怎么去。这时有个意大利人哥伦布正在跃跃欲试，他听信了一位地理学家说大地是球形的话，相信只要一直往西走，就可以到达马可·波罗所说的那个契丹（中国）和印度，在那里有遍地的黄金和香料。

哥伦布此时还不知道大元已经被明朝灭了。假如哥伦布能到达中国，那时的中国正处在明朝中期,皇帝明孝宗朱祐樘在位,明朝正值富庶开明的时代。

最近老听到神秘的叮当声,后来一摸,才知道是我穷得叮当响。

哥伦布于是开始四处游说,意大利、英国、法国都因为他开的工价太高而拒绝了他。不过还不错,他最后还是用三寸不烂之舌撬动了西班牙。

公元1492年8月,哥伦布高兴地带着西班牙国王写给中国皇帝和印度君主的国书,率领三艘船出发了。他们在大西洋中破浪航行,两个月后果然看见了陆地。哥伦布兴奋地放炮庆贺,以为自己到达了印度。

不过这不是东方印度,而是美洲,一块欧洲人不知道的新大陆。

哥伦布后来又去了三趟他对人信誓旦旦宣称的"印度",但这几趟航行都所获无几,并没有带回他许诺的大宗香料等东西,这让西班牙国王大失所望。

并且更要命的是,此时葡萄牙也不甘落后,加紧了海上探险。1498年,葡萄牙的达·伽马绕过了大西洋最南端的好望角,到达了真正的印度,带回来了大量的黄金和香料。这个消息传到西班牙,哥伦布顿时名誉扫地。1506年,他在备受冷落中死去。

后来的葡萄牙人强占了马六甲(当时是中国的属国),然后继续东行,在1514年到达了中国大陆。

葡萄牙人首次来到中国大陆——好大好漂亮的一块土地啊,真是让人激动!他们在广州放了几声炮庆祝,然而却遭到了明朝政府的冷遇。在广州等待了一年后,他们兵分两路,一路北上到北京,一路到南京去找正在那里游玩的皇帝明武宗。

以上就是西班牙、葡萄牙的航海行动。这是一场被称为"地理大发现"的世界运动。我带上你,你带上钱,世界这么大,我们去看看。这时的西方世界可以说是异常兴奋。接下来麦哲伦的环球航行将把这场地理大发现运动推向最高潮。

1519年,西班牙派出的麦哲伦的船队也出发了。他们渡过大西洋,沿着南美洲海岸南下,进入了太平洋,到达菲律宾,离中国只有一步之遥了。

然而麦哲伦在菲律宾群岛介入了当地人的内斗,在与土著的冲突中被杀。其余船员驾驶唯一幸存的一艘帆船,横渡印度洋,历经千辛万苦,环行地球一圈后终于回国。

现在才知道,星辰和大海都需要门票,而追逐诗和远方的路费都很高。

不过环球航行终于取得了成功,主张大地是球形的地圆说也得到了证实。

接下来,"先锋"西班牙和葡萄牙又开始了海上争锋。

西班牙由于牙口好,征服美洲比较顺利,用武力就迅速完事了。

而到东方中国的葡萄牙就不那么顺利了。明武宗死后,明世宗嘉靖帝一上台就赶走了他们。葡萄牙不甘心,第二年,又有五艘船来到广州,明军迎击,打死葡萄牙人三十五人,俘虏了四十多人,还缴获了他们的大炮。

明朝人把葡萄牙人叫作"佛郎机",于是把这些大炮也叫作"佛郎机",并开始仿造。明朝从此有了外国的新式武器。

就这样,葡萄牙对待明朝,本来想拿剑砍,一看实在打不过,只好打掉牙和血吞,拿着礼物说好话来了。

蜜蜂为主各磨牙,咬尽村中万木花。尽管葡萄牙说好话不济事,但人不要脸,天下无敌。葡萄牙并不放弃,就这样和明朝吵吵闹闹,直到嘉靖三十二年(1553),明朝政府才松了口,同意葡萄牙人在一处地方落脚,这个地方就是澳门。

随葡萄牙船队来到中国的还有"耶稣会士"。

最早来到中国的耶稣会士是沙勿略,他于1552年到达了中国广东的一个小岛,然而由于明朝闭关锁国,排斥传教士,他无法进入内陆,只能在海上小岛望着中国大陆哀叹。

汹涌的大海风浪淹没了他的悲叹,他没能进入中国,凄惨地死在这个荒岛上。

这时正是明朝嘉靖三十一年,嘉靖帝正在宫中崇拜道教,炼丹焚修。

就在沙勿略死的这一年,一个叫利玛窦的婴儿在意大利诞生了。

利玛窦出身于富商家庭,家道殷实。十九岁那年,他决心终身不婚,献身于宗教事业,加入耶稣会,把基督教传到四方。

利玛窦后来在罗马学院学习,掌握了丰富的数学知识,二十六岁时,被派往东方传教。他对自己的长官一直极为尊重,传教事业也获得了他们的大力支持。

利玛窦的故事告诉我们：无论你干什么，无论你认为自己多牛，也一定要学会尊重他人，这是你走向成功的重要阶梯，否则你可能会因为你的傲慢而重重地摔在第一级楼梯上，接下来要么拐弯下楼，要么望空而叹。

利玛窦到中国后，传教事业并不顺利。中国人信仰的是儒教、佛教和道教，对基督教一无所知。利玛窦听说中国人尊敬佛教，来中国后就穿着和尚服传教。

除了穿和尚服吸人眼球，利玛窦还有一个吸睛力更强的东西，那就是当时世界上最先进的报时工具：钟表。

利玛窦带来的钟表果然吸引住了当时人们的目光。他送的表是由许多小金属齿轮组装成的，用长短针指示时间，这比中国古代由水和沙驱动的计时器好多了。明朝的官员们见了惊奇不已，感到既新鲜又神秘。

同样是铁，一个做铁块，一个做绕指柔，用起来差距怎么这么大啊！

早在十三世纪，欧洲就出现了机械钟表，它可以说是第一个被应用于实际目的的自动机。十六世纪的德国人甚至把钟表制造业称作"有学问的手工业"。

自十六世纪七八十年代欧洲开展钟表制造技术革新运动后，以小型、有弹性、带发条驱动为特征的钟表诞生。

钟表虽然不是枪炮，但它的制造要用到许多力学和机械学原理。这些明朝官员们不知道，此时的西方机械制造已经进入了快车道。

利玛窦带来的宝贝中还有三棱镜，由三棱镜映出的光五颜六色，也让

明朝官员们大开眼界。

利玛窦接着又到广东的韶州传教,他通过送钟表这些礼物又结交了一些官员。兵部侍郎石星(一说是佘立)进京途中经过韶州,答应带他到南京。到中国腹地传教的伟大理想就要实现了,利玛窦十分高兴。然而他们乘的船在江里航行时被风吹翻了,利玛窦的同伴被水冲走,当场淹死。利玛窦在江里浮沉了半天,最终抓住了一根船上的绳子才幸免于难。

利玛窦横渡大西洋、印度洋,在两大洋中都没有翻船,在中国的内河里倒差点成了淹死鬼,内心那个苦啊。

我就像一只趴在玻璃上的虫子,前途一片光明,但又找不到出路。我难道被抛弃了吗?

带利玛窦上路的这位兵部侍郎一看船翻了,东西丢了好多,心中也懊恼不已,想把利玛窦丢下。这时候,利玛窦的宝贝又起了作用,他拿出一个三棱镜送给这位兵部侍郎。这个三棱镜映出两岸五颜六色的风景,让这位兵部侍郎的心情开朗了一些,打起精神又带着利玛窦上路了,利玛窦就这样到了南京。

没想到利玛窦在南京并不顺利,由于明朝卷入了日本侵犯朝鲜的战争,以至于对外国人都持怀疑态度,南京的官员不敢收留利玛窦这个外国人。

机会就像秃子头上的最后几根头发,你抓住就抓住了,抓不住就没了。

利玛窦无可奈何,回到了南昌。

这时的利玛窦已经改穿儒服。他在南昌受到了欢迎。许多南昌的官员见一个外国人着儒生衣冠,带着仆人,坐着轿椅,拎着地球仪、时钟来拜访,好奇之余都欣然接待。

利玛窦觉得南京大官多,比南昌更便于开展工作,不久又到了南京。在南京,又想法子到了北京。

然而不久他就遭到了挫折。北京的太监们听说他能把水银变成银子,都挺高兴,忽然又听他说他没有这种魔力,就对他一下子没了兴趣,也不管了。

这时又恰逢明朝正在援助朝鲜和日本作战,许多官员怕利玛窦有间谍嫌疑,尽管知道利玛窦身上有宝,但也怕落入类似钓鱼网站、退货陷阱、抽奖骗局这样的圈套,不敢见他。利玛窦一时没有了流动性支撑,只得坐船返回南京。

万历二十七年(1599),朝鲜与日本的战事结束了,利玛窦也开始在南京忙着拜见各位官员,他带的书籍和物品受到了欢迎。

利玛窦很快发现,这些中国的士大夫不知道有空气,因为看不见它;他们一直认为天是圆的,地是平而方的,深信自己的国家在大地中央,不知道地球是一个圆球,或者是一个悬在空中的球体;他们不知道太阳比整个地球大,不知道有些星球,肉眼看上去那么小,实际却比整个地球都大。

当利玛窦告诉这些士大夫"太阳大于地球一百六十五倍又八分之一,地球大于月亮三十八倍又三分之一,各个星星有大于地球百倍、数十倍的,有小于地球数十倍的",说的数字有零有整时,这些人都听呆了。

从利玛窦那里,他们第一次听说了大地是圆的。

大地确实是圆的,确实是球形的,然而利玛窦没有告诉他们,地球是围绕着太阳转动的。

利玛窦给中国带来的并不是西方当时最先进的学说,他刻意隐瞒了一些东西,"地球围绕太阳转动"就是其中之一。

早在公元前三世纪,古希腊的阿利斯塔克就提出了最早的"日心说"。他认为亚里士多德的说法不正确,是地球、月亮围绕着太阳旋转,而不是太阳围绕着地球旋转,因为太阳远比地球大,让这么大个太阳围绕地球转是不正常、不经济的。

多少年后,又出了一个托勒密(90—?),他又推翻了日心说,说地球是宇宙中心的一个球体,太阳和行星全围绕着地球转。他的这一说法在此后的一千多年里都让人十分满足,大家都很享受太阳绕着地球旋转而带来的惬意。

梦醒时分看微雨,江山还似旧风流。

现在我们都知道地心说是不对的。

关于明天的事,我们后天就知道了。

首先打破托勒密地心说体系的是波兰的哥白尼。

在欧洲航海界一哥——哥伦布的船队出发去寻找新大陆的同时,科学界的一哥——哥白尼在欧洲大陆颠覆了地心说。

哥白尼知道古希腊有个阿利斯塔克提出过日心说,受此启发,他也相信地球是围绕太阳转动的,并为此进行了长期的观测计算。1543年,他提出了与托勒密的地心说大相径庭的"太阳中心说"——日心说。

太阳底下无新事。我也想说假话,可情况不允许啊!

八十多年后,哥白尼的日心说又有了进展。1632年,意大利人伽利略经过多年观察思考,出版了《关于两大世界体系的对话》。在这本书中他告诉人们地球是一个悬空的球体,和宇宙比起来只是一个微不足道的物体。地球有可能,甚至有必要,是环绕太阳运动的。

利玛窦是知道伽利略的,他比伽利略大十二岁。就在他来中国前的1581年,十七岁的伽利略还拜访了利玛窦,请求他给自己讲几何学和数学。

第二年,利玛窦来华。他到中国后的这十七年中,欧洲日心说和地心说的争论也正日趋激烈。

1600年,利玛窦辗转来到南京,他并没有告诉中国士大夫欧洲发生的这些事情。他告诉他们的还是老掉牙的地心说。

不过此时中国士大夫争论的却不是日心地心,而是人性人心。

在一次南京官员们组织的辩论中,中国学者们又围绕着人性到底是善还是恶这一老掉牙的问题争论开了。利玛窦坐在旁边看着这些人,感觉他们争论的问题很混淆,方法也缺乏逻辑。

高级的猎手往往以猎物的姿态出现。有一天,在这些官员中,利玛窦突然发现了一个和尚,这让他惊奇不已。

第八十七回

利玛窦庆幸进入北京城
李贽老悲情陷没通州府

这个和尚其实不是和尚,他是一个剃着光头的儒士,还曾经做过官。

此人就是李贽,他是怎么来到南京和利玛窦相遇的呢?

前面说到他和耿定向起了矛盾,但其实耿定向并没有利用权力去打击他,只是底下喽啰们起哄。

然而耿定向去世后,他的追随者对于李贽的迫害反倒严酷了。

这次和李贽一起到南京的是焦竑。焦竑善于发现人才,他过去在担任会试考官时选拔了袁宏道,万历二十五年(1597)又选拔了徐光启。

然而焦竑为选拔徐光启付出了惨重的代价——他被给事中以"收受贿赂、取士非人、所录取考卷文章险诞"等罪名上疏纠弹。虽然经礼部复议,所弹劾罪名多无凭据,但焦竑还是被贬为福建福宁州同知,一年后,又被吏部加以"浮躁"的评语,降级。

早知惊鸿一场,何必情深一往。焦竑这回下定决心离开官场。他辞官返回南京,和李贽走在了一起。

当他们听说有一大西洋国人利玛窦在南京时,便相约前去拜访。

这时的利玛窦望着李贽,不明白是怎么回事。中国这是怎么了?怎么我脱下僧人服装穿上了儒服,有的儒士倒剃了头发当和尚?

利玛窦不了解中国士大夫的内心,他只看了个表面,他不了解中国士大夫此时的苦闷。他装扮成洋儒士,只是为了博取士大夫的好感,却不知道儒家士大夫为了一个理学、心学,已经发生了严重分化。

利玛窦和李贽两人互相望着,一个内心揣摩,这小子大老远跑来干什么?一个暗自疑惑,这家伙剃个光头做什么?

按周岁算,当时李贽已经七十二岁了,而利玛窦四十七岁。饱经风霜的李贽对已到中年的利玛窦印象不错,和朋友说利玛窦是一个极标致的人,内里极玲珑,外表极朴实。利玛窦也向李贽示好,回访了李贽。

但李贽还是对利玛窦满腹疑问:他不远万里来这里想干什么?他还有什么想法吗?让我看,他是痴心妄想!

你让我看了个寂寞,你到底想展示什么?

出于友好,李贽赠利玛窦一纸扇,上面题诗一首:

逍遥下北溟,迤逦向南征。

刹利标名姓,仙山纪水程。

回头十万里,举目九重城。

观国之光未?中天日正明。

大老远的你来了，好好看看我们中国吧。你要是有什么想法，我看就算了吧，你看，中天那轮太阳正亮着呢！

在南京的成功使利玛窦信心大增。万历二十八年(1600)五月，利玛窦离开了南京，跟着一个太监的船沿着京杭大运河北上。当他乘坐的船到达山东临清时，驻临清监察税务的宦官听说有西洋人进贡，便索看钟表、西洋镜等物。利玛窦就这样被看管了起来，直到万历皇帝催问起西洋人的贡品为什么还没有到达皇宫，利玛窦这才到了北京。

这一年是万历二十九年，西历1601年。

也就是说十七世纪初叶，中西交流史掀开了新的一页。

万历帝对着钟表发呆，他很想看看利玛窦，可他多年来连朝臣都不见，更不能急着去见外国人了。但他还是抑制不住好奇心，就派了两个画师去画利玛窦的等身像，并让太监们去问西洋诸国的情况。他很好奇外国的王公们是怎样生活的，他们也和自己一样不出宫吗？他们也不去上班、不去报到点名吗？他们也有后宫佳丽三千吗？

当听到太监汇报说欧洲的王公们都住在楼上时，万历帝大笑起来——他认为上下楼梯既危险又不方便。

万历帝笑得很开心，他压抑很久了。

繁华三千，抵不过你嫣然一笑；姹紫嫣红，胜不过你一眼回眸。

利玛窦趁机奏请留在北京，说他独身一人，没有子孙，不求任何回报，唯一的要求就是能在北京城内有一个安居之处。

但这一愿望也不容易实现。负责接待的礼部官员上疏万历帝说我们礼部的《会典》中只有关于西洋国的记载,从来没有提到什么大西洋,故其真伪不可知,利玛窦又寄住了二十年才来进贡,与远方慕义特来献宝的也不同,随身行李中还有所谓神仙骨头等物。既然称神仙自能飞升,那神仙骨头又是哪儿来的?这就是唐朝韩愈《谏迎佛骨表》中所说的凶秽之余的东西,不应该让他进入宫中。请照例给与利玛窦冠带回去,不许他在京潜住,以免弄出什么事来。

到了七月,礼部又上疏说起利玛窦,说利玛窦到今天为止候命已经五个月了,无怪乎这个夷人郁病思归。看他情词恳切,只想要山栖野逸,想必是像禽鹿被关久了,更加想念长林丰草,乞准所请,把他遣送回江西等处,给他找个有林有草的地方,听其深山邃谷寄迹养老。

礼部想把利玛窦打发去长林丰草的地方,利玛窦知道了都快哭出来了:俺要在大城市,俺不回农村。

万历帝不理政也让利玛窦害怕。你可以不上班,我可是三无人员,随时有被人遣送回去的危险呀。

礼部也起哄说让利玛窦回到深山邃谷中修炼,显然是误把利玛窦当成了外来和尚。

利玛窦迅速展开了活动。他向北京内阁的官员们求情,太监们也说假如利玛窦走了,那自鸣钟坏了请谁修理?最后利玛窦终于换来了万历帝的特许,得以留在北京。

利玛窦终于实现了他多年的愿望。

利玛窦进入中国北京,西班牙兴奋异常。1615年,也就是明朝万历四十三年,西班牙的塞万提斯在他的小说《堂吉诃德》中写道:

> 四方各地都催我把堂吉诃德送去,最着急等堂吉诃德去的是中国的大皇帝。他一月前特派专人送来一封中文信,要求我,或者可以说是恳求我把堂吉诃德送到中国去,他还要建立一所语文学院,请我去做院长。我问那钦差,中国皇帝有没有托他送我盘费,他说中国皇帝压根儿没想到这层。我说那么老哥你还是回你的中国去吧。他做他的帝王,我这里自有伟大的一位伯爵在庇护我。

这虽说是戏谑似的小说家言,但也透露出西班牙民众在得到明朝皇帝认可时的高兴心情。

终于打通了东西方通道,皆大欢喜!

利玛窦进了北京城,李贽不久后却死在了北京的监狱里。

事情经过是这样的,利玛窦这次进北京时,经过山东,在济宁城的漕运总督处又见到了李贽。李贽听说利玛窦要进京见皇帝,还替利玛窦修改了要递呈给皇帝的奏章,利玛窦十分感激。

李贽和利玛窦分手后,又应朋友马经纶的邀请到了北京。

李贽的这个朋友马经纶也不简单。我们都知道明朝有两个人上书骂皇帝骂得最响,一个是海瑞,上书嘉靖皇帝,骂他弄得家家干净;一个是雒

(luò)于仁,骂嘉靖皇帝的孙子万历帝酒、色、财、气四毒俱全。

在万历朝,在骂皇帝方面仅次于雒于仁的就是这位马经纶了。万历皇帝因为对言官不满,把言官赶走了不少,马经纶上书说言官是该赶走,他们有五大罪:

陛下你不去祭天,他们不推开您的大门力争,是陷陛下于不敬天,这是一大罪。

陛下您不供享祖宗,他们不牵着您的衣服力争,是陷陛下于不敬祖,这是二大罪。

陛下您不上朝,他们不硬拉着您硬上朝,是陷陛下于不勤政,这是三大罪。

陛下去奸臣犹豫不决,他们不强迫您下决心,是陷陛下于不能用人,这是四大罪。

陛下您喜欢钱喜欢得上瘾,他们不劝您收手,是陷陛下于不能有终,这是五大罪。

言官们有这五大罪,如今陛下您肯励精图治把他们都赶出去,真是大快人心!

这篇奏疏反话正说,真是骂人不吐脏字,万历帝见了差点气疯了。欺负我学问浅看不懂吗?什么玩意儿!立马批示,把马经纶赶了出去。

这样的人,在哪儿哪儿都是主场。就是这样的一位朋友接李贽北上,可以想想李贽的下场了。

利玛窦北上到达北京,李贽也北上到了北京的通州。利玛窦在北京到

达了辉煌的顶点,李贽先生这时也将迎来高光时刻。一个曾经做过四品官的光头"和尚"来到北京郊外,立即引起了大明皇帝的高度关注。

万历三十年(1602)二月,礼科都给事中张问达参劾李贽说:"李贽壮岁为官,晚年削发,著书流行海内,惑乱人心,以灭六国的秦始皇为千古一帝,以孔子说的话为不足据,狂诞悖戾。尤其可恨的是,他寄居麻城,肆行不简,弄得一境如狂。近来士大夫不知遵孔子家法,而只知道诵咒念佛,奉僧膜拜,沉溺于禅教沙门,这都是李贽这些人惹来的风气。"

扯了一大堆,最关键的是下面这段话:"我最近听说李贽已经移居通州。通州离都下仅四十里,倘若让他进了都门,招致蛊惑,我们整个北京城将变成第二个麻城。望陛下速速下命令到通州地方官,将李贽解发回原籍治罪,并把李贽所刊行的书尽行烧毁,不要让它们遗留祸乱。"

明神宗派太监四处挖矿,矿洞挖得到处都是,挖坏江山根基都无所谓,但一听说挖矿挖到了皇家陵脉,则立刻下旨叫停。

李贽到了通州,要将北京城弄成第二个麻城这个说法深深刺痛了万历帝。北京城要是变成让李贽胡乱讲学的麻城,这可就麻烦大了。多年不上朝的明神宗万历皇帝立即显示出了他高度的职业敏感性,批复道:"李贽敢倡乱道,惑世诬民,速令厂卫派人立即严拿治罪,将其书籍全部烧毁,不许存留。"

厂卫就是东厂、西厂、锦衣卫这些特务机构。想来北京找我麻烦,没门!

但是她的眼睛从未离开过恺撒的宫殿,她煽动了许多心来反对

我,这些心又煽动了奥古斯都(皇帝)。

——[意大利]但丁《神曲》(1307)

说一个七十多岁的老头儿要闹事,把北京城变成第二个麻城,这都哪儿跟哪儿呀!

神宗??

神经!

闯红灯的后果一般有两个,要么比别人快一分钟,要么比别人快一辈子。

张问达无缘无故弹劾一个七十多岁的退休老头子李贽,这其实是有原因的。李贽先是得罪了大学士沈一贯,又得罪了刑部尚书耿定向。虽然此时耿定向已经死了,但他的门徒还对李贽耿耿于怀。

打断骨头连着筋,无利不早起!

所以你这辈子假如忽然听到一个陌生人的反对声,那都是因为有人多年来在暗地里观察你。等你心防有缺口的时候,他的机会就来了。

李贽啊,别天天只顾嘴上谈心学了,以后长点心吧!

李贽和利玛窦在北京的待遇大不相同。利玛窦这个外来的"和尚"好念经,李贽这位自剃的"和尚"却不受欢迎,他被锁链锁着带到了北京。在审李贽时,有人问他:"你为何妄著书?"李贽说:"我著的书对于圣教有益无损。"

李贽回答得天衣无缝,问的人也没办法,就这样问了几句后,问的人也不问了,把李贽收监。

李贽被关押在牢里面可急坏了牢外的马经纶。李贽是他请来的,却被关押起来,生死未卜。他急得四处托关系找人,给李贽喊冤说:"李贽平生未尝自立一门户、自开一宗派、自创一科条。现在已七十六岁,形容憔悴,病困垂绝,早已无意于人世,又何意于都门?竟然担心他入都闹事吗?他一个七十六岁的老头子又能做出什么出格的事?"

只许你们弄身姿,不许才子吐心字。若非疏稿限文墨,提笔倾尽屈原词。

看来马经纶还真是有点儿书呆子气。利玛窦可入都,那是因为利玛窦身上有宝贝。李贽没有宝贝,只会乱说惑众,论价值没价值,论颜值没颜值,不逮你个糟老头子逮谁?

李贽被逮捕前已患有重病,没想到到了监狱中倒渐渐好了。他的判决好长时间没有音信,万历帝可能是把他忘了。一个七十六岁的老头也没人拿他当回事了。

在李贽被关押了二十多天后,万历帝突然下了一份诏书说:"祖宗为了维护世道立教,尊尚孔子,明经取士,表彰宋儒。近来学者不但非毁宋儒,渐至于诋毁孔子,扫灭是非,这样下去,朝廷又怎么能得到节义忠孝的士人来任用?仙佛原是异术,应该在山林独修。有喜好仙佛的,任其解官自便。"

你们愿意修炼仙佛可以,到山林里自己修炼去,别做我的官,回家修炼去吧。

这封诏书也没有把李贽当成什么要犯。按说能出牢房都是犯人盼着的事,而李贽听了后却愤愤不平,因为他要被押回原籍。在外面打拼流浪了这么多年,事业框架上不但没有用钛金条收边,反而让人当劳改犯一样押回家乡。

生活已经开始对我这头老猪放卤水了。

这一天李贽让侍者给他剃发,乘侍者不注意,他一把夺过侍者的剃刀,在脖子上一抹。但这一刀没有伤到要害,侍者惊呼:"和尚痛吗?"

李贽用手指在手掌上画了"不痛"两个字。

侍者痛心地再问:"和尚因何寻此短见?"

李贽又于手掌上写道:"七十老翁何所求!"

就这样,两日后,李贽在狱中死去。

我们常听见一句骂人的话——"找死"。这李贽就是成心找死。他曾经对朋友说:"牢狱里死,战场上死,都挺快乐,要是死在皇帝指定的诏狱里,便可以成就此生,更加快活。"

别人得知要被押回老家,都庆幸捡了一条命,而李贽却成仁得义去了。

生命若不是终点,就要一路向前。

快活!快活!

第八十八回

崇科技徐光启开译外文
讲理学顾宪成重整东林

焦竑听说李贽死后顿足捶胸,叹息不已。他对李贽极为推崇,对李贽的书也极力推广,说李贽即使未必是圣人,也可肩一"狂"字,坐圣门第二席。

李贽愤世嫉俗,给自己的著作起名《焚书》《续焚书》,意思是这是离经叛道的书,看完后应当一把火烧掉。他死后,万历帝果然下令将他的书"全部搜罗干净,烧毁,不许存留"。

倡言动众,蛊惑人心,信不信我团灭了你的书!

谁知李贽仿佛打了预防针,有了抗体似的,连带这些书也有了免疫力,它们不但没有被全部烧毁,还多了起来。

二十年后,万历帝的孙子天启皇帝又下令,"李贽的书,怪诞不经,全部烧毁",结果还是越烧越多。

四百多年后,我也掏钱买了两本。

写"临川四梦"的汤显祖当时就很崇拜这位前辈,对人说:"听李贽说话,如获美剑。"他听说李贽死了后内心很是不平,作诗叹道:"自是精灵爱出家,钵(bō)头何必向京华。"

退休了,出家了,却还要去帝都找不自在。君不见冠盖满京华,斯人独憔悴,那岂是你待的地方?

烧李贽书的其实不是天启皇帝。天启帝一生喜欢的是干木匠活,不认识几个字,没有脑筋。那时是魏忠贤当政,是魏忠贤借天启皇帝的名义烧了李贽的书。魏忠贤这个大文盲也没有这个脑筋去烧李贽的书,李贽写的是啥他都不知道,其实都是一些标榜要让孔教醇正的"正人君子"在背后怂恿的。

在《明史》这本书里,李贽没有被单独立传,他的传记附在耿定向的传记后面,只有很短的一段,前面几句是这么说的:

> 贽为姚安知府,一旦自去其发,冠服坐堂皇,上官勒令解任。居黄安,日引士人讲学,杂以妇女,专崇释氏,卑侮孔、孟。

《明史》在二十四史里那还是挺不错的一部书,精致、严肃、认真,但说到李贽时那是相当的不靠谱,不但没给李贽单独立传,说的几句话也是驴唇不对马嘴。李贽剃掉头发,那是在他不当知府若干年后,哪儿来的剃了头发、穿着官服办公,导致上官勒令他解任的事?说他卑侮孔、孟,也是言过其实。他对孔子还是尊崇的,只是不喜欢后世儒生描画的孔子。

心学就这样赤手空拳地和"龙蛇"搏斗,最后付出了血的代价——何心隐惨遭杀害,李贽于狱中自尽。

灯光,总是活在黑暗里,给人带来无限希冀。

向漫长黑夜中的那些思想明灯致敬!

利玛窦进入北京后暗自高兴,想赶快进行他的传教事业,于是编写了一本《天学实义》,在书中对朱熹的太极学大加批驳,认为"太极"和"理"不能被视为天地万物的本原,因为它们根本就不是什么实体。说了这个还不算,他还对中国祭祖祭孔的习俗提出意见。

利玛窦没想到,他这一下子惹起了轩然大波。

好啊,利玛窦,你原来是来干这个的!我们讲太极讲了几百年了,你倒来说三道四,想拉低我们的太极往沟里带啊?!

如果你是来摘星星的,请先看看自己所在地的海拔。

有些人上疏告发利玛窦。幸亏万历帝也不看这些上疏,此事不了了之。

利玛窦遭此弹劾虽然很沮丧,但他的名字在京城渐渐传播开来,士大夫们一看皇帝不反对,一个个好奇地前来拜访。

利玛窦顿时成了当时人们眼中的白月光。

这一天,来了一位新科进士。他不是来和利玛窦要三棱镜或者钟表的。在这个新科进士的心中,有一个远大的理想——他要从这位西洋传教士身上借得科学技术的火种,再次点亮中华文明之光。

此人就是徐光启。

徐光启是松江府上海县人,二十多岁时才考上秀才,接着参加了几次乡试,一直没中。为了糊口,他到广东韶州教书。在这里,他从和传教士的交谈中知道了西方一些科技的发展,十分仰慕。

但他眼下还是要先通过科举考试这一关。当时北京的考生录取名额多,更容易考取些,于是他到广西给人当家教,得到了一个参加北京地区考试的名额,当了移民考生。

万历二十五年(1597),三十六岁的徐光启参加了北京顺天府乡试。这是他第五次参加乡试,没想到还是不顺利,他的试卷被人刷落,看来又要名落孙山了。

然而戏剧性的转折出现了,这次,他遇上了贵人。他的卷子被考官焦竑看中。焦竑从落卷中看到了徐光启的卷子,击节称赏,拍案叹道:"这无疑是一个名世大儒啊!"就这样,焦竑把徐光启取为乡试第一。

人生四不捡:塔吊下面的冰红茶,过山车下面的八宝粥,铁轨上面的牛肉干,课桌背面的葡萄干。把一张落榜的卷子拿出来也就算了,还说是什么"名世大儒",弄了个第一。焦竑为此付出了代价,他被弹劾"取士非人",遭到贬官,离开了京城。

徐光启对焦竑感激万分。没有焦竑,徐光启将继续在科考的烂泥路上跋涉。焦竑老师,您的愿望我将牢记在心!您所没有实现的,我将替您去实现!

感恩生命中所有的遇见。

但这时徐光启才刚刚中了举人。他还要继续参加科举考试,直到七年后才高中进士,进入翰林院。

徐光启爬了半生的科举烂路,对科举是深恶痛绝。在从科举的束缚中解脱出来后,他迅速投入了科技的怀抱。他在翰林院当庶吉士深造,却常常跑到利玛窦住的地方请教。

无论倒下去多少回,只要最后保持站立的姿势就行了。

利玛窦见徐光启喜爱科学知识,就用徐光启所喜欢的数学等知识来吸引他,二人开始合作翻译《几何原本》这本书。《几何原本》是古希腊的欧几里得于公元前300年左右编纂的一本书,到十九世纪末,它的印刷数量已经大得惊人。

二人用了一年时间翻译出了这本书的上半部。我们现在学习几何所用的名词好多都是徐光启当年翻译过来的,比如几何、三角形、四边形、角、直角、锐角、点、线、直线、平行线、对角线、垂线等。

就在翻译进行到一半的时候,徐光启的父亲去世,徐光启只好先回去奔丧。等徐光启三年后回到北京,利玛窦已经下葬一个月了。这本书的翻译从此中断,直到两百多年后,这本书的后半部才由李善兰和一个英国人合作翻译完。

万历三十八年(1610),利玛窦在北京死了,他往哪儿葬又成了问题。按照过去,这些传教士死了不能葬在中国内地,更不能葬在北京,必须葬在给他们划定的那块地——澳门。礼部官员又给万历帝递上了奏疏,这次是想让万历帝批准在北京给利玛窦一块墓地。

这可是闻所未闻的事,还从来没有外国人和皇上要墓地,能让你死在京师就算开恩了,还要一块墓地,太出格了吧?

与利玛窦交好的官员们为利玛窦说起了好话。大学士叶向高对人说:"从古以来的宾客中,哪一个学问能比得上利玛窦?先不论其他,只翻译《几何原本》一事,便应该赐给葬地。"

索取者也许能吃得够好,但给予者绝对能睡得更香。

万历帝也念起利玛窦带给他礼物的好处来,赐给了利玛窦安葬地。

如今利玛窦就长眠在北京城内。

利玛窦在中国虽穿儒服,但他对中国士大夫的内心并不了解。他不知道此时中国士大夫为了心学、理学,斗争越来越公开化。

利玛窦去世的第二年,也就是万历三十九年(1611)五月,御史徐兆奎给万历帝报告了这么一个消息,说:"无锡有个东林书院,原来是宋儒杨时的祠堂,自从顾宪成谪官回去,和众人在那里讲学,人越来越多,如今已经门庭若市了。臣观今日天下大势,尽趋东林。"

七年时间,就发展到了门庭若市的规模,搞什么鬼?

这就是此时的东林书院盛况,它的开创者是三个人:顾宪成、顾允成和高攀龙。

顾宪成是江苏无锡人,秀才、举人考试都是第一,考进士全国第五,从翰林院出来后,在吏部考功司任职,掌管官吏的升迁改调,因为所推选的人让万历帝不满意,所以被降职。消息一出,官员们为顾宪成说好话的奏疏

多达几百封,万历帝一看这么多人给顾宪成说话,这不是人气,这是气人,干脆把顾宪成革职。顾宪成从此不再出来做官。

顾宪成的弟弟顾允成也了不得,他在万历十四年(1586)考进士时,在殿试试卷中劝万历帝不要宠爱郑贵妃,以免外戚专权,写得言辞慷慨。当时阅卷官看了大吃一惊——还没做官就议论皇帝的私生活,这样的考生谁敢要?只能用一句广告语批复了:再强,也不容你无礼!因为殿试只是一次排名考试,不退回去,经过一番商量,顾允成被列入最后一等。就这样,当了几年小官,顾允成依旧本性难改,依旧上疏直谏,弹劾大臣,最后又惹得万历帝恼怒,下旨将他贬官。

顾允成对万历帝也不迁就,辞不赴任,回家,从此也不再出来做官。

顾允成万历二十一年(1593)辞职,第二年哥哥顾宪成也被革职为民,兄弟俩几乎前后脚到家。

高攀龙也是无锡人,比顾宪成小十二岁,二十一岁中举。他中举后听顾宪成讲程朱理学,从此二人交往密切。

高攀龙在二十八岁时考中进士,被授予"行人"官位,这是个从七品芝麻小官。他一上任就给万历帝上疏,要万历帝好好行动起来,崇"程朱正学"。万历帝对他的上疏做了批示,夸奖了他。受成功的鼓舞,高攀龙又上一疏,要万历帝效法古代圣王,"终日辛劳"。

疏懒惯了的万历帝这次没有搭理高攀龙。接着高攀龙又上了一疏,题目是《君相同心惜才远佞以臻至治疏》,

还拉扯没完了!这次不等万历帝发怒,首辅王锡爵就先生气了:你高攀龙才这么个小官就这么不安生,看来还是像你的名字一样,要博出位,想高攀龙!

这封上疏让万历帝也不高兴。我看你也别在这里天天聒噪了,这么长的嘴,去海边叼鱼也许更适合你。万历帝把高攀龙贬为了广东揭阳典史。

前面的汤显祖也是被贬为典史,不过汤显祖是去广东徐闻当典史,高攀龙是去揭阳,这两个地方都有出海口。

这是高攀龙政治生涯中第一次受挫。万历二十二年(1594),他南下广东委屈上任。

高攀龙这一去广东,就掉进了心学的巢窟,因为广东是明朝心学祖师爷陈献章的老窝。

然而高攀龙和心学人士交往,却始终融不进去。

在广东揭阳做典史期间,他与王阳明心学的再传弟子李材写信探讨起来。李材是江西人,进士出身,到广东担任佥事,率军大破倭寇,但被人告发夸大军功,住了几年监狱,六十五岁时才出来,流放镇海卫。这也是一个有出海口的地方。

高攀龙和李材通信探讨学术时,李材刚从监狱出来不久。

李材因提出"止修"一说被称为王门孝子。他比聂豹聪明。聂豹提出了个"归寂",遭到许多人批评。李材怕提出"止"被人联想到聂豹的"归寂",于是在"止"后面又提出了个"修"字。"止"是止于至善,是修炼的本体;"修"是修身,是修炼的工夫。有本体有工夫,让人无懈可击。而且讲"修身、保身"永远没有错,具有正能量,受人欢迎,不像聂豹提出什么"归寂",总遭人批评。

高攀龙虽然尊重李材,但对这位心学人士的"止修"也不完全认可。

这时的高攀龙逐渐有了自己的理学思想。

理学谈的是理气性命。高攀龙谈理时气性大,他坚持认为自己说的没错。他不像汤显祖当了一年典史之后还去当了五年县令。他只在典史任上待了几个月,就请假归家,不干了,回到老家无锡,一直到六十岁也没有再出仕。

听了这些人的放言高论,我心情一下子好了许多,翘起的腿也慢慢蹬直了,本来还有很大火气的我,使劲儿把火气咽了下去。

高攀龙卸任回去后继续思索,最后终于恍然大悟,重新提出了儒家早就有的"中庸"二字。程子说什么"天理",王阳明说什么"良知",李材说什么"止修",都不如儒家经书中固有的"中庸"二字说得干净。"中"就是停停当当,"庸"就是平平常常,没有一毫走作、造作。修行的本体是中庸,修炼的工夫也是中庸,本体和工夫都是中庸。我中、我庸、我受罪、我享福,干卿底事?天地圣人也说不出什么来(**本体如是,工夫如是,天地圣人不能究竟**),这不挺好吗?

高攀龙回到老家无锡时,顾宪成兄弟也是刚刚到家。

顾宪成怎么又想起重开东林书院来了呢?原来顾宪成尊理学,他回家后并不安宁,和王阳明的后学弟子又就无善无恶论发生了辩论。最后顾宪成一看,这天天打嘴仗也不行啊,连个发胜利消息的直播间也没有,于是向常州知府和无锡知县发出倡议,请他们修复了东林书院。

无锡东林书院，原来是宋儒杨时讲学的地方。杨时是我们的老熟人了，他痛恨王安石学说，鼓捣着皇帝把孔庙里王安石的塑像推倒砸碎。

有趣的是，顾宪成等人在无锡书院旧址上建立起来的这个书院，也把矛头指向了一个姓王的。杨时反对的是王安石，顾宪成等人反对的是王阳明。

万历三十二年(1604)，高攀龙等人的东林书院修复，于是邀请各地的名流前来讲学。

这些名流里没有焦竑。

按说焦竑也是那时的大名人，他和高攀龙是同一年中的进士，且焦竑还是那一科大名鼎鼎的状元，然而他没有到高攀龙等人的东林书院去讲学。

想想焦竑和心学人士李贽走这么近，这课讲不讲也就无所谓了。

焦竑辞官后定居南京。万历二十七年(1599)，焦竑正好六十岁。袁宏道等人写信祝贺他六十大寿，利玛窦也来拜访祝贺，夸他是三教领袖。

利玛窦此时刚到南京，还没有进入北京，他说的这三教指的是儒教、道教、佛教。

虽然六十大寿热闹了一番，但在六十大寿过后三年，焦竑的挚友李贽死了，而亦师亦友的耿定向则在焦竑六十大寿前三年就死了，对于焦竑来说，孤独才是真的。

直到万历三十二年(1604)秋末，焦竑家里来了一位客人，才打破了这种孤寂。

下面才是焦竑讲课的重点。

第八十九回

探古音陈游击知音焦竑
提诚意刘学士拂意崇祯

来的这位客人是陈第,虽然只是个秀才,但他的人生经历很不一般。

陈第是福建人,还是个学生时就喜欢击剑谈兵,被人视为狂生。嘉靖四十一年(1562),戚继光征倭寇到达他的家乡,二十二岁的他又给戚继光上平倭寇策。当时的另一位抗倭名将俞大猷(yóu)一见陈第就大为称奇,把他收到幕下。陈第又上书兵部尚书谭纶,谭纶见了也很赏识他。

一个名不见经传的书生,能同时得到当时三位顶尖名将的赏识,这是书生的老大哥——书呆子做不到的,更不是只凭一个狂字就能办到的。

"将薪比薪"想一下,有时就不想活了。

读了这么多年书,看来还是幼儿园好混。

万历七年(1579),经谭纶推荐,陈第补游击将军,用副总兵的规格体统行事。谭纶死后,好友戚继光也调离,陈第干脆弃官回家。

这时陈第已经四十多岁了。就在一般人开始叹息人到中年、大半生就这么过去了的时候,他却刚刚开始自己名垂千古的大事业。

立功、立德、立言,是三不朽的事。陈第自知立功已经没有了机会,只好去立言,可他的立言方式又与众不同。他不是像辛弃疾那样写什么诗词文章,或者像王阳明那样搞哲学著作,而是回去研究开了音韵。

焦竑是古音韵学研究的开创者,他的《焦氏笔乘》中有"古诗无叶(xié)音"一条,说诗有古韵、今韵,古韵已经久不流传了。

陈第以前看过焦竑的书,对其中的"古诗无叶音"一条很感兴趣,于是专门带着干粮到南京找焦竑。这时焦竑已经六十五岁了,而陈第也已经六十四岁了。

焦竑望着眼前这位和自己一般年纪的老人——一个曾经镇守边关、手握重兵的名将,如今一身萧疏,从刀光剑影中走出,又投入到了谁也看不上的古代音韵研究中,说起字画声音来,细如茧丝牛毛,实在是一个奇人。尽管岁月的风霜在他脸上留下了痕迹,但他依旧神采飞扬,飘飘如神仙。焦竑不禁大为叹服,认为自己都不如陈第。

两位老人一见如故,一直谈论到深夜,从此成了好朋友。

一个武能把当时的顶尖名将戚继光、俞大猷、谭纶镇住,文又能把状元焦竑惊住,文武两方面都受到了最高层面赏识的人,简直是奇才。

这是不是人们说的:狠角色不轻易出场,一出场就让人怀疑人生?

两年后陈第撰成《毛诗古音考》。在这本书的结尾,陈第自豪地宣布:"古诗无叶音,以前都没有人敢断言,只有我和焦竑二人笃于自信,说出来了,真是千年一遇啊!"

陈第没有在立功上名垂后世,却靠这部研究音韵的书永垂不朽。这本书的价值在后世越来越突出,因为它直接影响了一个开辟清代考据学的大人物——顾炎武。

焦竑活了八十一岁。晚年的焦竑很孤独,他六十八岁时,比他小十六岁的妻子就去世了。两年后,一个儿子也去世了。万历四十五年(1617),他七十八岁时,晚年结交的这个好朋友陈第也去世了。

都走完了,耿定向、李贽、汤显祖、袁宏道、利玛窦、陈第,师友们一个个都走了。

万历四十八年(1620),焦竑也死了。虽然当过皇太子的老师,但焦竑没有沾上皇太子的光,没有熬到皇太子即位的那一天。

但即使焦竑活着也沾不上光,因为他教的这个学生明光宗泰昌帝只当了一个月的皇帝就病死了。

我在水云之畔对着寒蝉等了一年又一年,等来的却是魂飞魄散。

焦竑死时,明朝的败势已经显露。在他去世前几个月,满洲的努尔哈赤在萨尔浒之战中大败明军。北方又一支力量崛起,官员们大惊失色,整个朝廷为之震动。

而这一切都开始于万历帝的怠政。

万历帝二十几年不上朝,不见官员,说好听了是遥控,说难听了就是旷工。到了万历三十年(1602)九月,大学士上书说现在官员多缺,府库全空,无将无吏,无兵无食。

结果是"不报",没有回音。四个"无"也没有吓倒万历帝,政府就那么空置、停摆。

吏部接着急奏:"科道衙门已经像辰星般寥落。"

结果仍是"不报"。

想左右天下的人,须先能左右自己。

就在万历帝抱怨头痛脚痛在深宫里静摄不出的时候,辽东雪原上有一支人马正在纵横驰骋,他们个个好动,在马背上阅览了万里江山,要做这江山的主人。

万历三十八年(1610),山东巡按心急火燎地给万历帝上了一道奏疏,明白说道:"今努尔哈赤包藏祸心,狡猾思逞,情形已著,变态已彰。"

然而这封奏疏还是没有引起万历帝的高度重视。

八年后,也就是万历四十六年(1618),一个惊天消息传来,后金努尔哈赤以"七大恨"为由起兵了。

万历帝急忙派军队出兵进剿,没想到几乎全军覆没。消息传来,举国震动。

世界各民族中,论争城略地,丰功伟绩无过于鞑靼民族。鞑靼人在地球上留下了他们具有威力的脚印……

——[法国]孟德斯鸠《波斯人信札》(1721)

这位西方著名启蒙思想家孟德斯鸠提到的鞑靼族指的就是蒙古族和满族。蒙古族曾经南下灭金、灭宋,建立了元朝。满族这次也要南下灭明,一统中原。

1620年，当了四十八年皇帝的万历帝彻底甩手不管，与世长辞。这位皇帝的庙号被臣子们定为"神"。为什么定为神呢？大臣们给出的解释是，别的皇帝虽然天天忧勤治国，而万历帝却能独以深居静摄得之，乾纲独揽，予夺进退，莫可测试，就是周朝的成王、康王，汉朝的文帝、景帝，也没法和万历帝相比，实在是不世出的主子，足以恢发大有为的韬略，万万不爽，万无一失，真是如神一样啊。

朝臣们把话说到这儿，也就结束了。千年琵琶万年筝，唢呐一响全剧终。万历万历，您老人家万万走好，死了做神去吧。

万历帝死后，他的儿子朱常洛只做了一个月皇帝就死了。这位短命皇帝的儿子朱由校又接班当上了皇帝，这就是天启帝。

天启元年（1621），高攀龙又重新受到起用。

这时顾宪成、顾允成兄弟俩儿已经去世了，高攀龙接任为东林书院院长；他又接到了朝廷重新起用他的命令，官职是光禄寺丞。

多年的东林议政没有白费，高攀龙赴京就职。接下来没几年，高攀龙就坐着喷气式飞机，一路飙升，到了左都御史的高位。

一切都是看上去很美。

然而好景不长，到了天启四年（1624），魏忠贤借皇帝名义下旨斥责高攀龙等人结党东林，高攀龙被迫辞官回乡。两年后，朝廷又传旨，要将他拿解进京。高攀龙闻讯后投水自尽，无锡东林书院也被改作了祠堂。

魏忠贤依旧不依不饶，继续拿人，今天捆一个，明天绑一个，成了缉获队队长。今天赏银五十两,荫弟侄一人为官;明天赏银五十两,荫弟侄一人为官。到了天启七年(1627),各地又开始给他大建生祠,魏忠贤享受了一般人只有死了后才能享受到的殊荣。

皇帝又下旨让群臣表扬魏忠贤。这些儒学臣子们吹捧功夫极高,把所有的粉词都用上了,上的表什么金句都有,什么"贯日精诚,补天经济,功资十万,身作长城,深谋远虑,决胜边疆,大夺天骄之魄,永奠地轴之安",把马屁股拍得肿到能够着脸。

粉词用多了就容易长粉刺,最后成了讽刺。到了天启七年(1627)八月,这些拍手者被纷纷打脸。原来魏忠贤等人依靠的天启皇帝突然死了,死时才刚刚二十三岁。由于天启帝没有儿子,他的弟弟朱由检接替他当了皇帝,改年号"崇祯"。

魏忠贤被突然拿下,死于发配的路上,他的狐朋狗党也被一网打尽。

自以为荣华漫长、及身无尽;满以为做个吹鼓手,自身无病,哪知道都是黄粱一梦。

崇祯皇帝锅背得很不幸,他刚刚上台,西北方就爆发了李自成农民起义,东北则是满洲的后金军。明朝此时是两面受敌。

天启帝时东北的战事还不至于坏到哪里去。借助徐光启和汤若望等引进和铸造的大炮,天启六年(1626),袁崇焕还弄了个宁远大捷,大败后金军。

西洋大炮也被封为"大将军",以示庆祝。

到崇祯帝上台后,徐光启基本成了闲官,崇祯帝让他去负责编著历书,徐光启编完历书后不久就死了,之后的战事也越发不可收拾。

到了崇祯七年(1643),后金军打到了大同、张家口。

乱世之中,谁能解救大明王朝?

崇祯帝并不是个好伺候的主子。他在位十七年,内阁更换频繁。明朝近三百年,入阁的大臣不过一百六十多人,而他一人在十七年中就换了五十多人入阁。

在这些入阁大臣中,在内阁待的时间最长的却是"二奸":温体仁和周延儒。

放下这"二奸"不说,我们只说学术史上有名的"二周":黄道周、刘宗周。

黄道周是福建漳州人,三十八岁中进士。此人可说是个骨鲠之臣,在天启朝曾任经筵展书官。按照惯例,展书官必须跪着,用膝盖行走展开书卷,黄道周却说用膝盖行走不是礼,在众目睽睽之下平步前进。侍从们都吓得大气不敢出,黄道周依旧面不改色。

崇祯十年(1637),黄道周给崇祯帝上书,说崇祯帝心敬则天下敬,心静则天下静,气和则天下和,气平则天下平,这样才能使天下凄风苦雨尽为皎日祥云。

崇祯帝看了很不高兴,这不是说我心不敬吗?天下凄风苦雨又是什么意思?人不敬我,是我无才;我不敬我,那就是我无德了!于是严词切责,质问黄道周:"你就没有人欲私心吗?"

黄道周说:"臣心为国家,自信无所私。"

崇祯帝恼怒他强词夺理,说"你读书这么多年,只成了一个佞口",把黄道周连贬六级,降为江西按察司照磨,赶了出去。

执子之手,方知子丑。泪流满面,子不走我走。

明朝灭亡后,黄道周在抗清失败后被俘,被押上刑场处死。

黄道周在朝给崇祯帝讲理学,灌鸡汤,一些人斥责他意见多偏,是歪鸡汤。黄道周虽然很有骨气,但讲的还是理学那一套,在理论上没有多大建树。

有建树的是刘宗周。

刘宗周是浙江绍兴人,二十四岁中进士。天启元年(1621),刘宗周上疏参劾魏忠贤。魏忠贤恨他恨得咬牙切齿,传旨要廷杖他六十,幸亏首辅叶向高鼎力周旋,刘宗周才免了一劫。

天启四年(1624),都察院左副都御史杨涟(lián)弹劾魏忠贤二十四大罪,刘宗周又上疏批评时政。这时魏忠贤已经对东林党人下手,情况危急,但刘宗周毫不畏惧,连上三疏,得到的批复是:"刘宗周藐视朝廷,矫情厌世,革职为民当差。"

这是刘宗周第一次被革职。

刘宗周被革职为民回去后提出了"慎独"说,把"独"说成本体,"慎独"是修炼的工夫,他想用"慎独"的修炼工夫来抵制王阳明后学空谈心性的坏处。

什么是现实中的"慎独"呢？这里引用一段清代末年李宝嘉写的讽刺小说《官场现形记》中的一番话形象展示一下，这是小说中浙江巡抚对客人说的：

"我们讲理学的人，最讲究的是'慎独'工夫，总要能够衾影无惭，屋漏不愧。倘若见了兄弟一个样子，背转兄弟又是一个样子，不能'慎独'，便于行止有亏……我们先君一生讲理学，讲的就是这'慎独'工夫。自从生了兄弟之后，顶到下世，一直是吃的'独睡丸'，一个人住在书房里，从不到上房一步。有时先母叫丫头送茶送点心给先君吃，先君从不拿正眼看丫头一眼，怕的是因人欲之私，夺其天理之正，这才算得实做'慎独'二字……"

巡抚大人的这番话说得在场的人都肃然起敬。

这就是理学家追求天理本体中要用的"慎独"工夫。关注它，不迷路！

王阳明提出的"致良知"，刘宗周提出的"慎独"，都是看上去很简单的一个词，之所以能上升到学术高度，是因为这些词背后的理论框架，即"体、用"和"本体、工夫"的架构。你必须把你的词语搭在"体、用"和"本体、工夫"的滑板上，理论才能运行。

你可能会说，这么说我也能提出个词来弄个学术，我提个"良心"，那不更好吗？

可以，你可以提出"良心"或其他什么词，不过你得会论证你的"良心"，它的"体"是什么,"用"来做什么。"本体"既然是"良心",那么用什么"工夫"来修炼?如果你能提出并解释说明论证一番,那你也是半个哲学家。最后还要看你的影响力,你没有影响力就只能自己说给自己听。

崇祯帝上台后,刘宗周坐上了快班车,升顺天府府尹,然而三年后又被命令回家调养。

到了崇祯九年(1636),崇祯帝又想起了刘宗周,把他召了回来,提拔为工部左侍郎。没想到刘宗周到了朝中又受到温体仁的攻击,只好又辞职。这回他只干了六个月就又被迫回家调养。

刘宗周此时已经觉得他以前提的"慎独"还不够用,调养、调养,调养也得有个目标,这才是根本。我的"慎独"看上去还只是一个修炼工夫,"慎独"最终的本体是什么呢?是什么支配着慎独呢?刘宗周想了半天,又开始提出了"诚意"说。

为什么提"诚意"呢?因为心的主宰是意,意是心的本。现在天下争言王阳明心学的"良知",这些人的毛病都在于"不诚"二字,他们不注重心的主宰意,所以学者应该以"诚意"为最高准则,而实现"诚意"的工夫,就是"慎独"。

有本体有工夫,理论上让人无懈可击,这才算严密完善。

情若能自控,要心何用?心若能自控,何苦意诚?意若能自诚,就能功成。

刘宗周在家论证"诚意"的同时,也一直关注着朝中动向。他见崇祯帝三心二意,把人当破鞋用,用完了就随意撂,很没诚意,于是又给崇祯帝上疏,指责崇祯帝贤奸颠倒,任用非人。崇祯帝见了又是脑门上火星子直冒。拿着铜板交罚款,不服是吧?一气之下,崇祯帝将他由回家调养变成了革职为民。这下什么也不是了,老老实实在家待着吧。

到了崇祯十五年(1642),辽东战急,崇祯帝又想起刘宗周来了,将他第三次起用,升为都察院左都御史。这时有人推荐擅长火器制造的西人汤若望,请崇祯帝召试,刘宗周又和崇祯帝唱起了对台戏,反对任用西洋人造火炮,反对唯武器论。

崇祯帝听了极不高兴,不使用大炮,难道凭你们这些书生发发牢骚就能打败清军?你们的唾沫星子能水淹清军吗?你们挂在嘴边的"慎独""诚意""正心"能当武器用吗?于是愤然说"火器终为中国长技",命令刘宗周退下。

哪知刘宗周的书呆子气上来了,说:"汤若望一西洋人,有何才技?他造作奇巧惑乱君心,目的就是传他的教。"

崇祯帝很不高兴,说:"远人没有斥遣之礼,哪能随便让人说走就走,你懂不懂礼?白念这么多年书了。"说罢,崇祯帝让刘宗周退了下去。

同样是肌肉,你的为何如此浮夸!

刘宗周又被撵回了老家。

刘宗周中进士四十多年,实际在朝仅四年,大部分时间在家闲居。

两年后李自成攻破北京,崇祯帝自缢。接下来杭州失守,刘宗周于六月初八日绝食而死,正好虚岁六十八。

拿什么来拯救你,我的大明!刘宗周晚年就这样抱着"诚意""慎独"的凄凉心情,在绝望中死去。

看着这个凄凉的世界,一点点地回忆过去,人生的片段一片片飞来闪去,却又无能为力。

拿什么能挽回你,我的大明——

这就是当时那些心学家、理学家们内心真正的痛苦。

这些讲心学、理学的人自以为自己的学说能挽救一个王朝,那是他们太天真了。他们以为标标"理",和人们谈谈"心",向人们喊喊"慎独、正心诚意",人们就会听他们的。其实他们说的这些也就周边的几个学者听听,这个王朝不是几个道德性命的词就能挽救回来的。

刘宗周在经受挫折后提"慎独"、标"诚意",但"慎独、诚意"仍然是王阳明的"良知"的变体,这些明末的心、理学者其实已经心劳意攘、理屈词穷了。

但不管你如何做理学、心学理论,本体、工夫总是问题的核心。你标的是本体吗?如果是的话,你的工夫在哪儿?你的工夫有了,本体具备了吗?如果你刻了"诚意"牌,又打败了李"闯"兵,击退了清"掠"军,那你的"诚意"立马就能盖过"致良知",成为一大学说。

可惜王阳明后,这帮谈心说理的没有一个成事的。刘宗周只知道说不行就回家,黄道周只知道讲天理人欲,最后一死了之,让后人讥笑这帮人是"平时袖手谈心性,临危一死报君王"。

当明朝的那些心、理哲人还在讲"格物致知、正心诚意"的修养时,西洋人却已经在格物致知的科学路上飞奔了。

崇祯十二年(1639),一个西洋人给崇祯帝上书说:我是西方来的鄙儒,我们西方也以格物穷理为学,我们格物穷理的书,凡天文、地理、农政、水法、火攻等器无不备载。

然而崇祯帝却没有正视这一切。面对国内的农民起义军和清军的步步紧逼,崇祯帝苦闷之极。

从前我养了一条狗,后来狗死了,我伤心了一整天。现在我学聪明了,养了一只王八。我想一直养着它,等我死了后,就把悲伤留给王八吧。

但这不过只是一时的麻醉而已。

崇祯十三年(1640),崇祯帝最宠爱的五皇子病死,没多久,他最宠爱的田贵妃也病死了。宫中开始有人说这是崇祯帝拆佛像,得罪了神佛玉皇。崇祯帝很是烦恼:怎么都不对,这叫我怎么办?

当你做对的时候,没有人会记得;当你做错了的时候,连呼吸都是错的。

别说去"格物致知"了,就是让他"正心诚意",崇祯帝此时也彻底乱了方寸。

第九十回

张溥张采齐心同创复社
炎武宗羲痴痴力奔恢复

心学、理学的讲学已经到了末路,然而仿佛回光返照似的,大明王朝晚年又出现了著名的"复社"。

复社创建者就是著名的"二张",他们在明朝末年的声望达到了不可思议的高度。

二张是张溥(pǔ)、张采,明朝的大厦将倾,他们这时似乎成了能解救大明王朝的最后两张王牌。

讲学也是一个圈子。如果你是一个士子秀才,想去找朝中高官,别说你找不到,找到了人家也未必理你。但如果忽然有一天,你听说有一个官员来讲学,没有门槛,都可去听,你肯定跑去,因为那样可以挤进那个圈子。

朱学是一个圈子,王学也是一个圈子。

东林之后,又出了一个比东林还大的圈子:复社。

复社里有一人,虽然没有做过官,却比官员还厉害。

此人就是张溥。

张溥是江苏娄东县人,十九岁时结交了本镇的张采,二人成为好友。这一年万历皇帝刚刚死去。"二张"在一起学习了数年。到了天启四年(1624),在东林党人被魏忠贤打得溃不成军之时,张溥在苏州创立了"应社"。这"应社"社如其名,张溥振臂一呼,各地士子应声而起,群起响应,纷纷加入。

崇祯元年(1628),张采到北京参加会试,中进士,张溥也到北京国子监学习,"娄东二张"的名声响彻北京。

张溥回到苏州后,在吴江县令的支持下,召开"复社"成立大会,各地社团纷纷加入。张溥也开始收受生徒。崇祯四年(1631),张溥也中了进士,被选为庶吉士,进了翰林院。

更抢眼的是,这科的榜眼吴伟业还是张溥的学生。这个吴伟业初试第一,殿试第二,高中榜眼。有了这位高才弟子的加持,张溥更加名声大震,天下士子都在张溥面前争称"弟子",连内阁首辅周延儒都对他恩礼倍至。

这些奔走于张溥门下的弟子都互相夸耀,说:"我这是继承东林。"

崇祯六年(1633),张溥在苏州虎丘召开复社第三次大会,各地士子纷纷前来参加,到会者数千人,人山人海,规模之大,无与伦比。

需要涨粉、点赞、评论、收藏、转发的请关注我,量大价优。

张溥、张采这"二张"的名望此时如日中天,为三百年来所未见,以至于人们都不敢以字来称呼"二张",而是叫"西张先生""南张先生"。人们甚至以"夫子"称张溥,和孔夫子庙里的人马配置一样,把他手底下的四社长称为"四配",十门人称为"十哲",十兄弟称为"十常侍",依托于门下奔走弄钱的五人称为"五狗",无不荣耀。

令人遗憾的是,就在形势仿佛要好转时,崇祯十四年(1641),张溥病死于家中,刚刚四十岁。

张溥死后,还有人上疏夸奖张溥、张采。崇祯帝一看"二张"这么大名气,不知道怎么回事,下诏征集张溥的遗作。底下先后献上三千多卷张溥的遗作,崇祯帝还都仔细浏览了一下。

火遍全网你竟然还不知道,可能你家的网比较"偏"吧。

多疑的崇祯帝竟然也耳背了一次。

复社随着张溥的死陷入了低潮,它覆亡后,又有"几社"在陈子龙的领导下兴盛起来。

几社成立于崇祯二年(1629),稍早于复社。复社成立后,名气很大,几社就从属了复社。

几社中最著名的是陈子龙、夏允彝(yí),他们于崇祯十年(1637)同时中进士。

陈子龙胸怀大志,他中进士后,崇尚实学,刻印徐光启的《农政全书》。《农政全书》的传播和陈子龙的大力支持很有关系。

这里还要交代一下,明朝末年除了徐光启的这本《农政全书》,还有一本著名的《天工开物》,它是一个叫宋应星的举人完成的。

在明朝,除了陈献章、海瑞,以举人身份在学术上做出成绩的还有这位宋应星。不同于陈献章的务虚心学理论,他的《天工开物》讲的都是实学。

这时已是明朝末年,战况每况愈下。

说实话,我不怕万人阻挡,只怕自己投降。

夏允彝、陈子龙在抗清失败后相继投水而死。夏允彝十七岁的儿子夏完淳在抗清失败后也被捕杀。这位天才少年在明清之际用血泪写下诗句:"雄风清角劲,落日大旗明。"

明朝的大旗已降落,清风来临了吗?

别为过去哭泣,过去已经过去;别为未来焦虑,未来还未到来。

在这激烈的明清迭代之际,学术史上涌现了著名的"明末清初三先生"。

最先露脸的是黄宗羲。

黄宗羲是浙江余姚人,父亲黄尊素在天启帝时被阉党迫害致死。崇祯帝即位后,惩治阉党,黄宗羲上书诉说父亲被害。在和以酷刑迫害他父亲的锦衣卫都指挥佥事许显纯对簿公堂时,黄宗羲突然拿出藏在袖子里的铁锥,猛地扑了上去,把打死他父亲的许显纯扎得血流满体。

可以想象那时大堂上的混乱情形,他手扎仇人的行为博了个满堂彩。接着黄宗羲又痛殴杀害他父亲的锦衣卫指挥崔应元,拔其胡须,并锥杀杀害他父亲的人,一时名震京师。

这些坏蛋都想把我推下深渊,可他们并不知道,其实我,就来自那里。

报完杀父之仇后,黄宗羲从此塌下心来,在家读书,又遵照父亲遗命,拜刘宗周为师,亲自教两个弟弟黄宗炎、黄宗会读书。

崇祯十五年(1642),黄宗羲参加了一次科举考试,但名落孙山。看来他还要继续在考场上拼搏才能有所成。可是局势容不得他安下心来读书了,不久,清兵打了进来,黄宗羲积极参加了抗清斗争。由于曾经在明朝藩王成立的南明朝廷当过官,抗清失败后,他东躲西藏,直到康熙时不再追究,才回到家中。

"明末清初三先生"中第二个出场的是顾炎武。

顾炎武是江苏昆山人,祖上几代当官。他性子耿介,绝不随便和人交往,独与同乡归庄友好。归庄的爷爷就是被誉为"明代散文第一"的归有光。归庄、顾炎武二人的独特行为在乡里被人称为"归奇顾怪"。

清兵打来时,顾炎武参加了抗清斗争。失败后,顾炎武走上了北游的道路。

现在我们说起顾炎武北游来总是豪壮,说顾炎武是抗清无望才立志北游的,其实顾炎武是被逼无奈才离开了家乡。

顾家本来是昆山的世家大族,但这时已经衰落了。叶方恒是明朝举人,见顾家衰落,便开始蓄意夺取顾家的田产。顾炎武把祖上遗田贱价典给了叶方恒,但叶方恒不给钱,顾炎武多次讨债,惹恼了叶方恒。

正在这时,顾炎武的一个仆人见顾炎武家衰落,就投向了叶家,并告发了顾炎武抵抗清朝的事。顾炎武知道后,率人把这个仆人打死了。

叶家开始和顾家打起了官司,顾炎武被抓进了监狱,最后经过归庄等朋友营救,顾炎武才出狱。

顾炎武出狱后叶方恒家又雇凶刺杀顾炎武。顾炎武被刀刺中,经过抢救才苏醒过来。

有利益的地方就有争夺,这里实在不能待了,这距离迟早会被反杀。顾炎武下决心出走,这样也可以完成他正在写的《天下郡国利病书》。

他的朋友归庄为他送行。

让归庄万万想不到的是,顾炎武却从此走上了一条不归路,再也没有回过家乡。归庄到死都在想念这位好友。

这一年是顺治十三年(1656),顾炎武从此踏上了孤独的异乡之旅。他遍游北方,前后四次来到南京朱元璋的孝陵拜谒,六次到北京拜谒崇祯帝的思陵,直抵山海关,又往返于河北边塞,足迹踏遍大江南北。

> 万事有不平,尔何空自苦?
> 长将一寸身,衔木到终古。
> 我愿平东海,身沉心不改。
> 大海无平期,我心无绝时。
> 呜呼!君不见,
> 西山衔木众鸟多,鹊来燕去自成窠。
>
> ——顾炎武《精卫》

这就是顾炎武路上哼唱的有名的堕泪诗。他在山海关前想了什么我们不得而知,只知道他肯定悲怆满怀。

世道怎么落到这步田地了?天下大乱,山河易主,国破家亡,身世凄凄。

北风萧萧,树叶飘飘。人生就是那风中的树叶,每片叶子落下来时都

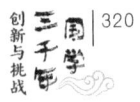

是依依惜别,伤痛满怀。

他骑着一匹马,走到哪儿记到哪儿,当走到关隘口时,就住了下来仔细研究,碰到老兵就长谈打听,何处可以驻兵,哪里可以攻守,一路上给人写信大骂:"东晋有王衍的清谈,北宋有王安石的新学,今有王守仁的良知,都是害人不浅的东西。窃叹百余年来那些学者,往往言心性理命,而茫乎不得其解,置四海困穷而不言,终日讲不知从哪里弄来的'人心惟危,道心惟微,惟精惟一'这些东西,自以为自己说的道必定高于孔子,空谈误国。"

生活不止眼前的狗血,还有诗和远方。

顾炎武离家出走,开始寻找志气相投的人。别说,还真让他碰到了。

最美的时光,是回不来的时光;最好的地方,是没去过的地方。

要翻看顾炎武的朋友圈,请看下回。

国学大事记(三)

1193年,宋光宗绍熙四年,陆九渊去世。

1196年,宋庆宗庆元二年,禁道学,道学被称为伪学。

1200年,宋宁宗庆元六年,朱熹去世。

1202年,宋宁宗嘉泰二年,解除伪学之禁。

1206年,宋宁宗开禧二年,铁木真建蒙古汗国。

1207年,宋宁宗开禧三年,韩侂胄被杀,史弥远专权。

1234年,宋理宗端平元年,蒙古与宋联合灭金。

1260年,宋理宗景定元年,忽必烈即蒙古大汗位。

1271年,宋度宗咸淳七年,忽必烈改国号为元。

1275年,宋恭帝德祐元年,马可·波罗来到中国。

1279年,宋祥兴二年,陆秀夫背负幼帝跳海,元灭宋。

1368年,元至正二十八年,明军攻克大都,元亡。

1408年,明成祖永乐六年,《永乐大典》成书。

1414年,明成祖永乐十二年,修《五经大全》《四书大全》《性理大全》。

1492年,明孝宗弘治五年,哥伦布发现美洲新大陆。

1498年,明孝宗弘治十一年,达·伽马绕经非洲到达印度。

1508年,明武宗正德三年,王阳明龙场悟道。

1529年,明世宗嘉靖八年,王阳明去世。

1594年,明神宗万历二十二年,顾宪成修东林书院。

1601年,明神宗万历二十九年,利玛窦抵达北京贡方物。

1602年,明神宗万历三十年,李贽死于狱中。

1610年,明神宗万历三十八年,利玛窦病逝北京。

1644年,明思宗崇祯十七年,起义军攻入北京。